suhrkamp taschenbuch 3794

»Geboren wurde ich am 2. Januar 1946 im slowakischen Rimavská Sobota, als Tochter einer Ungarin und eines Slowenen. Die Stationen meiner Kindheit heißen Budapest, Ljubljana, Triest. Im Schulalter kam ich nach Zürich ... Triest war Glück, Zürich – protestantisch und meerlos – machte Fremdheit bewußt«, erinnert sich Ilma Rakusa. Von Reisen erzählt sie in diesem Buch, vom Meer, von Orten, die russische, kroatische, französische, italienische, deutsche und Schweizer Namen tragen. Aber auch von einem »no man's land«, mit Verlaß nur auf die Sprache, die Männer und Frauen von Liebe, Sehnsucht, Träumen, Heimat, Heimweh reden läßt.

»Ein reicher verwinkelter Raum hinter Türen und Tapetentüren« tut sich auf in Ilma Rakusas Texten, »es sind keine Beliebigkeiten, von denen hier die Rede ist, es geht um unser Leben. Und wie.« *Kathrin Röggla*

Ilma Rakusa, Lyrikerin, Erzählerin, Übersetzerin und Literaturwissenschaftlerin, lebt in Zürich.

Zuletzt veröffentlichte sie den Gedichtband *Love after love* (2001) und *Von Ketzern und Klassikern. Streifzüge durch die russische Literatur* (2003).

Ilma Rakusa
Durch Schnee

Erzählungen
und Prosaminiaturen

Mit einem Nachwort von
Kathrin Röggla

Suhrkamp

Umschlagfoto: Antanas Sutkus

suhrkamp taschenbuch 3794
Erste Auflage 2006

Satz: Hümmer GmbH, Waldbüttelbrunn
Druck: Nomos Verlagsgesellschaft, Baden-Baden
Printed in Germany
Umschlag: Göllner, Michels, Zegarzewski
ISBN 3-518-45794-2

1 2 3 4 5 6 – 11 10 09 08 07 06

I

Arsenal

Mit kleinen Schritten geht sie aus dem Haus und erklimmt auf Hunderten von Stufen den Berg. Ana. Mutter entläßt sie in die brütende Mittagshitze, die Arbeit ist getan, ich werde schlafen. Kinder haben zu schlafen während der Siesta, sie läßt die Jalousien herunter, sie bringt mich zu Bett. Ich liege im verdunkelten Zimmer. Nein, ich schlafe nicht.

Schmale Lichtstreifen dringen durch die Ritzen. Manchmal bewegen sie sich wie die Wellen am Strand. Ich lausche. Das Leben erreicht mich übers Ohr, man glaubt mich schlafend, aber das Ohr wacht, groß und hellhörig hinter der Wand der Jalousien.

Der Wind. Der Nordwind im Gebälk. Wenn die Bora bläst, schluckt sie alle andern Geräusche. Das Rattern des Zugs auf dem Viadukt von Barcola, die hohen Pfeiftöne der buckligen Violetta, die sich Gehör verschaffen will. Doch heute ist es windstill. Ich höre die Brandung des Meers, Mutters Schritte auf den Fliesen der Veranda.

Ein Leintuch genügt, bis unters Kinn gezogen. Die Füße ragen heraus. Anders ist die Schwüle nicht zu ertragen. Die Mutter duscht.

Die Mutter duscht eine Ewigkeit. Sie wäscht sich das Salz von der Haut, die feine weiße Kruste von Meersalz, die auch mich bedeckt. Ich lecke es in den Armbeugen, zwischen den Fingern, ich lecke mich. Dann duscht sie nicht mehr. Vielleicht liegt sie in einem Schaukelstuhl, im Herzen des Hauses.

Stille. Doch nein, da sind Stimmen. Stimmen?

»Ich hätte mich sogleich zurückgezogen. Es war ganz überflüssig ...« Sie. »Mir scheint, wir geben ein schönes Paar ab.«

»Was kokettierst du.« Die Männerstimme klingt rauh und vertraut.

Dem Kind war, als *vernehme es in den raschen, unvorhersehbaren Bewegungen der Lichtstreifen ein leises Geräusch.*

Ein schönes Paar ab.

Ich bin im Schatten. Im Schatten zerrinnt ein Traum.

»Wenn ich dir helfen kann, dann will ich's gerne tun. Das weißt du ja.«

Sie schweigt.

»Sollen wir uns einmal abends zu viert treffen?«

Ich will nicht weiterhören. Es gibt nichts weiterzuhören. Und dann plötzlich doch.

». . . nicht besser, diese Beziehung einfach abzubrechen.« Das ist Mutters Stimme, zaghaft, unschlüssig, fremd.

Ein Grund mehr für ihn, sich zu beruhigen.

»Wie meinst du . . .«

Noch weint sie nicht. Noch höre ich das ferne Brandungsgeräusch. Noch bin ich wider Willen Ohr.

». . . keinen Zank«, sagt sie. »Morgen beim Arsenal.«

Das Zimmer ist geschrumpft. Das Laken. Ich rolle mich zusammen, ich mache mich ganz klein. Daß ich höre, macht mir Angst. Vielleicht Michele, der Mann mit der amerikanischen Mütze. Sollen wir uns einmal abends zu viert treffen . . . Mich gibt es nicht. Ich gehöre ins verdunkelte Zimmer. Aber ich weiß etwas.

Nein, keine Gardinen. Nackte Fenster, dahinter die Jalousien, rostrot, die Farbe schon ziemlich abgeblättert. Auch das Haus ist rostrot.

Er lacht. Er ist einverstanden. Arsenal, ruft er. Und sie: Leiser! Es schläft!

Das Kind sah einen Schiffsrumpf, ein Panorama mit Meer und Anas blauschwarzes Haar, das sich langsam über das Panorama senkte, bis dieses ganz verschwunden war.

Es ist so still, daß das Zimmer zu rauschen beginnt. Anas Tochter feiert Hochzeit, ein tosender Lärm, in dem ihre Augen schalkhaft leuchten. Sie trägt die weiße slowenische Tracht, auch mich hat man slowenisch gekleidet. Ich schlafe nicht, ich bin den ganzen Tag mit dabei. Ich lasse einen blauen Ballon steigen. Abends trägt mich Vater aus dem Auto ins Haus.

Die Fliesen. Das ist sie. Sie schlurft. Sie hat sich in den Schaukelstuhl gesetzt. Doch, sie weint.

Ich lasse sie weinen. Sie soll nicht wissen, daß ich es weiß. Es ist Ruhezeit, die Stadt ist wie ausgestorben. Und mich glaubt sie schlafend.

Ich zerlege meine Gedanken, die Worte lösen sich von selbst los, die Worte, die gefallen waren. Einen Sinn ergibt das nicht. Was ergibt einen Sinn? Ich habe Hunger. Ana brät die Fische so knusprig. Ana ist zu Hause, in ihrem Weinberg. Ana hat noch nie geweint.

Die toteste Farbe: grauschwarz. Das Zimmer. Nur die flutenden Streifen sind hell. Auch Geräusche gibt es, dunkle und helle, das Tuten der Lokomotiven, den Heulton der Schiffssirenen. Ich reise, ja. Ich liege im Bett und ziehe durch die Welt. Mit meinem Spielhund Foxi besteige ich einen Dampfer, schließe Freundschaft mit dem Kapitän, und auf geht's. Ich trage mein blauweißgestreiftes Trikot, darüber den Korkgürtel, für alle Fälle. Ich esse Schiffszwieback und goldgelbe Melonen. Wenn ich einen Leuchtturm sehe, denke ich an zu Hause, sonst nicht.

Ein Stück Melone, werde ich zu ihr sagen, ich habe Durst. Sie schneidet die Wassermelone entzwei, daß es kracht. Das rote Fruchtfleisch mit den schwarzen Kernen, die ich über den ganzen Küchentisch spucke. Heute wird sie mir das Spucken verbieten, ich werde allein essen.

Ich öffne die Tür, ich schleiche in die Küche. Da sitze ich am Tisch. Warte. Sie weint nicht mehr. Vielleicht ist sie eingeschlafen. Ich warte. Ana hat die vollkommenste Ordnung hinterlassen. Das Geschirr gespült, weggeräumt, den Boden gefegt. Kein Fest für die Mäuse, die in den Mauern wohnen. Ich warte im gleißenden Licht des frühen

Nachmittags. Violetta ruft. Unentwegt ruft sie jemanden. Sie hat langsame Beine, aber eine schnelle Zunge. Sie unterhält sich mit sich selbst zwischen den Glyzinien.

Ich mag nicht länger warten. Man hat mich vergessen. Ich werde mich melden.

Das Kind lief in die Veranda. Es hätte die Mutter gleich küssen wollen, aber es wagte es nicht. *Ihr Gesicht leuchtete in seinen natürlichen Farben, die überraschend, seltsam, lebhaft, gleichmäßig und ohne Makel verteilt waren.* Es streichelte ihr Haar. Sie sprach von einem Zahn, der sie schmerze.

Ja, ein Stück Melone, sage ich, gegen den Durst.

Sie steht auf, geht in die Küche, nimmt das Fleischmesser, holt eine Melone aus dem Kühlschrank, schneidet sie entzwei.

Da, iß.

Ich esse allein. Sie zieht sich um.

Arsenal, sagte sie, aber erst morgen. Morgen im Arsenal. Heute gehört sie mir, ihrem Zahnschmerz.

Zum Strand? frage ich.

Wenn du willst.

Ich lasse den Rest der Melone stehen, schlüpfe ins Trikot.

Da bin ich.

Schon bereit?

Ihre Augen glänzen fiebrig. Ich frage nicht, ob es der Zahn sei. Ich will nichts wissen und nichts erraten. Das Kleid ist gelbgetupft.

Sie nimmt die geflochtene Strandtasche, den Sonnenhut, sie schließt das Haus ab, das hinter den heruntergelassenen Jalousien dämmert. Violetta regt sich nicht. Wir steigen die Stufen der Via San Vitale hinab. Unter dem Viadukt weiß ich, sie hat Herzweh.

Das Wort verläßt mich nicht mehr. Tief innen, hinter der Wölbung des Strandkleids, nistet der Schmerz des Herzens. Sie greift sich nicht an die Brust, nein. Sie hat die Sonnenbrille aufgesetzt und mir ihren Blick entzogen. Es ist heiß. Ihr Kleid ist hell und ärmellos. Beim Überqueren der Hauptstraße nimmt sie mich bei der Hand. Vorn die Strandpromenade.

Das einzig Bewegte in diesem Bild war die Farbe des Meeres.

Sie setzten sich auf einen Stein. Während ihre Achselhöhlen immer feuchter wurden, erzählte die Mutter dem Kind von der Entführung der kleinen Stella auf einem schwarzen Piratenboot mit drei mal drei schwarzen Segeln. Aber Stella war gewitzt, und die Piraten gewannen sie lieb. Sie briet Fische, flickte und wusch und bekam dafür jeden Abend einen Sonnenuntergang geschenkt. Als die Piraten sie nach dreiunddreißig Tagen in ihr Heimatdorf zurückbrachten, war ihre Haut braun wie die eines Matrosen, und ihr rotblondes Haar glänzte wie Gold. Stella, fragten die glücklichen Eltern, bist du es, unser Stern? Und Stella lachte, und die neun Piraten lachten und entblößten ihre blitzenden Zähne, und das ganze Dorf feierte ein fröhliches Festmahl.

Ich blicke auf die Einsamkeit des Meers. Kein Dampfer, kein Segelboot. Gegen Abend wird sich das Meer bevölkern. Ich will baden.

Nur langsam, sagt sie. Zuerst die Füße, dann den Bauch, dann ...

Zwischen den Felsen grober Kieselstrand. Sie bindet mir den Korkgürtel um, führt mich ins seichte Wasser. Brrr, sagt sie. Auf ihren Armen bildet sich Gänsehaut.

Meine Mutter ist krank.

Mutter, sag ich, das Wasser ist wie Limonade, so warm! Und schwimme schon. Beschreibe einen kleinen, dann einen größeren Kreis. Sehe hinüber zu den Häusern von Barcola, dann Richtung Miramar, dann zum offenen Meer, dann nach Osten, Richtung Triest. Bin ein Seepferdchen, ein prustender Delphin. Das schwarze Zimmer versinkt in der salzigen Flut. Sie winkt. Und während sie winkt, denke ich an den Mann. Plötzlich ist er da, heiter, in einem hellen Leinenanzug, grüßt zu mir herüber. Streift sie am rechten Oberarm. Sie weiß schon.

Und noch ein Kreis. Am Horizont taucht ein Segel auf. Und noch ein Kreis. Und noch. Ein Hund schnuppert am Strand. Die letzte Runde, ruft sie. Leiser als sonst.

Wirklich die letzte?

Sie hört nicht. Sie starrt ins Wasser, das ihre Knöchel umspielt, ins irisierende Leuchten. Der Hut wirft einen breiten Schatten auf ihr Gesicht.

Ich komme. Meine Füße berühren den Grund. Sie hebt mich hoch, trägt mich ans Ufer, küßt mich auf den Mund. Da bist du endlich. Die Haifische, sagt sie, fürchtest du sie nicht? Ich lache. Wir legen uns auf einen flachen Felsen, bis der Stein zu brennen beginnt. Da breitet sie Schneewittchen aus, das große Frotteetuch, und ich betrachte liegend die Zwerge mit ihren Zipfelmützen. Im Hintergrund das Schloß von Miramar.

Sie fing zu sprechen an. Das Leben, das sie führe, mache sie traurig. Sie habe auch in der vergangenen Nacht kein Auge zugetan. Niemand braucht mich. *Auch du hast mich nicht mehr nötig.* Sie begann zu weinen. Ich kann ihn sehr gut leiden, schloß sie mit Offenheit. Und das Kind wußte, von wem sie sprach. Das Fieber lösche allen Seelenkummer aus.

Ihr Kopf wirkte gegen den hellen Stein nicht etwa dunkel, sondern leuchtend. Das freche Rosa des Sonnenhuts strahlte wie Schneewittchens Apfel.

Verlassen? Nein, das sei nicht der richtige Ausdruck.

Ich liebe dich, sag ich. Du bist müde. Schlaf ein bißchen. Sie legt den Kopf zwischen die Zwerge. Atmet schnell, dann immer langsamer und gleichmäßiger. Der Hut ist ihr in den Nacken gerutscht. Sie schläft. Ich liege neben der schlafenden Mutter. Ich bewache ihren Schlaf. Ich lasse niemanden und nichts an sie herankommen.

Der Horizont hat sich bevölkert. Schiffe gleiten über das Meer, ich verfolge ihre Bewegung, bis meine Augen vor Anstrengung ins Leere blicken und sich ans Naheliegende heften, an die Felsen, an den zwischen den Felsen streunenden Hund, an die Strandtasche. Zwei amerikanische Soldaten tauchen ins Wasser, kraulen schreiend und lachend hinaus ins Meer. Sie schläft, die Arme um den Kopf gelegt. Ganz entspannt liegt sie da. Ohne Gedanken ans Arsenal, umgeben vom immergleichen Geräusch der Brandung. Sie weiß nicht, daß ich sie beobachte, sie beschütze wie ein mir anvertrautes Gut. Hilflos ist sie, sie tut mir leid.

Die unruhigen Schritte im rostroten Haus, und nun diese Müdigkeit auf dem Stein.

Die Schiffe verschieben sich. Neue kommen hinzu. Ein Schlauchboot gleitet von links ins Bild. Es ist ein Junge, der paddelt. Mit weißer Matrosenmütze, ich kenne ihn nicht. Am Himmel blitzt ein Flugzeug auf, dreht eine Schleife und verschwindet Richtung Miramar.

In Miramar sind wir glücklich gewesen. Miramar ist ein Märchen. Die hellen Türme und Zinnen, und unten das Meer tiefblau, durchsichtig, mit huschenden Fischen. Wir haben gelacht, daß es in den Felsen widerhallte. Wir haben gelacht und sind dann im Schatten eines Steins eingeschlafen. Vater kam uns abholen, als die Sonne unterging. Das Meer fraß sie langsam auf. Als es sie ganz verschluckt hatte, wurde es dunkel und glatt. Unnahbar. Ich wollte nach Haus. Wir fuhren zu den Slowenen, Fisch essen, die vielen Serpentinen hoch, bis aufs Plateau. Das Meer blieb zurück. Beim Essen lachte sie nicht mehr. Sie war ehrlich müde. Ich aß Fisch und Eis und schlief auf ihrem Schoß ein. Vater hat mich aus dem Auto ins Haus getragen.

Sie schläft. Ich möchte sie berühren, aber ich wage es nicht. Ich fürchte mich vor dem Arsenal. Schon möchte ich, daß sie es weiß. Ich nehme mein blaues Pferd und gehe auf Reisen. Wenn sie mich sucht, heißt das, sie liebt mich mehr. Mehr als den Mann mit der rauhen Stimme. Ein Häuptling, rufe ich leise, ein Seebär. Ich weiß nicht genau, was ein Seebär ist. So ein dickliches Ungetüm, das sich gerne im Wasser herumtreibt. Der Häuptling und die Madonna.

Ein Windstoß fährt mir durchs Haar. Fast immer kommt zu dieser Stunde Wind auf. Ich nehme keinen Hut mit, keinen Wasserball, der Wind trägt alles fort. Ich lege meine Hand auf ihre Hutkrempe, ihren Nacken. Sie schläft.

Der Junge im Schlauchboot hat sich zum Hafen entfernt. Ich beneide ihn. Ich bin noch nie in einem Schlauchboot gesessen. Sie läßt es nicht zu. Das Meer ist zu mächtig, sagt sie, zu mächtig für kleine Mädchen. Bin ich denn klein?

Der Mann stand auf der Uferpromenade und sah auf die Felsen hinab. Plötzlich bückte er sich, suchte einen Stein und schleuderte ihn ins Meer. Jemand stieß einen Schrei aus. Er ging weiter. *Er meinte aus den Augen der Passanten ein Urteil abzulesen, das beleidigend war.* In meinem Alter und mit meiner Erfahrung ... Die Sonne blendete ihn. Wie unrecht sie hatte, die Sonne zu lieben. Fünf Uhr. Wieder sah er auf die Felsen hinab. Nichts. Oder doch, dort vorn, die Sonne blendete ihn, er hielt die Hand über die Augen, lief schon, lief. Dort lagen sie, die Frau und das Kind, auf einem großen flachen Stein, schliefen. Die rechte Hand des Kinds ruhte auf dem Nacken der Frau. Sie. In einen roten Schimmer gehüllt. Er ließ die Zeit verstreichen. Er wartete. Dann wartete er nicht mehr. *Der Gruß sollte kalt sein, fiel aber heftig aus.* Gleichzeitig starrte er sie mit großen Augen an.

Das Kind und die Frau fuhren zusammen, hoben den Kopf. Er. Er verdeckte die Sonne. Sein Draufgängertum hatte ihn bis zu den Felsen geführt, seine maßlose Eitelkeit. Während das Kind ihn feindselig musterte, wandte sie sich ab, dem Meer zu. Sein Schatten fiel über ihre liegende Gestalt. Er rührte sich nicht. Nichts rührte sich.

Morgen, sagte sie, unverwandt aufs Meer blickend, morgen beim Arsenal. Jetzt geh.

Nein, sagte er, ich muß dich sprechen, gleich.

Gift und Galle, denk ich, soll ihn die Hexe strafen. Er setzt sich. Er flüstert ihr ins Ohr. Auf meinem blauen Pferd davon, Sternschnuppen fangen. Er lächelt. Ein Segelschiff kreuzt am Horizont. Herzweh. Ich spreche das Wort mit aller Süße aus. Mutter ist an Herzweh erkrankt. Er lächelt. Warum lächelt er? Ich, sag ich, ich will nach Haus. Seine festen weißen Zähne, sein rotes Zahnfleisch. Ein Meister der Gesundheit.

Sie nimmt mich bei der Hand. Püppchen, sagt sie, Franco zeigt uns sein Spital. – Ich will nach Haus. – Nun komm schon. – Nein. – Ich gehe.

Er hatte es gewagt, ihr das Haar zu streicheln. Er half ihr beim Erklimmen der Straße. Er half auch dem Kind, das von Fels zu Fels sprang. Mit sicherem Griff packte er es am Arm und hob es auf den nächsthöheren Stein. Oben stand sein weißes Kabriolett. Sie fuhren am Leuchtturm vorbei. Schon lag die Bucht unter ihnen, wie eine Muschel, in frechem Rosa.

»Ich weiß es wirklich nicht«, hörte das Kind, dem der Wind nur Satzfetzen nach hinten trug. »Lebenskenntnis und die Kunst, aus ihr Profit zu schlagen.« Er fuhr schnell.

Verrat, dachte das Kind, ich bin verraten worden.

Das Bild der Bucht zerfiel in winzige Mosaiksteinchen. Ein anderes Bild schob sich vor das Auge des Kinds, intakt, das Bild eines hellen Hospitals mit funkelnden Fenstern. Er hält an. Er schwingt sich aus dem Wagen. Er eilt zum Eingang. Immer kann es Notfälle geben, sagt sie, Franco ist Arzt.

Ich starre auf das gelbe Zeichen neben dem Eingang, der Franco verschlungen hat.

Bist du ein Notfall? frage ich.

Sie schreit: Was weiß ich, ich kenne mich selber nicht mehr, ich mag nicht, mag das nicht mehr hören. Schreit immer lauter, ich rufe: Schrei nicht, die vielen Kranken, doch sie hört nicht, ich halte ihr den Mund zu, sie reißt meine Hand weg, ergreift meinen Kopf, schüttelt ihn, schüttelt das ganze Kind, und küßt mich wie noch nie.

Jeder versteht, sagte Franco, daß *das Durchschreiten des Tores* ein Signal ist für alle und von allen, die hinter den Anstaltsmauern leben. Das Pferd glitt langsam hinaus, ihm voran schritten die Fahnenträger und Trommler. Eine lange, lange Schleppe von Autos folgte dem blauen Pferd, das im Schrittempo zwischen den dunklen Mauern und unter den Fenstern der sonntäglich verödeten Stadt entlangrollte. In den Straßen der Stadt nahm sich das Pferd *monströs, wie ein wanderndes Stück Absurdität und wie ein Riese* aus, obwohl es nicht höher als drei Meter war. Auch die Frauen vom »Berg« waren da. Niemand konnte die Patienten von den Bürgern unterscheiden.

Das Kind sah gebannt auf den Mann, der vom blauen Pferd sprach; nicht von seinem Pferd, einem andern, großen, das im Begriff war, das Pferd des Kindes zu verdrängen, zu zertreten.

Die Gesunden und die Verrückten sangen das Schlaflied der Namen: ninna nanna ninna nanna für alle. Und alle, im Gänsemarsch, Hand in Hand, zogen in den »Paradiessaal«.

Amen, sagte das Kind. Der Mann lachte. Er wies auf einen Gebäudetrakt: das »irdische Paradies«.

Und die Blätter, Früchte und Schmetterlinge?

Nein, sagte er, worauf es hier ankommt, ist, sich zu öffnen, um zu hören, was der andere sagt, nicht um uns in ihm zu hören.

Das blaue Pferd, sagte das Kind, ich will das blaue Pferd sehen.

Türen. Lauter Korridore mit Türen, auf den Türen Nummern.

Hier, mein Büro. Sie hält mich an der Hand. Sie tritt nicht ein. Warum ist er im Irrenhaus? Wer ist er? Sollte das die Abteilung D sein?

Ich sehe etwas. Ich sehe ein Foto, darauf ein Pferd, mitten in einer Allee, von zwei Männern gezogen, und die Prozession, und die Farbe des Pferdes ist blau. Ich stürze zum Bild. So ein Riesending! Aber ein Bild bloß. Sie will die Schwelle nicht überschreiten, zum Wahnsinn, sagt sie. Ich scharre mit den Füßen auf dem Linoleumboden. Das wirkliche Pferd, ruf ich, das will ich sehen!

Das steht im Pavillon, sagt er, geschmückt mit Karnevalsgirlanden.

Ich sitze in einer Ecke seines Büros ohne Aussicht. Weiße Gaze ist über das Fenster gespannt. Licht tritt ein, aber kein Bild. Sie lehnt im Türrahmen. Ein schrecklicher Ort, sagt sie, trotz des Umbruchs, der hier im Gange ist.

Du bist meine *Ruh,* sagt er. Vielleicht verstehst du's jetzt.

Er schreibt, er unterschreibt etwas, er telefoniert. Er zwingt sie nicht einzutreten. Dann sagt er: Laßt uns gehen.

Ich renne durch den Korridor. Hospital wie Arsenal. Das Unheimliche schwappt über mir zusammen. Arsenal wie Hospital. Ich renne. Ich stoße beinahe einen Mann um, der ein Wägelchen vor sich herschiebt. Das ist ein Pfleger, ruft Franco. Vittorio. Ich renne weiter. Ich stürze hinaus in die Welt.

Das Pferd war kein Pferd. Das Pferd war aus Pappmaché und blau, in einem Werkstattpavillon aufgestellt. Die Zeit strich ihm um die steifen Ohren, anhaben konnte sie ihm nichts. Es war blau und frei wie der Himmel. Es hatte einen Bauch voller Puppen.

Das Kind saß auf dem Pferd und sah auf die Frau hinab. Von seinem Höhepunkt aus erkannte es sie kaum. Ihr

Strandhut, ja, er war zerknittert, zerknittert auch der Mund vom Weinen und Schreien. Die Mutter. Die Freundin des Manns. Es thronte. Es war die Krone des Pavillons. Der Himmel selbst. Mit einem Mal der Angst entwachsen, unterzugehen. Freischwebend, allein.

»Nun bin ich so alt wie der Nadelwald. Nehmt euch in acht, daß mein Pferd euch nicht packt!«

In seinem blauweißgestreiften Trikot ritt es über die Stadt und das Meer, strahlend in der Abendsonne, unbändig, klein. Unerreichbar für jene, die unten standen. Die Hallorufer, das ungleiche Paar. Die Verschwörer vom Arsenal. Es war wetterfest geworden.

Zeit, sagte sie, für uns. Ihre Worte verhallten. Schlug nur das Herz der Pavillonsuhr wie zum Sieg des Kinds. Sie stand neben dem Pferd. Sie starrte in ihren rechten Handteller. Wie zum Sieg des Kinds. Dann, plötzlich, hörte sie auf zu zögern. Sie hob es vom Pferd, zerrte es aus dem Pavillon, zerrte es durch die Allee, rannte mit ihm die Bergstraße hinab, die Schlucht von San Vito, zum Marktplatz, stieß es außer Atem in eine Taxe, und sie fuhren los. Das Meer war wie Tinte, die Felsen leuchteten schwach. Auf der Uferpromenade herrschte das Kommen und Gehen des Feierabends. Lange fuhren sie dem Strand entlang. Vor dem Viadukt bogen sie ab, nach Barcola. Das rostrote Haus dämmerte vor sich hin. Die Dunkelheit hatte es beinahe aufgesogen.

Kein Wort. Sie duschten. Sie aßen. Und dann, um sich ihrer Niederlage zu vergewissern, überließ die Frau das Kind dem toten Körper der Nacht.

Die Tür zum Meer

Und ich stellte mir vor, daß das leicht zu beschreiben sei. Das Meer unter mir. Blau, nein weiß, nein grün, nein eins mit dem Himmel, nein kraus, nein glatt, nein alles das und noch mehr. Wie faß ich das Bewegte. Es ist so schön. Ich spar es aus.

Das erste Mal nahm ich den Weg über die barocke Treppe, steil, aber rasch. Ich überquerte den Jesuitenplatz, Kinder fuhren hier Rad zwischen Schotter und Gras, selbst die Bäume unansehnlich. Ich strebte zum Rand. Ich erreichte die Ringmauer und stellte mich in ihren Schatten. Ich ging an der Mauer entlang, über ein improvisiertes Fußballfeld, die Kinder kommen mit wenigen Metern aus, nur laßt mich hindurch. Der Weg verengt sich, eine Stufe, eine zweite, und wo diese Pinie wohl ihr Wasser her hat, mitten im Stein gewachsen. Die schwarze Gittertür. Sie steht offen. Sie wird es sein. Ich trete durch die Maueröffnung und sehe es rundum, in herrlicher Helle, flutend und frei, zum Greifen – spring! Das Meer. Ich hab mich auf das kleine Plateau gesetzt und geschaut. Nichts als das. Ich habe die Augen geschlossen, es war da, es schlug tief unten an die Klippen.

Dann, mit der Hitze, kamen die Frauen, eine nach der andren, in schwarzen oder gemusterten Schürzen, in Hausschuhen, krochen aus den schattigen Häusern und setzten sich an die Sonne. Ihre Stimmen übertönten die Brandung. Ein sirrender Teppich über dem flirrenden Meer. Sie waren den Anblick gewohnt. Sie hatten Todesfälle zu bereden, Strickmuster, auch das. Sie steigerten sich in hohe Tonlagen hinein. Ich suchte im Dunst die montenegrinischen Berge. Nicht auszumachen. Ich ging.

Das zweite Mal nahm ich Neda mit. Diesmal nicht über die steile Treppe, sondern die »Unterwelt-Straße« hoch. Sie lacht, als wäre diese Straße gerade das Richtige für sie. Über dem Meer lacht sie nicht mehr. Sie schaut es unverwandt an. Und? Das Blau. Und? Ich kann seine Schönheit nicht ertragen. Ja, sag ich. Da war etwas, sagt sie, wovon du nicht weißt. Wir blicken aufs Meer. Ich hatte einen Sohn, sagt sie, der ist tot.

Ich streichle ihr rotes Haar, die weißen, abstehenden Ohren, hilflos. Zweifacher klinischer Tod, sagt sie, das Herz. Wessen Herz? Meines, sagt sie. Das Kind brachte man zur Welt, es starb vier Wochen nach der Geburt. Neda, sag ich.

Das Meer liegt wie eine Plastikfolie unter uns, ein mit sich selber beschäftigtes Element.

Nein, sagt sie. Nie mehr. Die Ärzte haben's verboten.

Deinetwegen.

Was bin ich mir schon. Sie garantieren nicht fürs Kind. Das aber –

Ja.

Sie habe drei Monate mit niemandem darüber reden können. Sie sei drei Monate versteinert in ihrer Wohnung gesessen, weinend, das Leben habe sich zweigeteilt in ein Vorher und Nachher, sie habe die Enden nie mehr zusammenbringen können. Die eine Neda tröstet die andre, spricht ihr Mut zu. Davon wisse niemand nichts.

Was schmerzt an der Schönheit? frag ich.

Sie sieht noch immer aufs Meer.

Die Erinnerung, sagt sie. In jenem dunkelsten Tunnel leuchteten Farben auf, unbeschreiblich. Der Tod.

Wir hörten kein Meer, keine tratschenden Weiber, die Sonne stand im Westen, kupferrot, Nedas Zopf brannte, ich schob sie bis zur Balustrade, nein, schrie sie, nicht von Angesicht zu Angesicht! und huschte rückwärts durch die Tür. Da schau die blauen Berge, sagte ich versöhnlich. Sie aber strebte davon zur Unterwelt, Unterweltstraße, verstehst du jetzt?

Das dritte Mal ging ich allein, um der Meute der Touristen zu entfliehen. Ich schlüpfte durch die Maueröffnung, der Wind fuhr mir ins Gesicht. Zänkisch das Meer. Noch nie hatte ich Abgrund gedacht, jetzt dachte ich's. Und meine Gedanken wanderten zurück in die Jesuitenkirche, die für den Auferstandenen hochzeitlich geschmückt war, mit süßen Nelken. Das Geländer taugte fast nichts. Schwang sich fair in den Himmel, aber links und rechts alles möglich, alles. Ich schloß die Augen. Ich wartete auf die Stimmen der Frauen. Ich wünschte sie herbei. Kam einer. Ich sah auf. Kam ein Halbwüchsiger und legte sich auf den Stein mit der Inschrift »Frei«. Ich fragte nicht, ob ihm kalt sei. Ich schlug das Buch auf und las:

Er ist wohl eingeschlafen. Der Schatten der Hecke bedeckte das gesamte Geviert der künftigen Terrasse. M. befand sich in seinem Schutz ohne Erinnerung an sein mähliches Fortschreiten. Er mußte eingeschlafen sein, wieder und wieder. Der Schatten der Hecke dichter als eine Mauer ... Umsonst hatte er sich dem Abgrund genähert. Nie mehr, nie mehr würde er es tun.

Er schlief. Der andre, dieser da, der Befreite, der Meerische, der Halbwüchsige, er schlief. Wozu las ich. Ich schämte mich doch nicht etwa, daß er mir die Aussicht stahl. Nedas Mut hatte mich verlassen gegenüber dem Ungeheuerlichen, dem Meer.

Dann kam die erste, kam die zweite, kam das alte Weibchen: Ach, Fräulein, schon wieder hier! Und warum in Schwarz, vielleicht in Trauer? Nein, sag ich, danke, nein. Und die zweite: Mode, weißt du doch. Und die Alte: Kommen's von weit? Ziemlich, sag ich. Dann, sagt sie, gute Reise, und lacht.

Es war nicht das letzte Mal. Ich begegnete dem Meer am Hafen, in der Fischerbucht, aber nur dort, hinter der Pforte, tief unter den Mauern, war es das Meer. Meines. Neda war verreist. Mira fürchtete sich vor nichts. Sie sagte: Zeig mir das Meer. Ich führte sie unbehelligt übers Fußballfeld, ich schob sie durch die Tür. Sie strahlte und schwieg. Sie setzte sich da hin, wo Neda gesessen war, mit dem Rücken zur Sonne, sah aufs Meer. Sanft, sagte sie, ich kenne den Pazifik. Ich fragte mich, wer sie sei. Kann sie ihre Angst nicht sagen? Und konnte ich's? Ich zeige auf ihren Gürtel: mit einem Plastikmesser kommt man nicht weit. Sie lacht. Oder doch? Die Gürtel, sag ich, geben dir Sicherheit. Du schnürst dich zu, je breiter desto lieber. Gewiß, sagt sie. Ich sagte nicht: Amazone. Ich dachte nur, daß dieser zierliche Körper seine Zierlichkeit verleugnet. Zwang? fragte ich leise. Ich will es so, sagte sie, ich übe mich im Widerstand. Während sie rätselhaft blieb, wanderte die Sonne westwärts. Schon hockten die Frauen auf dem Stein und strickten. Mira beachtete sie nicht, sie fragte: Bist du einsam? Ihre Augen leuchteten schalkhaft, ich verstand nicht. Schon gut, sagte sie. So oder so, sagte ich, wie soll ich's wissen aus heiterstem Himmel. Du bist es einfach, sagte sie. Ich gab mich geschlagen.

Wir ließen das Reden. Ich betrachtete ihr Profil, sie betrachtete das Meer. Darüber verging der Nachmittag. Die Schwalben begannen zu kreisen. Ich fragte mich, wer sie sei. Und aus Verzweiflung, oder aus Liebe, schlug ich das Buch auf.

Ich habe mir ein Haus gekauft, las ich. *Der Ort ist sehr schön. Man glaubt sich in Griechenland. Die Bäume, die das Haus umgeben, gehören mir. Einer von ihnen, riesengroß, gibt einen solchen Schatten, daß ich nie mehr unter der Hitze leiden werde. Ich will eine Terrasse bauen lassen. Von dieser Terrasse aus kann man am Abend die Lichter von D. sehen …*

Hier gibt es Augenblicke eines vollkommenen, vielfältigen und doch präzisen Lichts, das sich auf einen einzigen Gegenstand legt, leidenschaftlich …

Das Meer, sagte sie.

Du, sagte sie.

Ich nahm ihre Hand, und wir verließen das Plateau. Es war das letzte Mal gewesen.

Nives

Weiß, sagst du, ich frage: Weißt du, was Weiß ist in dieser schneelosen Gegend aus Stein, Wasser, Stein? Mit schrillen Stimmen kreuzen sie durchs Dorf, die Weiber, durch den Korridor der Nacht. Gellend das ikavische Idiom. Aber die Agaven im Nachbargarten, diese zähe, leise Sorte, schwanken im Wind.

Also Hammerfest, sagst du, also das Äußerste.

Ich habe mich heute dreimal vom Salz befreit, mir Gesicht und Hals mit Süßwasser gewaschen, das Partisanendenkmal gegrüßt. Sie schrien. Ich habe dem Kind Kekse gekauft, Marke »Marquise«, als Ružas Lammgesicht zu bellen begann, auf der erleuchteten Schwelle. Ich habe dem Kind Milch eingeflößt. Ich bin mit ihm bis ans Ende der Mole gegangen, knapp über der Gischt. Das Wasser schlug an den Stein, das fleckige Meer rollte immer neue Wogen heran, die Brandung übertönte jedes Geschrei.

Ausholen, sagst du, nachhaltig, bis zum Polarkreis.

Sie schrien. Auf Ružas breitem Rücken entfaltete sich das indische Muster zu einem Mund, sie schwenkte den Feigenkorb, kam das alte Weibchen geritten: Süße Feigen, mein Herz, wie immer gellend, ich nahm den Sohn und steuerte ihn erneut zur Mole. Der Sonnenball, das krachende Rot, und Ruža weitab.

Du meinst vielleicht das Weiß des Kalks. Auch die Kiesel sind hell, die mir das Kind auf den Bauch häuft am Strand, versetzt mit winzigen Muscheln, und diese Mole ohne Leuchtturm. Und die Fliesen im Haus. Das läßt dich kalt. Der gebratene Fisch, der Kalkputz auf dem Dach.

Ach, sagst du, die Sorge um die Nachgeborenen, und da hat sich mein Dorf entvölkert.

Aber sie schreien noch! Sitzt eine Dunkelhaarige in der

neuerbauten Garagenwohnung und zetert: Drago, Mara, reinkommen. Im Staub verschwindet das Mädchen, hinterm Palmenstamm der Bub. Die Herrschaft dieser Inselmütter, die sonntags als schwarze Meute der Kirche entströmen, als Gebetsmeute, die überdauern will. Draußen, bei dem letzten Felsen, sahen wir auf die flammende Oberfläche des Meers. Keks, sagte das Kind und griff nach einem Kiesel. Ein wollgrauer Streifen bildete sich am Horizont. Von den Felsen löste sich eine Frau mit hellem Haar, keine Hiesige, kam langsam über den steinigen Weg, schlenkerte die Badetasche, ging grußlos vorbei. Die da, sagte das Kind, und zeigte auf die Blondine vom Fels. Eine Nacktbaderin, sagte ich. So, sagte das Kind.

Nichts geworden aus den Lavendeldörfern, sagst du.

Und dieser Louis? Viel später sah ich das Mädchen, die Streunerin, am Kai, wie sie ihre Runden drehte. Mit hungrigen Augen, in Kunststoffsandalen, Stillstand nie. Louis könnte es bunt treiben. Solche wie ihn verliert man leicht, weil sie die *Dolinen* suchen, die Mulden im Karst. Ein Invalider folgte ihr. Sie ging dicht an der Mauer, mit wiegendem Gang. Ich aber lief – es war Märchenzeit – die steilen Treppen hoch zum Sohn. Sie schrien. Sie schrien bei Neumond, durch die Windstille. Es war einmal, sagte ich, eine Zeit ohne Gekeife. Der Wolf hielt zum Fuchs, der Fuchs hielt zum Bären, der Bär hielt zum Reh, das Reh hielt zum Lamm. Pardon, rief Ruža, die Feigen! Später, rief ich. Und das goldgelockte Lamm hielt zum Hahn, der Hahn zum Hecht. Die Sterne aber rollten geschwind über den Himmel und leuchteten Mensch und Tier. Fisch, sagte das Kind. Ja, auch den Fischen im Meer. Den Schiffen und Seefahrern mit ihren schwarzen Wimpern.

Hochschnellen, sagst du, in Himmelsnähe.

Das Kind hat im Schlaf geschrien. Ich habe Angst vor der Insel verspürt, vor dem Abgetrenntsein. Ich habe mich vors Haus gesetzt, mitten in die Katzenhochzeit. Die Katzen schrien mit dem Kind. Alles hallt durch diese trockene Luft, selbst die Stimme des Sängers von jenseits der Mole.

Also Hammerfest, sagst du.

Also was?

Also das Weiß des Porzellanschwans.

Für einen Augenblick laß ich es gelten. Die Katzen begatten sich rund ums Haus, die weißen unter ihnen sind nicht besser, aber wie herzzerreißend. Und nun deine kalte Glasur. Sag ruhig, sie fressen uns auf. Ruža, die Betschwestern, die Krähen, das anonyme Weib. Und die Föhrenzapfen dick wie Klöße und in eiliger Vermehrung. Soll die Kehrseite sein, sagst du. Und wovon?

Ach Eis, sagst du, alles eins.

Aber diese flimmernde Flut, dieses windgekräuselte Wasser! Mutterverbot. Schreien und rigide sein, ich bin dir auf der Spur. Das Kind hat sich im Bett aufgerichtet. Es hatte einen neuen Tonfall. Sanft sanft, sagte ich, schlaf. Es ist eingeschlafen. Ruža aber hat am Morgen wieder Bleiernes verbreitet um den stillen Mann, der niemals selber Lärm macht, nur immer von fremdem umgeben ist. Man sagt, er sei ein Natursänger. Ich höre ihn pfeifen, wenn er im Sand zeichnet.

Eine Bankrotterklärung, sagst du.

Verabschiedet, sag ich. Jedenfalls fühlt er sich verabschiedet. Mit den Kriegsinvaliden sitzt er abends am Hafen im Alterseck. Während er im Innern von einem Prozeß gequält wird, an den er nicht rühren mag.

So, sagst du.

Also. Erklär mir den Schwan, wie du mit Röntgenohren das Schweigen praktizierst. Das Kind sprach sich warm. Es babbelte seit dem Frühstück in einem fort, vor dem Partisanendenkmal, im Kutter, auf dem Strand. Ein Aufschwung, ein unglaublicher. Hechelnd liefen Hunde herbei, es schlüpfte in seinen Gummiring und schwamm davon. Je flimmernder Louis liebte, desto ... Und damit war der Faden durchschnitten.

Wie zwischen den Christen der Küste, sagst du, und den Mohammedanern im Innern.

Der Mann wurde sofort in etwas Feindliches verwandelt. Mit den Flügeln schwamm das Kind weit hinaus, oder es saß rittlings auf mir, seinem Zugtier. Wenn es von mir abließ, rieb ich ihm den Rücken ein. Seine Haut bräunt sich, es leuchtet sein Augenweiß.

Was soll ich denn über Mutter sagen? heuchelst du.

Daß sie schrie. Daß sie dir den Bruder vertrieb, dich an einen Chemieingenieur und Lebemann verschacherte. Anfänglich alles gut, dann trankst du die Demütigungen wie Wasser, dann entdecktest du den Schwan in der Vitrine, auf halbem Weg zwischen dem Marschall-Tito-Platz und dem Spital, die stufenweise Steigerung von »weiß« und »schweigt«, weil das Leben so zynisch boshaft war. Der Gummiring hat einen Schein, daß das Kind jauchzt. Auf meinem Bauch ein kleines Sortiment von Steinen, Keksresten Marke »Marquise«, Seetang. Das Handtuch starrt vor Salz. Ich stelle fest, daß mein Bikini nur mehr halbmodern ist, am besten, man trägt keinen. Hat dir wer Hilfe angeboten? Ich meine den Bruder, den Hepatologen, der sich im weißen Kragen ablichten läßt. Den Herzensbruder, ihr habt euch doch den Schnee vom Himmel geredet und deinen Namen. Habt im alten Palazzo Schafe versteckt, in den Ruinen, sagst du, denn die Partisanen haben ihn vierundvierzig zerstört, als sie die Insel nahmen. Also in den Ruinen. Und gewohnt habt ihr? Ach ja, nebenan, in dem grünen Haus mit der Pergola, drei Räume für fünf, ihr seid euch mehr als nahe gekommen, wie gespenstisch, sagst du, wenn man alles durch den andern sieht. Auf der Pergola Heerscharen kleiner Kalifen, Hauff! Sie hat's verboten, aber der Bruder und ich, wir stahlen uns den Muck, wir ersannen ihn, wir ersannen uns außerhalb dieser Familie. Verehrerinnen hatte er keine, da war ich, sagst du, Nives. Ein Bräutchen? Nein, Nives. Noch einmal hat das Kind die Blondine entdeckt. Sie ging, mit derselben schlenkernden Tasche, durch den Pinienwald Richtung Bol, allein. Man sieht ihr nach, doch keiner begleitet sie. Durchquert sie einen Sonnenstrahl, entflammt ihr Gesicht. In der Dämmerung, sagst du, sei es am schlimmsten gewesen. Die kreischenden Stimmen im Haus, wir haben uns Wollmützen über die Ohren gezogen und den Griffel ins Papier geritzt. Stechende Worte, Wortstachel, sagst du, und splittriges Eis. Wie Kobolde haben wir uns in die hinterste Ecke gesetzt und vor den schrillen Entgleisungen geschützt. Die Sonne kippte hinter den Horizont, aus.

Vaters Verunglimpfung?

Er war der dritte Kobold im Bund. Er tendierte zu den Hirten.

Das Kind hat die Blondine angesprochen. Sie zeigte ihm ihr sonnengesprenkeltes Profil. Auf ihrem Kleid segelten Schiffe, blaue Taue blinkten von ihrer Tasche. Mit ihrem katzenartigen Gang bewegte sie sich den Bäumen entlang.

Vom Schleichen zum Weichen, sagst du. Zuerst verkrümelt man sich, lauscht und späht aus allen Ecken, aus den Nachbargärten, dann kommt die Zeit, und man springt aufs Festland. Über den Isthmus hinein in die ganze Fremde.

Flucht vor den Schreien?

Aber sie hallen nach. Eile zum nächsten Breitenkreis, zum übernächsten. *Ihr* Stimmorgan bohrt sich ins Gedächtnis und haftet wie das Loch im Strumpf.

Lange zeigte das Kind auf die blonde Frau. Es hat in den letzten Tagen einen hellen Flaum angesetzt, Nacken und Nasenwurzel fühlen sich seidig an. Es steuerte zum Hafen. Beim Anblick der Boote vergaß es das Mädchen, das mit schlenkernden Armen weiterging. In der »Morgenröte« zückte ein Bursche das Messer und schabte die glitzernden

Schuppen einer Zahnbrasse ab. Die Schuppen stoben ins Wasser. Das Kind setzte sich auf die Mole. Es kramte aus seiner Tasche Kiesel und Muscheln hervor und legte sie zu einem Kreis aus. Da ertönte Ružas Abendschrei.

Kein chinesischer Wandschirm, sagst du. Auch Vater hörte, und als er genug gehört hatte, nahm er die öde Straße zum Asyl.

Wo die Männer auf die Bäume klettern?

Wo sie beim prahlerischen Lärm kleiner Traktoren Feigen ernten. Er arbeitete, bis er umfiel.

Der Bruder?

Ging ins Exil. Hepatologe. Schreibt von Kalifen und schottischen Siedlungen und ...

Und?

Und in Anbetracht seines ausgebildeten Verfolgungswahns von einem Spielzeugschwan. Das rückt ihn ins ungewohnteste Licht.

Das Kind warf die Kiesel ins Meer. Es verlangte herrisch nach Milch. Wir liefen vom Hafen durch den Korridor der Gassen. Die Pinienschirme leuchteten rot, wir liefen, die Sonne im Rücken, bergauf, zur Milch- und Brotküche. Ich laß dich nicht los, rief das Kind. Es läßt nie locker.

Louis, sagst du, kroch heraus. Das hatte seinen Grund im Haß, der unser Haus regierte. Dann hat er jahrelang unter gefälschten Waren gelitten.

Die Milch- und Brotküche als Wall. Schmecken, nicht hören. Das Kind brockte sich seine Flocken ein. Mit der Linken wühlte es in einem Spiel Karten, ich dachte, es denkt an die Blondine. Es sagte: Ein Ei! Jeden Abend das gleiche: ich esse Fische und Feigen, das Kind Flocken und Spiegelei. Ein Gauner also, dieser Louis, frank und vogelfrei, und was das Leiden betrifft ... Nein, sagst du, nicht gelogen, diese gefälschten Uhren hat er alle bereut.

Also verzeihen?

Nein, sagst du.

Um neun, als das Kind schlief, folgte ich Ružas Ruf. Kalten Fußes dem Herd der Zwietracht zwischen dieser Furie und dem Greis. Da sitzen sie am Steintisch in der Pergola, er dreht Däumchen, sie macht ihm, strickend, die Hölle heiß: die Trauben zu billig abgegeben, der Fensterladen nicht repariert, ein blinder Redeschwall mit abgründigen Pausen beim Schein einer Funzel (sparen, sparen!). Ich nehme mir ein Herz. Aufhören! schrei ich noch aus dem Hinterhalt. Aufhören! und verlasse die Deckung: Was haben Sie aus den Söhnen gemacht? Eine Schreckenssekunde lang Schweigen, dann greift die Empörung um sich: ich solle mich zum Teufel scheren. Der Alte bebt und duckt sich hinter dem Tisch wie hinter einer Trommel. Als ich ihn schon in seine Leere eingekehrt glaube, flüstert er: Kleine Eigentümlichkeiten. Nur rühren Sie nicht an die Söhne!

Unter seinem Geheiß ging ich. Und wenn das Paar kinderlos war?

Die Söhne, sagst du, hat es zu den Polarfüchsen verschlagen.

Also Norden, Nives, dorthin weist der Pfeil.

Rundfahrt

Ich sagte zu R.: Das ist der Morgen, der richtige. Ich sagte es voller Überzeugung und fuhr los. Die Forsythien blühten, die Mandelbäume waren schon verblüht. Ich nahm die Straße nach Carpentras. Eine schnurgerade Straße durch Maquis, gesäumt von vorfabrizierten Häuschen mit Renommierportalen. Wo der Buschwald aufhört, liegt ein Privatflugplatz. Doppeldecker stehen auf der Rollbahn aus Gras. Hier war der Anfang einer Flugkarriere. Ich ließ das Wagenfenster herunter. Ich stellte mir einen Löwen vor auf dem Asphalt. Der Löwe hat eine strähnige Mähne und weiß nicht, was Flugzeuge sind. Hinter den ruhenden Apparaten der wellige Horizont des Comtat Venaissin. Im Mittelalter waren mit dem Papst viele Juden ins Comtat geflüchtet, sie trieben Handel, und Schmuel stand der Gemeinde vor. Schmuel, dann Jakob, dann Aaron, lange Reihen von Gemeindevorstehern, bis es die Gemeinde kaum mehr gab. Noch gibt es das abgeblätterte Grün der Synagoge von Carpentras, den Wimperg des Judentors von Saint-Siffrein, das Gassengewirr der Altstadt. Die Ebene war einst leerer gewesen. Die Kathedrale grenzte ans Ghetto, das Ghetto reichte bis zum Stadtrand. Am Stadtrand standen sie und blickten zum Windberg, der in den christlichen Himmel ragte. Sie waren nicht reich, aber man nannte sie Wucherer. Bei der ersten BP-Tankstelle tankte ich zwanzig Liter Normal. Die Luft hatte kalte und warme Strömungen, die einen kamen vom Berg, die andern vom Meer, die einen rochen nach Algen, die andern nach Wald. Es war Markttag. Vor dem Hôtel-Dieu bog ich nach rechts, fuhr den Ostrand der Stadt entlang und stadtauswärts zu den ansteigenden Hängen des Ventoux. Zwischen knorrigen Rebstöcken lag der Friedhof der Juden. Hier hatten sie in schwarzen Kaftanen gestanden, geblendet vom Berg,

Gräber ausgehoben, Steine geschichtet, große, mittelgroße, kleine Steine für Eleazar, Jakob, Schmuel, Aaron. Der Berg hat eine helle Kuppe aus Kalk, die leuchtet wie ewiger Schnee. Ich stand zwischen den Gräbern, das Gras bog sich im Wind, die Inschriften waren verwittert. In Kaftanen gehandelt und als Wucherer verschrien und nach dem Gesetz bestattet und zu einem Häufchen geschrumpft. An den Toten vorbei nach Le Barroux, wo der Mistral in die Ebene einfällt. R. wollte den Berg nicht zum Aussichtsberg machen, also ist er in der Ebene geblieben, also fahre ich allein die flache Bergflanke hoch, also sind die Entdekkungen mein. Auch von Bédoin fuhren sie mit Käse und Honig zum Markt. Es gab hier Platanenalleen, doch die Bäume waren noch nackt und die Sonne strahlte auf den Asphalt. Hinter Bédoin sah ich einen Steinlöwen eine Einfahrt bewachen, es gab Weinberge und Rebhäuschen und protzige Villen und eine immer größer werdende Aussicht. Und plötzlich aus der sonnigen Weite in den Zedernwald. Ich war für Sekunden wie blind. Ein Wald mit Geißblatt und Schlüsselblumen, der Waldboden weich, die Erde wie Rost. Laurent, rief eine Frau, die neben einem geparkten Simca stand. Im Dickicht hockten vielleicht Wildschweine, neben der Straßenschneise aber lag hier ein Papier und dort ein Papier, lauter Unrat. Das bin nicht ich gewesen, hat R. gesagt, als das Licht im Flur am Morgen noch brannte. Auch ich bin es nicht gewesen. Der Kaiser von China ist es gewesen. Also gut, der Kaiser. Die Kurven wurden enger. Ich überholte einen routinierten Radfahrer, der gegen die Steigung kämpfte. Im Wald war es kühl, R. hätte nicht geschwitzt. Oder vielleicht hätte er doch geschwitzt, solche wie R. schwitzen immer. Ich dachte an die Tiere des Walds: Sie werden, wenn sie sich nachts auf die Straße verirren, von einem Scheinwerfer angestrahlt und versteinern. Dann läuft der Hase im Zickzack vor dem Scheinwerfer her, zwei große Löffel und ein Satz in den

Busch. Wir stören die Waldruhe. Die Eintracht der Tiere. Durchkreuzen die Absichten ernsthafter Förster. Vor Waldbrandgefahr warnten in regelmäßigen Abständen Tafeln am Wegrand. Der Boden aber war feucht. Dann wurden die Zedern kleiner, verschwanden ganz, und die Zwergtannen bildeten keinen Wald und kein Dach: auf einen Schlag Sonne. Ich klappte die Blende herunter. Ich spürte, wie das Lenkrad warm wurde. Wo auch die Zwergtannen aufhörten, lag die Talstation des Skilifts, vollkommen verödet. Die Straße lief jetzt wie ein Band zwischen Stein und Geröll zur westlichen Flanke des Ventoux, durch weiße Abhänge, die heller waren als Sand und vom Wind erodiert, der über die Kalkkuppe fegte. Ich umklammerte das Lenkrad: diese Tiefe, kein Zaun, keine Leitplanken, das war meine Obsession, der Sturz in die abschüssige Wüste, wie hat es der windgebeutelte Petrarca geschafft. Vor mir ein R 4, den es heftig schüttelte. Der Wind hat hier keinen Widerstand, er verfängt sich nicht, er trifft geballt auf die kahlen Hänge. An der Westflanke eine spitze Kurve höher, diesmal auf der Talseite. Schauen ist alles, hätte ich die Augen nur für einen Moment geschlossen ... Ich sah vor Anstrengung grün statt weiß, Asphaltweiden und einen Talschluß im Unterland. Mir schwindelte. Der R 4 vor mir wäre fast stehengeblieben, beide fuhren wir im ersten Gang. Nenne das Reiseausschnitt wer will, diese Angst vor der Talseite und den Höchstgeschwindigkeiten des Winds – unüberwindlich. Zerrauft kam ich an, und auszusteigen wäre ein Wahnsinn gewesen. Dann eben ein Wahnsinn, sagte ich mir, und hielt mich am Wagenrand fest. Der Südhang sah von oben sandig aus, glatt, mit wenigen Rinnen, der Nordhang war faltig und zerklüftet wie die nördliche Aussicht: Bergzacken und schattige Täler, »eine kaum zugängliche Masse felsigen Terrains«. Ich schaute nach Süden. Plateau de Vaucluse, Lubéron, les Alpilles, dahinter, wo der Himmel weiß war, das Meer. So schnell so gut, der Rundgang der Augen. Petrarca hat während des Aufstiegs eine junge Hirschkuh angelacht, hier pöbeln sie einen auch bei Sturmwind an. Ein Kraushaariger: Das bist du ja, hat er gesagt, oder: Die bist du, und mich beim einsamen Schauen gestört. Ich stand hier oben zwischen den Landschaften, über allen Erhebungen und Einschnitten, frei in mir selbst, links das eine, rechts das andre, aber nicht Bild und Abbild, Ego und Alter ego, nichts dergleichen. Direkt unter der Kuppel. Unter dem Großen Bären. Unverfänglich allein? fragte der Mann und schniefte. In einem einzigen Punkt lief alles zusammen. Es war mein Punkt. Es war Petrarcas Punkt. Der hatte ein Maultier bei sich gehabt oder einen Hirtenbruder. Welche Zeitspanne trennte mich von ihm. Und doch war dies sein Licht, sagen wir ruhig sein Dunst, sein Wind, seine Zugluft. Meine Gedanken gingen rückwärts zum Aufstieg, der ihn mit einem Schlag zum Alpinisten gemacht hatte. Keiler rannten durch die Wälder. Steinschlag und »Gedörn« bedrohten ihn. Höher oben der Wind. Ich saß schon wieder im Wagen, das schützende Gehäuse um mich. Wer keine Klammer ums Ohr hat, ist den Lüften ausgeliefert. War er ein Wirrkopf gewesen, ein Frauenanbeter? Er liebte die Disteln. Als Erstbesteiger trug er einen schwarzen Umhang und Schuhe so flach wie Flundern. Filz, Wolle, der Nacken bedeckt, und mit großen Schritten bergan. Der Wald hörte auf, da nahm er den Stock. Mit dem Hirten in den Steilhang, wo verrufene Vipern lauern. Gegen den Wind war kein Kraut gewachsen. Das Tuch ins Gesicht, den Augenschmerz verrotten lassen. Wüste auch dies der Versuchungen. Nicht aus Unwissenheit wollte er weiter und diesen »Kamin« besteigen – aus Unausweichlichkeit. Die Zeit zerrinnt. Der Stein erodiert. Das Ich will mehr als nur ein Zeichen sein. Da schwitzt es sich in die Landschaft, wird fast zerblasen und sammelt und sammelt sich, bis es die Eigenschaft hat: das Widerstehende. So durfte das Panorama auch ein Rundhorizont sein, weil nicht das Ziel der Übung. Der Weg war's. Die wunden Füße und die entzündeten Augen unter all der Wolle. Der Wille hinauf. Ich staunte über die Geschäftigkeit der Gipfelbesucher. Sie zeigten in alle Richtungen und schrien laut. Kein Riß im Bewußtsein. Nicht einmal Freude oder Schmerz. Die Leistung hat zu Fuß Petrarca erbracht. Ohne Rückhalt, sagte ich mir, bestieg er den Steinberg. Das »Rauschen der Blätter«, das »Murmeln der Bäche« ein Hohn hier, wo die Hitze aus erster Hand kommt, nirgends ist man ungeschützter. Sein Mund ein Strich, die Zunge trocken, aber ein wilder Hase macht ihn froh. Er verschwand zwischen Felsbrocken. Auch die Eingeweide wie zerrauft, schrieb P. in korrektem Latein, über die Windgeschwindigkeit gerätselt. Was im Norden liegt, ist ein Bergkranz. Notizen vom höchsten Punkt, meinem. Der Mann saß längst in seinem Simca und rauchte und sah gelangweilt durch die Windschutzscheibe, Petrarcas Chancen waren ihm fremd, doch hatte er sich ein Souvenir gekauft, einen Ventoux-Wimpel. Das letzte Wegstück war P. auf drei Beinen gegangen (der Stock), keuchend aus Räson, Atem und Vernunft verstanden sich noch, nur sein Schatten schreckte ihn: spitz auf den Steinen wie die Tempelzinne der zweiten Versuchung. Mitgegangen, mitgehangen, flüsterte er dem Hirten, der durch die Rinne stapfte, mein läppischer Umriß. Er war sich mißgünstig. Das Wollzeug kratzte, der Körper litt, und nichts war geläufig, keine Redensart. Da flüsterte der andre: Kopf hoch, Querulant! Ich saß lange im Wagen. Die Touristen verkleinerten sich zusehends. Sie liefen durch den Wind, sie knipsten aus umgehängten Kameras. Jeden Strand knipsten sie so. Und jeden geknipsten Berg vergaßen sie. Petrarca aber war erregt wie ein Kind: Schau, schau, und endlich geschafft. Es gab die Unbill der Natur, er hat sich ihr widersetzt. Die Wolken jagten um den Gipfel. Er kauerte am Boden, in seinen Umhang gehüllt, und starrte in die Wolkenlöcher. Auch der Berg war eine Klause, man maß sich selbst daran. Und die Irreverenz und das Abenteuer? Er wollte sie, aus Entschluß. Ich, rief er in ein Wolkenloch, und ein zweites Mal: Ich, das schluckte der Wind. War die eigene Bannmeile aufgebrochen, hypostasierte das Ich. Es wurde zum »Söhnlein« (filiolus), wie der Volksmund den obersten Gipfel nennt. Es blickte in sich. Und der Gipfel des Bergs schrumpfte zur Stube. »Schien mir kaum mehr als die Höhe einer Stube zu haben, verglichen mit der Höhe menschlicher Kontemplation« schrieb P., der sich als »weicheren Steiger« bezeichnet. Ich saß in meiner Blechstube, und der Simca war weg. Keiner hielt es hier lange aus. Keiner beobachtete sich gern. Ich hatte schon alle Antennen der Wetterstation gezählt. Ohne Aufruhr verließ ich den Platz. Also vom Scheitel wieder hinab in die Tiefe: und »niemals wird es möglich werden, daß einer durch Abwärtssteigen in die Höhe gelange«. Ich rollte Richtung Sault, aus der oberen Wüste die waldige Ostflanke hinab, und die Straße bestand aus lauter Kurven über winzigen Schluchten mit kleinem Gefälle. Ich war skeptisch. Was hatte ich noch zu erwarten, auch wenn für die Chassidim der Abstieg die Erhebung und für Petrarca »ohne ein Gefühl des steinigen Fußpfads« war. Grasinseln tauchten auf, Schafe. Die Weideplätze waren übersichtlich, von Hecken gesäumt, weder flach noch steil, grüne Mulden zwischen Mischwald. Ich sah keinen Menschen. Allein auf weiter Flur mit den grasenden Tieren. Bei den ersten Lavendelfeldern hielt ich an. Graugrüne Polster in strengen Reihen, bald würden es lila Landschaftsmuster sein. Ich war in einem Hochtal. Der Windberg ragte wie ein Stumpf aus dem Wald. R. saß zu Hause und las. Er blickte immer nach innen. Er hatte sich den Berg von innen angeeignet. Die Sonne stand im Zenit, zwischen den Büscheln strahlte die Erde feuchte Wärme aus. Jedem sein Schlupfloch, ob Buch oder Gras. Der Radfahrer, der vorbeiflitzte, trug eine Schildmütze und ein T-Shirt mit dem Aufdruck des Bergs. Petrarca und die Hirschkuh, wie sie sich anlachten. Sie hatte ein zuckerweißes Gebiß und mit ihm nicht gerechnet. Wer rechnete, waren die Touristenbosse und Mützenfabrikanten und Rekordzeitradler. Und in der sirrenden Hitze eingeschlafen über der Hirschkuh. Komm komm, aber sie lief weg. Alles Erleben ist vermittelt, sagte R. Nur die Verbindungen mache ich selbst. Ich verbinde den Baum mit dem Schaf und das Buch mit dem Stein und zerreibe sie in meinem Hirn. Hinter der zweiten Hügelkette lag Sault. Aufgetürmt auf einem Felsen, mit einer Zeile häßlicher Nachkriegsbauten. Ich parkte in der Platanenallee am westlichen Stadtrand. Unter den Bäumen spielten sie Boule: alte Männer und Kinder, die es faustdick hinter den Ohren hatten. Zwischen den Würfen lümmelten sie herum. Der Himmel war wie eine Glaskuppel, und die meisten Einheimischen unter Dach. Ich strich durch die Gassen mit ihren Lavendelauslagen und suchte nach Indizien für das Alter der Stadt. Neben einem gotischen Torbogen das Hôtel du Louvre. Ich las: Pâté de Grive, Wacholderdrossel, bestellte in der Bar einen Perrier und aß meinen Vogel im Geist, während im angrenzenden Saal die Reisegruppen ihre Touristenmenüs abbekamen. In der Kirche war die Neigung der Apsis gegenüber dem Schiff der Haltung des Gekreuzigten nachgebildet. Auf den Säulenkapitellen Pflanzengerank, auch Akanthus. Ich las, die Kirchenfundamente ruhten auf den Überresten keltischer und gallo-romanischer Bauten. Alles beruhte auf Schichtungen. Es gab geologische und archäologische und Schichten der Seele und Sonden zur Schichtbestimmung. Die weiße Madonna im Glühbirnenkranz stammte aus einer Welt, die Träume anzetteln, für mich datierbar: Italien, sechstes Lebensjahr, und hier in Sault ein Stück Erinnerung. R.: Was heißt schon den Realitätspegel anheben; sind Erinnerungen und Träume keine Realitäten? Die Äpfel kosteten nur zwei Francs das Kilo.

Ich geb Ihnen die schönsten, sagte der Obsthändler, der siech aussah, und die »schönsten« waren klein und schrumpelig, doch sie schmeckten gut. Vous venez d'où, fragte er. Woher ich käme. Suisse, das konnte auch Schweden sein. Er hatte eine Zahnlücke, und Suisse klang aus seinem Mund wie Züitz. Eigentlich hatte ich keine Kaufabsichten. Die Ohrklips mit den »amerikanischen« Sternen, die in einer vollgestopften Souvenirshopauslage zwischen Vasen und Lavendelwasser lagen, kaufte ich in einem Anflug von Übermut. Sie waren spottbillig. Und ich ging mit zehn Sternen durch Sault. Eine Runde gedreht, eine zweite. Neben dem Hôtel du Louvre ein Billardcafé mit grünen Wänden voll Jungvolk. Viele in Leder. Das Café schaute hinten auf den Boule-Platz. Ich ging durch den Schlauch und zur andern Tür hinaus ohne ein Wort. Ich setzte mich unter eine Platane. Der Ventoux war nicht mehr als eine Erhebung. Vor mir spielten Kleinkinder im Sand. Ein blonder großköpfiger Junge schwang die Schaufel, und ich dachte an Yann. Er weiß nicht, wohin mit seiner Kraft, aber gleich wird er rührend zahm. Da hat er die Schaufel schon an ein Mädchen abgetreten. Geht mit großen knirschenden Schritten zur Mama. Mama hält ein Hundetier an der Leine, und der Junge schmiegt sein Gesicht an den Hals des Hunds. Schon gut, Liebling, oder so ähnlich. Setz dich. Mais non, und ist weg. Ich sank in mich zusammen. Yann, das nachhaltige Sirren des Windbergs, die Leiden von R. Eine zweite Mama holte ihren Liebling. Im Hintergrund rollten die Kugeln der Halbwüchsigen übern Sand. Etwas an meinem Alleinsein kam mir komisch vor, als wäre ich auf Abruf allein. Komm, und ich komme. Komm, aber es kommt keiner. Ich durfte nicht verschollengehen. Nicht in Sault, wo alle Straßen zusammenlaufen zum Knotenpunkt des Hochlands. Ich wollte hier weg. Über die D 30 oder D 34 oder D 22 oder N 543, gleich wie. Im Auto knisterte die Hitze. Ein teuflisch heißer Volant. Am Südrand der Stadt gabelten sich die Straßen. Ich wählte die N 543, die nach Süden lief. Ich war voller Tatendrang. Ein Eroberer meldete sich in mir: je fremder die Welt, desto besser. Die Bergbauern hielten sich versteckt. Ich fuhr durch die Domäne der Schafe und Ziegen und höher bis zu einer Schonung, die zum Forst wurde, Sault längst außer Sicht, auf freier Wildbahn. Eichen und Föhren, wart nur, bis dich die Wildsau kreuzt oder das Trüffelschwein. Da bekam ich es mit der Angst zu tun. Schlimmer noch, das Benzin ging zur Neige. Feuerchen legen im Forst in der Stunde des Pans. Es faustdick hinter den Ohren haben. Der Mann, der hinter der Kurve stand, wußte Bescheid. Einer von denen, die mit allem rechnen, ein Waldarbeiter. Zu schnell gefahren, Fräulein. Aber ich mußte doch lieber auffällig als unauffällig durch diesen Wald und zu einem Ende kommen. Genau das, sagte er ungerührt. Dort vorn, bitte sehr, das Schloß von Javon, ansonsten gradaus und durchhalten. Zum Trost gesprochen, doch es gab mir den Rest. Auf der Karte das vollkommene Fehlen von Ortschaften. Pannenhilfe jenseits vom Wald. Ich fuhr schon. Fuhr immer schneller. Es war der Anfang der Panik. Da plötzlich ging das Baumdickicht auf: links eine helle Wiese, rechts das Schloß von Javon hinter Platanen. Ich taumelte aus dem Wagen. Die Sonne fiel senkrecht auf die Lichtung, die wie eine Insel im Mittag lag. Es war heiß, und das Schloß war wie verwunschen, und die Schafe flohen in den Wald, und ich starrte auf den Park mit den Seerosenteichen, der in einen regnerischen Norden gehörte. Hinter Schwertlilienrondellen standen bemooste Statuetten, eine Steinbank kauerte im Wollgras, und der schiefe Pavillon war von Efeu überwachsen. Der Garten schlief. Oder er hatte ausgedient, elegisch und alt und sich selbst überlassen am fremdesten aller möglichen Orte. Ich betrachtete ihn durch das Gitter wie eine geschützte Wildnis. Er wucherte über die Sandwege, rankte sich das Schloß hoch, betrieb seine eigene Verwahrlosung. Aber die Goldfische! raunte ich und schielte zum hintern Teil des Parks. Die hintern Ecken, sagte meine Mutter immer, auf die hab acht. Im verborgensten Winkel des Zentralparks von Triest sah ich das bestimmte Einhorn: schimmerndweiß mit kräftigem Horn und Hufen. Welcher Keiler hier hätte sich in den Park gewagt. Er war ein Bezirk. Kommt ein Lesender und schlägt die Sonette an Orpheus auf. Setzt sich in den greisen Pavillon oder irrt durch das Buchslabyrinth. Kommt ein Eichhorn und hüpft an den Teichrand und verschwindet im Busch. Kommt ein Kind und schreit aus Leibeskräften: Mon-go-lei! Ich erschrak; wenige Schritte neben mir stand ein Hund an einer langen Kette und knurrte mich an. Das Schloß schlief nicht. Der Hund wohnte im Hof unter den neugotischen Zinnen und Erkern und wachte, und es mußte Menschen geben, die ihn ernährten und vorschoben wie an diesem Mittag. Ich fühlte mich beobachtet. Ich zählte die Jalousienschlitze. Wenn da nicht jemand am Fenster saß und hinausspähte! So ein alter ergrauter Jäger, der vor Nichtstun aufs Spähen verfallen war und den Herbst herbeisehnte. Pariser hätten sich weicher gebettet. Ich stand unter dem Torbogen. Ich lauschte. Dann lief ich über die Straße und mitten ins Gras der Schafweide. Der Wind strich durch die Halme, das Söhnchen des Bergwinds. Er kam und ging in Wellen, und wenn er wegblieb, stockte die Hitze und die Luft wurde glasig und ein Bann entstand, als träte aus der Kulisse des Walds ein Pan am hellichten Tag. Ich saß im Weidebezirk wie in meinen vier Wänden und träumte vor mich hin. Ums Eck die Schafe, die grinsten. Aber die Angst kam rapid. Kam von unten gekrochen und sprang mich an. »In die Stille deportiert«, rief ich, »in die Windstille.« Kein Blatt rührte sich. »Hinter das Plateau versetzt«, rief ich, »hinter den Berg, hinter die Möglichkeit.« Ich stand schon. Ich wollte stampfen und rührte mich nicht. Ich legte meinen erhitzten Kopf ins Gras. Warum hab ich kein Salz dabei für die Schafe? als jähe Anwandlung, anzuknüpfen mit jemand. Aber wozu denn, der Hirt. Und Rasen und Zagen eins. Ausgestoßen, beurlaubt im Freien. Was heißt: den Laufpaß geben? Auch die Wiese war schon zertrampelt. R. hat mich mit allem in den Schatten gestellt. Nun sitz ich auf besonnter Weide wie weggelaufen. Wie verirrt. Wie weggeschickt. Gegen den Strich gekämmt zwischen Gräsern und Kräutern. Das Gras war kühl. Das Gras verlangte keine Rücksicht. Ich versuchte zu schreien. Ein kleines Echo kam aus dem Wald und verstummte. Schafe waren nicht in Sicht, nur ein Schmetterling zitterte auf einem Halm, als hätte ihn meine Angst gestreift. Ich war mit meinem Namen allein. Da fing ich zu lachen an. Kritisch oder nicht: die Vernunft war längst aus der Fassung. Ich feierte Abschied im Gras. Von diesem Namen, dem meinen. Von der Vorstellung, die ich mit mir verband: so bist du, und anders kannst du nicht sein. Von der Routine, dieses »Ich« gegen jeden Eingriff und Angriff zu verteidigen. Ein Hase huschte durchs Gebüsch. Hallo Hase vom roten Strauch mit den Bitterbeeren: Petrarcas Hirschkuh gesehen? Das Leben verebbte, und in meinem splittrigen Bewußtsein formte sich der Gedanke der Unbestimmtheit wie eine Rache. Ich täusche jede Erwartung. Ich nehme jeden Standpunkt ein. Ich vermeide jede Eindeutigkeit. Aber der Hirte kam nicht und kein Schaf. Ich trat Laufpfade ins Gras. Ich berührte den schwarzen Holunder und griff in einen Insektenschwarm. Die Zeit stand still wie in meiner Kindheit, wenn der Schuppen zum Hexenhaus wurde, der Park zum Urwald. »Subjekt und Zeit und Ort gewechselt«, das grüne Lager von Rand zu Rand ein Raum, durch den die Erinnerung Schneisen schneidet, und die Schnitte gehn durch den Kopf, und der Kopf sinkt ins Gras und begreift die Farbe des Moments und gibt im Schlaf alle Grenzen auf. Als ich erwachte, war ich älter. Ich sah ein Schaf auf der Weide, das ruhig an einem Grasbüschel kaute. Der Wind hatte sich gelegt. Hoch über mir stand eine Zyrrhuswolke. »Stätte des Vergessens« (in der Genesis zwischen Kades und Bared), wo die tollgewordenen Ängste abfallen und das Äquilibrium eintritt.

In der Heckscheibe des Autos spiegelte sich das Schloß. Ich sah vom Spiegelbild zur Fassade und bemerkte, daß ein Fenster offenstand. Der Park roch nach Moder. Nochmals mit dem Blick über die leuchtende Wiese, und Javon blieb zurück. Während ich fuhr, dachte ich an Yann und sein helles Köpfchen. Ich war ruhig. Ich würde ihm viel später von meiner Fahrt erzählen, wenn er Geschichten brauchte zum Ausmalen und Weiterspinnen. Nein, der Wolf war nicht gekommen, aber das Wildschwein scharrte hinterm Busch. Und das Schloß hatte unsichtbare Bewohner. Und ein Waldschrat wies mir den Weg. Und weit und breit kein Mensch. Ich fuhr langsam in die Ebene hinab. Es kamen Felder und kleine Pinienhaine. Vor einem Gehöft krähte ein Hahn. Ich kontrollierte die Benzinuhr: der Zeiger stand auf Null. Lioux, das im Schatten einer Felswand lag, hatte kein Tankstelle. Ich nahm die Straße nach Murs. Ein Schulbus kam mir entgegen und drängte mich an den Rand. Wo die Landschaft weit wurde, bildeten Felder und Wiesen den Horizont, und die Schafherde lief in den Himmel. Ich dachte, ich stehe still, nur die Straße bewegt sich. Ein Schild wies zu einem Feriendorf. Dann wunderte ich mich, daß in einem Acker Steine lagen. Sie kamen näher und näher, und es waren große Schollen, und ich riß das Steuer herum, und ein Erdklumpen flog an die Kühlerhaube. Ich fuhr weiter und dachte an Yann. Einen Moment lang dachte ich: wenn er nur hier wäre. Die Kühe waren schwarzweiß gescheckt und weideten mit den Schafen. Es gab Steineichen, Ginster, Schlehdornsträucher. Dann sah ich die roten Dächer von Murs. Mitterrand grüßte von einem Plakat. Neben dem einstöckigen Schulhaus das Soldatendenkmal und eine Tankstelle: A. Durand et frères. Ich läutete.

Der Patron kam in den Hausschuhen. Er hielt den Benzinschlauch mit beiden Händen und füllte wortlos ein. Zum Schluß murmelte er: Merci, gute Reise. Ich passierte das Schloß mit den beiden Steinlöwen. In der Allee bellte ein Hund. Als ich am Ortsausgang parkte und auf die Uhr sah, war es vier. Ich lief querfeldein, fast berührte mein Kopf die fasrigen Wolken. Die Grasnarbe grün, die Steinmauern zwischen den Weiden ockerfarben. Da sah ich unter einem Baum einen Mann, der malte. Ich grüßte. Es war ein emigrierter Russe, Sascha K. aus Leningrad. Er malte Landschaftsbilder. Ich setzte mich neben ihn. Er bot mir Brot und Schafkäse an. Wir sprachen über die Heimat. Er lachte. Ein Zufall, daß Sie über diese Wiese liefen. Ich lachte. Ich dachte an R. und daß die Juden unten, in der Ebene, geblieben waren.

Gehen

> Wir können nur im Offenen leben, exakt auf der hermetischen Trennlinie zwischen Schatten und Licht. Doch werden wir unwiderstehlich nach vorn gestoßen. Unsere gesamte Person unterstützt und beschleunigt diesen Drang.
>
> *René Char*

I

Der Weg ist staubig und weiß. Die Sonne gleißt. Helle Falter taumeln. Rosmarin, Thymian und Lavendel verströmen den Geruch des Südens. Harter Ginster und die Weinberge von einem giftigen Grün. Der Blick hebt sich – ach diese üppigen Wegränder –, senkt sich. Der träge Schritt wirbelt kleine Staubwolken auf. Kalkstaub. Die Blüten der wuchernden Stauden sind blau. Bei jedem Aufblicken diese blaue Bescherung. Und wie der Schweiß aus den Poren tritt. Nachmittag. Irgendwann. Hinter dem Tennisplatz ist Irgendwo und Irgendwann. Das weiße Band der Straße führt. Weg. Nicht zum Gehöft, nicht auf den Berg, sondern hindurch. Durch ein Tal, das sich selber genügt. Die Schritte sind nicht schnell. Der Blick schweift und ruht. Die mannshohen Ruten des Ginsters – die Hand faßt sie an. Glatt. Das Licht undefinierbar. Also die Augen schließen für einen kurzen schwarzen Moment. Der Schritt zögert, als regten sich die Steine unter den Sohlen. Zählt nur noch der Fuß, der sich in der eingeschlagenen Richtung weitertastet. Schon ist er vom Weg abgekommen. Augen zu und in die Disteln rein. Zickzack der Blindheit. Das Nachmittagslicht gleißt. Glastig die Luft, aber gehen, gehen. Zwischen den wilden Küchenkräutern, Sträuchern, unentwegt. Der Blick wird stumpfer, ein getupfter Falter fällt auf, eine Libelle. Die Bewegung trägt. Und die Gedanken unverankert. Chinesische Koans sind so. Offen nach allen Seiten, such den Sinn. Eine Ohrfeige. Die Hitze schlägt zu. Der Gedanke duckt sich, streift die Leere (oder den Grund des Gehens), die Hand die Ginsterruten. In der Kammer des Kopfs keine Spuren, der schwarze Wolfshund kläfft tonlos. Alle Stricke reißen lassen. Oben weidet ein Schaf, wenn »oben« das richtige Wort ist. Durch dieses Tal hindurch, beim Durchzug der Gedanken, und durchscheinend ist alles mögliche. Der Flügel der Libelle. Wartet wer? Der Weißdorn könnte aus der Kindheit stammen. Mit einem Jonathan unterm Busch gesessen, mit einer Marika. Aber gehen, gehen. Der Schritt stockt nicht. Im Tal zur Randfigur geworden, zum namenlosen Passanten. Was ist Privas? Wissen hilft nicht. Wozu diese verkrüppelten Steineichen? Das Wäldchen kühlt. Vögel pfeifen. Den Zustand der Namenlosigkeit aufrechterhalten, hier, später, überall. Im Dazwischen. Braunes Eichenlaub vom Vorjahr, und kümmerlich das Rinnsal. In der Camera obscura des Kopfs steht Moder unverknüpft neben Sprachstille. Ich kommt vor, aber en passant. Ein Ich der wandelbaren Bezüge, Durchgangsstation. Unverknüpfte Sprachstille, ja, während das Licht auf den Stein verweist, der Salamander auf einen alten Traum. Weiter! Die Hitze hat zugeschlagen. Der Atem geht schwer, kein Wäldchen mehr, was soll Sonnenschutzfaktor sechs. Die Schuhe voll Kalkstaub, ganz unverschämt zirpt diese Grille, mit betäubender Regelmäßigkeit. Wasser täte gut. Ein forscher Wunsch bei der Scheu, ein Anagramm der Situation zu bilden. Der Nicht-Situation. Auch Innehalten ist Teil der Bewegung. Die Hand faßt ein klebriges Blatt an, das, zerrieben, befremdlich riecht. Der Aufbruch war lapidar. Zum Tennisplatz und weiter, den Berg aus den Augen verlieren im Seitental. Weg mit dem Halt, dem Band der Straße überlassen, dem waagrechten Drang. Jetztzeit. Die Ginsterruten schlagen zu, das Gehen ist zum Ritual ermattet. Großes Graublau, in dem ab und an ein Detail aufleuchtet, ein greller Gedanke. Ans Ausscheren, an Marikas flaumige Oberlippe. Die Stricke! Von der Betriebsamkeit bis zum Cogito, such vergeblich den Sinn. Mit spitzem Griffel das Papier ritzen, kitzelt die Ambition. Doch die Träume modern, modern. Bis die Hitze zuschlägt ohne Pardon. Der Wille, entwaffnet, flottiert, eingeknickt der linke Fuß. Nimmt einer Anstoß? Auf weiter Flur allein zwischen durchscheinenden Libellen. Noch steht die Schlange aus.

II

Das Gehen setzte sich fort, als ich lag. Als ich krank aus der Waagrechten in die ferne Hügellandschaft blickte, durch ein winziges Fensterquadrat. Das Muster der Weinberge und Obstgärten, und auf einer Kuppe das himmlische Jerusalem. Méthamis. Statt der Schlange erschien ein Skorpion. Ein scheues schwarzes Wesen, das sich in die hinterste Ecke verzog, mit gezücktem Stachel. Ich schlief oder dämmerte vor mich hin, ich lief mir im Fiebertraum die Sohlen wund. Unterwegs auch jetzt. Unterm Nomadenstern, der Jonathan, Marika und mich, die pannonischen Herumstreuner, in alle Himmelsrichtungen zerstreut hat. Laborieren wir am Urtext? Von den flauesten zu den grellsten Gedanken: immer den Rändern entlang, ohne Mitte. Abgesackt ins Bettzeug, mit dem Wunsch nach Tee, Sprachstille. Der träge Körper gehorcht nicht, der Kopf zirpt, sirrt. Ein wehender Wimpel? Ich übersetzte drei Zeilen von Char, trug sie hinüber ins Haus der deutschen Grammatik. Schlief ein. Träumte keinen Ort, sondern eine rasende Aufeinanderfolge von Bildern. Mit jener lapidaren Ohrfeige, die der Meister unverhofft erteilt. Koan oder die Folgen des Herpes zoster. Marikas rübenrotes Haar im

Fahrtwind, und das weiße Chaos, als wir auseinanderstoben. Um keine Deckung zu finden. Um mit tadellosen Rissen ins Abseits zu driften. Bis die Ginsterruten zuschlugen. Und aus dem Innersten des Strauchs das vollkommene Schwarz hervorlugte. Die Welt, die großen Zusammenhänge, ich kann sie nicht greifen. Wer ein Terrain behauptet, gehört zu einer andern Sorte. Marika huschte hindurch. Die Straße führt hindurch. Durch. Infinitive sind nur ein schwacher Trost, immerhin sind sie offen. In der letzten Sonne strahlten die Hügel ockerbraun. Das Fieber stieg auf 39,2. France Culture diskutierte die Schwierigkeiten des Übersetzens. Sie lassen sich nicht jäten wie Unkraut, sie schlagen zu mit männlichen Reimen. Man muß hindurch, ohne je anzukommen. Ein Zweizeiler von Char, und die Hügel waren blau. Blauviolett. Und Méthamis ein Lichterbaum. Stunde der Schwalben, der Nicht-Spitzfindigkeiten. Marika verschwand ruckartig aus dem Gedächtnis, sie hatte sich auf leisen pannonischen Sohlen davongemacht. In ihr Zwischenreich. Wo war das Band zu Ende? Das Mittelstreifengras? Noch lief ich. Taleinwärts, zur Kalksteinschlucht, mein eigener Fluchthelfer. Lief, obwohl der Wolfshund an der Kette war. Lief, oder schlief schon. Die Bewegung ist eine. Weder endlich noch endlos. Kein Ankommen bitte.

Pittermann, bitte

Genug Angst haben.
Ilse Aichinger

Abend. Durch den Türspalt fiel fahles Licht, ich lag, und die Züge heulten schon. Hinterm verödeten Garten keuchten die Lokomotiven, auf den Rangiergleisen ratterten die Wagen, dazwischen metallische Schreie. Im Finstern rückten die Stahlkolosse näher und näher, die Räder, die Pfiffe, ich rief, ich war vier: Ist das Zimmer noch da? Der fahle Lichtstreifen war da, eine zittrige Schiene, auf der das Fremde einfuhr, eindrang, klirrend und stöhnend. Ich war umpanzert.

Aus der Erstarrung holte mich Pittermann mit dem assyrischen Bart und den glänzenden Augen. Onkel Pittermann, der an meinen Stolz appellierte. »Angst?« Seine tiefe Stimme übertönte das Scheppern und Jaulen, seine Hand legte sich auf meine Stirn, und die Verzweiflung wich. Wich zurück hinter den Garten, verkroch sich ins heftige Metall der Puffer, blieb dort, kriegerisch. Kehrte nicht in den schwarzen Kubus des Zimmers zurück. Sie schieben die Verzweiflung hin und her, dachte ich, und dachte an den großen assyrischen Bart. Er stieß mich senkrecht in den Schlaf.

Novembernachmittag. Das Nachlassen der Konzentration, die leeren Friedhöfe, das Krächzen der Krähen über dem Wald. *Die Fessel wird enger. Wir müssen gelenkiger werden, damit vor dem Himmel das Spiel immer dasselbe bleibt. Altern heißt in dieser Hinsicht immer besser spielen lernen.*

Im Spiegel betrachte ich die beiden senkrechten Falten auf der Stirn, der Tee zeigt keine Wirkung, die Beklemmung bleibt. Ich denke an den bevorstehenden weihnachtlichen Geschenkaufwand (Unfug Unfug), an die Einsamkeit danach. An Oskars schweres Fleischgesicht. Herta hustet gefährlich, Marta wie weggeblasen, Ingrid weiß nicht aus noch ein. Babyboom ja, aber keine Brotwissenschaft. Schnell schlägt der Puls im Hals.

Schnee würde jetzt Beruhigung bringen. Schnee auf den Ästen, den Moosen, dem schwarzen Asphalt. Auf der tellerförmigen Mütze meines Sohns. Rasch senkt sich Vergessen über die Dinge. Das jüdische Reinigungswasser, die russischen Stulpenstiefel haben ihre Ruh. Faselig ist nur die Katze des Nachbarn, während ich meine traurige Fassung wiedergewinne.

Gurus garantieren keine Angstfreiheit. Aus Standuhren des Traums steigen winzige Aufpasser, jagen peitschenschwingend durch den Raum.

Erste Stimme: Sie stehen unter schwerer Anklage.

Zweite Stimme: Sie werden sich verantworten müssen.

Dritte Stimme: Sie sind verhaftet.

Ich: Ich bin in Ihrer Gewalt.

Die mit den Funktionen von Staatssicherheitsbeamten ausgestatteten Aufpasser könnten Pjotr Nikolajewitsch, Nikolaj Petrowitsch, Sergej Sergejewitsch heißen. Im Traumtempo bringen sie die Sache hinter sich. Eins zwei hopp, und du sitzt im Loch. Schuldlos wie immer. *Die Mäuse zwirbeln ihre langen Schnurrbärte. Und auf dem Ofen kauert die Kakerlake Tarakan Tarakanowitscb im rotkragigen Hemd, die Axt in der Hand.*

Schneller Abgang aller Beteiligten.

Städtisch, sehnig, sexy, sauber, solvent, schwindelfrei sollte man sein und plagt sich statt dessen mit Migränen und Klaustrophobien. Der Schädel, der Aufzug, der Kinosaal, das Flugzeug sind eng, der Atem geht aus. Hinausspringen!

Einfach wegbleiben. Den Schmerz allein lassen, mitten in der Nacht. Aber da ist dieser klebrige Speichel und die *Konstruktion*, die keinen Ausweg erlaubt.

Ich bitte um einen verschlungenen Spazierweg.

Luft! Luft!

Im chassidischen Tanzschritt aus allen Deutungen heraus.

Komm, Söhnchen, verbrenn mir die spanische Wand!

Unter den Rübenhimmel, unter ein strähniges Morgenrot.

Los los!

Weg mit den Meßbarkeiten, Schlössern und Riegeln, Gehbehinderungen, Gitterbetten.

Flugsand.

Trotzig sagt der Kleine, man müsse ein Pflaster übers Weltall kleben. Ausdehnungsverbot für diesen Moloch, der ängstigt und schreckt. Sagt es und schüttelt seine Kinderfaust.

Der Horror der Weite, der Horror der Enge – im Schwarz des nächtlichen Kinderzimmers finden die Ängste zusammen. Als würde man gewaltsam weggesogen, oder als läge man unter einem schweren Stein. Die Helfershelfer des Bösen lauern überall, im Frack oder ohne. Nichts mehr vertraut, der eigene Atem fremd, er stockt. Das eigene Ich eine Doppelperson oder bereits in Auflösung. Wie soll man sich seiner selbst vergewissern, wie?

Hier setzt die Panik ein, der erste Hilfeschrei. Wer bin ich, wo, wer sagt's mir?

Nicht die Hexen und toten Großmütter und Räuber und Polizisten, nicht die irren Sterne und Wandschränke und klapperdürren Tiere, nicht die Raschel- und Quietschlaute, die Schatten und Schlangen, nein. Was schreckt, ist das verlorengegangene Ich. Die Bedrohung der Leere. Rundum rundum.

Das Kind: Pittermann, bist du's?

Pittermann: Faß meinen Bart an.

Das Kind: Ich faß ja schon, sonst flieg ich weg.

Pittermann: Und die Straßen kippen weg ins Leere.

Das Kind: Nein!

Pittermann: Häusermauern stürzen in die Meere.

Das Kind: Nein, nein!

Pittermann: Ein Vögelchen im Kopf, drauf ein schwarzer Zopf.

Das Kind: Laß das, Onkel.

Pittermann: Wenn es Nacht wird, kommen Tiere, geflügelt, uns zuliebe.

Das Kind: Nein.

Pittermann: Schlaf jetzt, Alleinchen, schlaf.

So war es, als die Stimme und der Bart die Welt wieder in Ordnung brachten, die aus den Fugen geraten war. Dort im Osten, irgendwann nach dem Krieg.

Pittermänner müssen her, für Kinder und Mütter, mit verläßlichem assyrischen Bart. Pittermänner gegen die kreiselnde Welt der Schrecken. Pittermann!

Genug Angst haben

Es gibt den Kopfknast, es gibt die Blockhütte im Park, genannt das Hexenhäuschen, es gibt die nächtlichen Rangierloks, es gibt das Gedröhn der Loks und die bedrohliche Stille, es gibt den dunklen Wald, es gibt den menschenleeren Platz, es gibt das Fehlen. Noch immer ist mir das Kissen ein Halt. Mutter nicht da, die Schienen führen durch den Traum, aber lang. Welche Ware wird geladen und wozu. Kindchen. Between hope and despair, hin und her. Rascheln. Der Nachbar kratzt sich, oder ein Tier. Oder Wind in den Blättern. Wenn ich wüßte, wenn ich Erle von Eibe unterscheiden könnte. Wenn einer im Türrahmen stünde und es mir sagte.

Heute morgen habe ich den Traum verscheucht, die Schienen endeten im Morast, gut so. Am wirklichen Himmel stand die Sonne, ich grüßte einen rotbackigen Jungen, der grüßte zurück. Die Betonmischmaschine »Bayosan« fröhlich in Betrieb, und nebenan die Bagel Bakery offen, da hol ich mir den Minzentee von Wissotzky. So ein Tag. Der Junge war lieb. Er gab mir ein Lachen. Ich würde es mit ins Schwimmbad nehmen, und weitergereicht würde es sich bis zum Abend multiplizieren. Hallo, Freude. An der Ampel schreckte mich ein Auto, das bei Rot über die Kreuzung fuhr. Jetzt sah ich starr aufs Ostpflaster, auf seine Buckel und Risse. Alles holprig hier, aber die Schäden annonciert, auf Warntafeln. Oben die Ankündigung, unten das Unglück. Starrsein ermüdet, ich kenne den Saturniker in mir. Auf der Höhe der Synagoge machte ich mich von der Vorsicht frei, sah neugierig in Silbersteins Sushi-Bar, um zu konstatieren, daß sie fast leer war. Und plötzlich fiel die Erinnerung über mich her, an damals, an den ersten rohen Thunfisch meines Lebens. Dazu gab es grüne Meerrettichpaste und Ingwerscheiben, Sake und

Zeit. Mir gegenüber saß Steve, der mir von seiner Kindheit erzählte, vom Tod seiner Mutter und wie er mit siebzehn nach Australien fuhr, um seinen Vater zu suchen. Ich aß, er redete. Während ich mit den Saucen hantierte, war er längst in Kanada, ein junger Juwelier, bald schon Millionär, so nahm die Erfolgsgeschichte ihren Lauf, die nach New York führte, SoHo. Jetzt war er hier, zweimal geschieden, ein reicher Mann. Ich spürte die Entschlossenheit, mit der er mich in seinen Bannkreis zog. Meine Geschmacksknospen öffneten sich dem Japanischen, diesen Nuancen von bitter, scharf und sauer, er aber wartete auf Beifall, auf Kniefall vor dem Geld. So simpel, oder nein. Weil es ihn weniger zu etwas trieb als weg von. Weg von der Verlassenheit. Beim Fisch begriff ich den Fluchtplan. Und daß er der Wiederholung jenes alten Gefühls zuvorkommen würde. Liebe ja, aber mit Garantie. I will never ever be abandoned again. Beim Kauen auch begriff ich, daß ich ihm bereits verfallen und daß es zu spät war. Was tun, wenn der Verstand weiß, das Gefühl aber dagegen spricht. Bin ich ein Kind, eine Idiotin oder was. Er wird mich verlassen. So wie ich dasitze, wird er mich verlassen. Und es wird für ihn keinen Fisch gegeben haben, nur das gründlich angesteuerte Ziel, unerreicht. Fünf Jahre, Idiotin, fünf Jahre hast du gebraucht, um dich an den eigenen Haaren herauszuziehen. Nach dem Fisch kam der Ring, nach dem Ring kam die Bebauung der Zukunft, und während die Obsession verspießerte, hatte mich die Angst wieder dort, bei den Schienen. Einer geht, ich bleibe. Nicht einmal Abschied, nur laut. Die Kleider fallen von den Bügeln. Die Schuhe stehen leer.

Vor der Sushi-Bar dachte ich, ich würde es nicht denken, aber die Angst ist pantherschnell, meine Angst. Daß auf den Dienstag kein Mittwoch folgt, auf die Dämmerung keine Liebe. Etwas Kyoto noch, dann vorbei. Ich ging bis zur Großen Hamburger, wo ein Hund seinen blinden Meister zog, ich überquerte sie, ich hatte keinen Hund, keinen Mann. Ich sah ein Plakat mit den »27 Missing Kisses«. Und ein anderes mit einer Verszeile von Ungaretti. Seltsam. Das Lachen des Jungen kam mir in den Sinn, ein gutes Lachen. Dann hörte ich eine Frauenstimme, die rief: »Unbedingt mit Kopie!«

Ich brauche keine Kopie, ich möchte ein Schneehemd und vergessen. Vergessen den Fisch, der nach Steve riecht. Im Park bekam ich Ohrensausen, aber die Bäume rauschten wirklich. Das Gras war blaß. Ich hatte mein Badekleid in der Tasche. Während einer Sekunde sah ich das Dunkel mit den Lokomotiven. Ausrangiert. Nicht sie, sondern ich.

II

Die Kalaschnikow

Weil Dreiviertel der Gesellschaft aus lauter Makaken besteht.

Korsch haßte Erklärungen, auch diese. Aber ich wollte Gründe hören für seinen Rückzug.

Er malte. Er verwahrte seine Bilder in einem feuersicheren Schrank. Seine Hingabe an den Berg war ausschließlich, zu allen Tages- und Jahreszeiten.

Hat man Sie in der Kindheit geprügelt?

Korsch lachte: Je gröber, je weniger im Recht, desto besser. Was mischen Sie sich ein?

Nur so.

Der Berg lag im Dunst. Korsch sah in seine Richtung und wandte sich ab.

Meine Kalaschnikow, sagte er.

So weit, so gut, sagte ich mit Blick auf das Gewehr, das über dem Schrank hing.

Unsinn, sagte er, Sie verstehen nichts.

Ich schwieg.

Schaffen Sie mir den Briefträger vom Hals, sagte er nach einer Weile, zum Kuckuck mit ihm.

Er hat sich in der letzten Zeit sehr verändert, sagte ich beschwichtigend, seine Brauen färben sich schon grau.

Untauglich, beharrte Korsch. Ich ...

Das Zimmer war nur an den Rändern möbliert, seine Mitte klaffte wie ein Eisloch. Korsch ging auf und ab.

Wollen Sie hören, sagte er, wie alles anfing?

Ich nickte.

Eines Nachmittags, sagte er, sitze ich in einem fast leeren Kinosaal. Ich starre auf die violetten Sessel und denke an den Berg. Etwas Dunkles bewegt sich durch den Raum, zieht meine Blicke auf sich: eine schwarzverhüllte Gestalt, nur an den Hand- und Fußgelenken leuchtet ein rotes Band.

Arabisch, denk ich und sage halblaut: Der schwarze Engel hält Einzug. Ich spreche sie an. Sie antwortet. Es gibt Risse im Gestein, sag ich, ich werde den Maurer benachrichtigen müssen. Tun Sie das, sagt sie mild, oder kann ich Ihnen behilflich sein? Aber gewiß, sag ich, beim Ordnen meiner Berge. Wie das? fragt sie verwundert. Ich erklär's Ihnen gleich, sag ich. Mögen Sie statt des Films eine Tasse Tee? Eigentlich ja, sagt sie. Der schwarze Engel heißt Raia und zieht ein. Bringt Ordnung in meinen verworrenen Haushalt, in die Berge von Bergen, große Formate hier, kleine Formate dort, Skizzen, Ausschuß, alles akkurat. Keine Rede von meiner Manie. Ich habe den Berg, sie hat ihr Schwarz, in ihrer Gegenwart hab ich selbst den Briefträger ertragen. Weiß nicht, sagt sie, ob meine Eltern noch leben. Was mich anbelangt, so kämpfe ich für den Frieden. Und du, sagt sie, arbeite, schau nicht drein, als wärst du ein Opfer. Die Berge stapeln sich, hell, wolkenverhangen. Talent, sagt sie, statt Ehrgeiz. Raia näht und liest Neuerscheinungen. Sie geht zu jeder Demonstration. Ihr Gesicht ist rot bis zum Stirnrand, wenn sie schimpft, schimpft über die bloßen Sympathisanten. Grünschnäbel, sagt sie, so was Betuliches. Philosophieren und verstehen nichts. Aber du. Ich malte. Der Berg gab sein Bestes her, legte sich einen weißen Kragen an, das Licht fuhr ihm in die Flanke. Fulminant, sagt sie, ich werd ihn nach der Farbe ordnen. Raia las über das hochbegabte Kind. Immer schon zu spät, alles geschluckt, auch du, zischte sie, aber was soll's, du malst. Werde ihn nach den kalten und warmen Farben ordnen. Du bekommst eine Palette von hier bis dort, die ganzen Übergänge. Raia, sag ich, du trägst schwarz und müßtest Kuben ordnen. Lieber Korsch, sagt sie, bin ich denn nur das? So habe ich mich über ihre Sanftheit getäuscht.

Ihr Gesicht war im Profil flach und hatte eine lebendige Oberfläche. Ein braunes Gesicht, das nie verloren schien. Sie wollte etwas. Sie hatte starke Hände, eine Zauberhand.

Sie hielt mich, ich fühlte eine Festigkeit in ihr. In ihrem Kielwasser überließ ich mich meinen Träumereien.

Eines Tages weiß sie mehr als ich, weiß, daß ich Medikamente brauche. Nicht der Berg, sagt sie, deine Schweigsamkeit. Ich versuche, meine Geisteszustände zu ordnen, die hellen, die dunklen. Nur zu, sagt sie, zeig deinen Affekt. Mein Kopf zuckt, ich bin ganz wund vor Aufregung: Was willst du? Dich reden machen, ruft sie aus dem Nebenzimmer. Ich höre das Klappern ihrer Holzschuhe, mit eigentümlicher Roheit durchquert sie den Raum. Nie geprügelt worden, ruf ich aus meinem gesammelten Dunkel, und nicht einmal begabt! Willst du noch mehr? Ihre Zähne blitzen. Die Katze regt sich im Engel, ich male meinen zweiundfünfzigsten Berg.

Sie hat Freundinnen. Sie behandeln meinen Fall. Der Berg fällt grau aus, schon wieder. Schweigen häuft sich auf Schweigen, sagt sie, und wird zum Berg. Ich meine es ja nur gut mit dir. Die Freundinnen aber laß aus dem Spiel, sag ich, das macht mich traurig. Statt zu antworten, nimmt sie die Reitstiefel. Kaum ist sie aus dem Haus, lege ich mich auf den Fußboden und drehe das Radio auf. Wissen Sie, was Panik ist? Das. Die vollkommene Unfähigkeit, sich zu bewegen. Sie sattelt ihr Pferd, und ich, liegend, sehe nicht den Bauch des Tiers, sondern den Abszeß an der Decke und bedaure, nicht geheiratet zu haben. Bedaure, Sie glauben's nicht? So versucht sie nun, mich medikamentös aufzurütteln. Beim Gedanken an ihren Ausritt fährt mir ein Messer in den Kopf, es gibt kein Zurechtfinden mehr, nicht einmal eine Rechtfertigung, als hätte sie mich schon aufgegeben.

Du liegst, fragt sie irgendwann, einfach da? Einen neuen Berg habe ich nicht aufzuweisen. Ich sage: Du mußt mir Zeit lassen. Ihr Gesicht ist gerötet. Sie stellt die Stiefel in die Ecke, öffnet den Eisschrank, holt Milch hervor und trinkt sie stehend aus der Tüte. Mein Zustand ärgert sie:

Die ganze Zeit nichts gemacht. Ich biete ein Bild der Verstörtheit, das sie veranlassen müßte, so schnell wie möglich wieder wegzukommen. Aber sie bleibt. Sie vertieft sich in meinen letzten Berg. Konturlos, sagt sie, schwebend und weich. Ich dehnte mich in der Zwischenzeit auf dem Bett. Dann, in einer besseren Anwandlung, ergreift sie meinen Kopf und küßt mich fest auf den Mund. Meine Verzweiflung ist augenblicklich verflogen. Pikkolo, flüstert sie über meinen Kopf hinweg. Ich starre auf ihr rotes Halsband. Es wäre das größte Wagnis, sag ich, wenn du's mit mir aushieltest. Aber nicht darum geht es, sagt sie erregt, du brauchst das richtige Medikament! Schenk mir was Arabisches, Hexe! Meine Stimme ist die eines Chefs. Sie weicht zurück, läßt ein Lächeln springen: In diesem Ton? Jawohl, sag ich, in diesem. Dann, sagt sie, muß ich mir die Sache überlegen.

Sie ist zwar klein, ihre Stiefel aber wirken ungeheuer. Als sie sich neben das Paar in die Ecke setzt, legt sie ihren Arm um die blanken Schäfte. Ich bin bei weitem nicht entschlossen. Raias Kauern kümmert mich nicht. Mein Verdacht richtet sich gegen das Medikament. Enthemmend, sage ich halblaut, aber so, daß sie's hören kann, verändert Mimik, Gedächtnis, Auftreten, die ganze Natur. Ihr rascher, zögernder Blick. Zum Gespött der Nachbarn, die's ohnehin schon lustig haben. Sie nimmt sich ein Herz: Zum Elastischbleiben! Noch umfaßt sie die Schäfte, noch sucht sie Erleichterung bei der liebenswürdigen Lüge. Ich habe ein Todesbedürfnis. Das hätte anders ausgehen können, sag ich, etwa so, daß du mich unter deine Flügel nimmst, du aber bemühst die Chemie. Ihre kleine Stirn legt sich in Falten. Sie hat das Aussehen einer geprüften Frau. Frag die Rachilde oder den Chefarzt von drüben, die die Vorzüge leibhaftig kennen! Ich wundere mich. Lieber auf allen vieren, ruf ich, als mit den Ratschlägen der R.! Sie springt hoch. Ich liebe dich noch stärker, sagt sie, obwohl du förmlich hinter einer Glaswand lebst. Wir betrachten den Berg. Schweigen. Nur die Kinder lärmen bei Nachbars, ein David und eine Sojka.

Also? frag ich.

Nichts, sagt sie. Und noch einmal: Nichts. Schmiegt sich an mich und ist die wärmste Braut.

Ich habe sie seither nicht wiedergesehen.

Korsch sah zum Berg.

Nicht einmal ihren Schatten erhascht? fragte ich leise.

Nicht einmal das. Und nach einer Weile: Die Nachbarwohnung wurde frei, ich dislozierte, legte eine Tagesordnung fest, das wurde mein Halt.

Und die Farbordnung der Berge? bohrte ich.

Raias Werk, sagte er, nützlich und unverändert. Ich male seither mit Wut.

Korsch schob den Unterkiefer vor, schnalzte mit der Zunge und ließ seine rechte Fußspitze flattern.

Sie toben sich, mit andern Worten, aus?

Ganz und gar, schrie er und stampfte mit dem Fuß. Ich behaupte mich auf die unsinnigste Weise!

Warum das, wandte ich ein, der Unsinn liegt woanders, zum Beispiel in Ihrer fortgesetzten Wut.

Meinetwegen, sagte er schroff, ich kann's nicht ändern.

Mein Blick fiel auf seinen scharfen Scheitel und wanderte in gleicher Höhe zum Fenstersims, einem Friedhof toter Fliegen und Wespen.

Versuchen Sie's mit einer Reise, riet ich, in ein aufregendes Land.

Aber ich reise unentwegt, sagte er. Fasse ich einen Türgriff, ist es ein Wagengriff, der Sessel schaukelt wie ein Überseedampfer, auch der Berg trägt die verschiedensten Namen. Nur bin ich, alles in allem, zu schwach.

Und wofür?

Für diesen Zweikampf, sehen Sie doch, mit der besseren Vernunft.

Kleinliche Narretei, rief ich, Sie mögen auch den Briefträger, wenn Sie nur wollen.

Und das soll Vernunft sein? meinte Korsch kühl. Ich hatte längst aufgehört, auf ihn einzuwirken.

Er trat zum Kanapee, winkte ab. Hier hatte sie gesessen, hier saß sie nicht mehr.

Einförmigkeit? fragte ich.

Sie führte das Ruder. Stellen Sie sich vor, nie müde, keine zerworfene Frisur, ein ruhiger Verstand, während mein Ruf sich arg verschlechtert hat.

Die Ärzte?

Fußangeln allesamt! schrie er und ließ seine Beherrschung fahren. Verschwörerpack, Arzneihengste. Sie stand mit ihnen im Bund. Mir aber konnten sie nichts weismachen. Mein Morbus gedeiht auch ohne sie.

Korsch trat in die Mitte des Raums, mit hängenden Armen. Ruhig zugrunde gehen, murmelte er, warum soll das sonderbar sein. Wenn ich lotrecht versinke, wenn ...

Nur locker, mahnte ich, entschließen Sie sich zu einem matten Abwärtslauf. Der Berg hebt Sie eh in die eine oder andere Höhe.

Gewissermaßen, sagte er, und zwar seit meiner Nichtheirat. Ich schwanke zwischen den Gegensätzen.

Das tun alle, tröstete ich ihn.

Was für amerikanische Redensarten, empörte er sich. Kommen Sie mir nur nicht mit dem Wetter.

Vielleicht mit den Freundinnen?

Ach denen, den blutleeren, lassen wir das.

Er verlöschte zusehends. Das Kinn sank ihm auf die Brust, er trug seinen hohen nordischen Kopf nicht mehr korrekt, sondern schwer zwischen hochgezogenen Schultern.

Skrjabin, flüsterte er.

Skrjabin?

Ihr Geheimtip, nur konnte sie mir nie erklären, warum.

Farbklavier, fiel mir ein. Korsch lachte und suchte mit den Augen den Berg. Alle Farben waren aufgezehrt.

Ich weiche nicht ab, sagte er.

Warum sollten Sie? Sie haben sich doch längst an die Hand genommen.

Er sah mich an.

Vollkommen ausweglos, sagte er, ich weiß. Meine Aufgabe ist unbedingt der gebrochene Wille.

Ich höhnte: Raia muß her!

Er saß da, mit auseinandergereckten Beinen, taub. Die Schwarze zählt nicht mehr, sagte er ruhig. Bleibt die Kalaschnikow.

Sie war im Halbdunkel kaum noch auszumachen.

Unfug, entfuhr es mir, werde Sie gleich auf Vordermann bringen!

Sein Kragen leuchtete, und er schwieg.

Dann, mitten aus seiner Nacht, aus der Finsternis des Hasses, beschwor er ihren Donnerschrei: Schuß und Schluß, das brausende Nichts! Und im vollständigen Nebel untergehen.

Ach Korsch, sagte ich, mich an einen Satz erinnernd, da dürfen Sie aber keine Spielzeughämmerchen an Stelle des Herzens haben.

Er hörte es nicht mehr.

Idyll

Andererseits liebt er Intervalle. Die Entspannung auf einem Bergkamm, einen Hungerstreik, Rätsellösungen um Mitternacht. Wenn die andern hasten, fressen, schnarchen. Er kippt aus der Ordnung, ohne sich einzuigeln. Er wird nicht bemerkt, selbst auf Balkonen nicht. Und ist doch gut sichtbar zwischen den Gitterstäben in seinem senfgelben Overall. Bill, der Intervaller. Den sie zweimal gerettet haben. Doch davon spricht er nicht. Er eilt aus dem Blickfeld, entflieht der gesammelten Aufmerksamkeit. Er hat sein Idealgewicht längst zurückerobert dank Alpenmilch und mittelhohen Bergen. Jedem andern erschiene das als Zumutung, ihm nicht. Er redet guttural aus Überzeugung, am liebsten schweigt er. Zu seinem Hausrat gehören Blutkonserven der allgemeinsten Sorte. Sicher mal sicher in Anbetracht der Sündflut. Samstags trägt er kariert und vertieft sich in die Goldberg-Variationen. Nur Glenn Gould ist ihm gut genug. Die rasanten Tempi, das schwere Schnaufen des Schwerarbeiters. Und ein Pianissimo vollkommener Rührung. Da vergißt er sich. Stürzt in die Tiefen seines Bewußtseins. Durchquert Seelein von tiefem Blau. Nicht rudernd, nein, schwimmend, es könnte Armenien sein. Jeden Samstag dieses Reinigungsbad. Das Mädchen, das Mary heißt, meidet ihn dann. Meidet die Kältebastion des Bergsees, das Enzianblau. Mary trinkt. Viel Scharfes. Sie läßt sich gehen. Bill, mach doch. Mit? Nein, tausend Dank. Und sie, mit rauchiger Stimme: Also bye. Glenns Läufe perlen auf und ab. Glenn ist tot. Glenn hat die Zeit betrogen. Keine Voralpenseen, Glenn versetzt ihn in die hinterste Türkei. Schön unsichtbar, es ragt nur der Ararat. Mit der Chromatik läßt sich's sterben. Bill denkt: bin hinüber. Er kreuzt die Arme über der Brust, so mag ihn Mary, die fern ist, am liebsten. Hätte er doch, wäre sie doch. Mein Pony, flüstert Bill, meine rasende Trinkerin. Und wirft das Karierte ab. Im Van-See mit Goldberg, mit Sir Arthur Goldberg als Schwan. Ein himmlischer Samstag! Labsal, sagt Bill, Feierabend. Und zündet sich eine an. Nur dumm, daß die Kleine sich im Regen herumtreibt. Gleich wird er ihr eine Fuge beibringen. Und einen Krebskanon obendrein. Wird so lange ins Weiß ihrer Mandelaugen starren, bis sie begreift: die Rettung ist hier. Er hat schon manche Mary bekehrt. Dank ihm haben sie schwimmen gelernt. Im Trainer ist er ein Mann, der Eindruck macht. Und keine hat je bemerkt, daß er Absencen hat. Die Bergseen und -kämme. Nicht ein Epileptiker, ein Träumer ist er. Der Hausknecht Bachs. Sir Goldbergs Lakai. Und Marys Bekehrer. Bravourös in allen Tonlagen. Er räkelt sich. Er macht sich sprungbereit. Liebes Mädchen, heute noch. Und noch einmal vertieft er sich in die Variationen. Diesem Sog kann er nicht widerstehen. Das helle Köpfchen verschwindet in einer Straßenschlucht.

Dann endlich der Moment, der mannhafte. Er schwingt sich aus dem Sessel, er stürzt in den Flur, er ist draußen. Statt der Seen graue Großstadtpfützen, die er geschickt umgeht. Statt der Musik Autolärm, ohrenbetäubend. Er summt vor sich hin, er bildet Anagramme: Lisa, Alis. Er durchforstet sein Gedächtnis nach Unsinn und reimt ihn zusammen. Das lenkt ihn von der herzlosen Umgebung ab. In Johnnys Pub ist sie nicht. Für Angelo ist's zu früh. In einer der Vorstadtkneipen könnte sie sein. Der Löwenkopf eines Türklopfers sieht ihn an. Eine Filmdiva lächelt von der Plakatsäule. Ich war glücklich, murmelt Bill, mit Sir Goldberg als Schwan. Er nähert sich. Nähert sich dem, was er für sein Ziel hält, dem »Rosenstock«. Hallo, wird er sagen, mein Kleinod. Mary Stuart, ich bitte Sie. Zwischen den Rockern sieht sie sehr zierlich aus, eine Infantin, die trinkt. Und wenn sie ihn ignoriert? In seinem Trainer fühlt er sich stark. Selbst gegen Schwarzmänner kommt er auf. Grußlos entreißt er sie ihrem Kreis.

Sie sitzt im Dämmer, allein. Er setzt sich zu ihr, legt ihr den Arm um die Schultern. Sie fröstelt. Er bestellt einen Grog. Er sagt weder Fuge noch Goldberg noch sonstwas. Sie sieht ihn nicht an. Ihre Umwölkung greift kurz auf ihn über. Dann denkt er an die Seen. Und ich schaff es doch. Mit meinen Synkopen wird sie schon fertig werden.

Er trägt sie in den nächstgelegenen Park, der nach feuchtem Moder riecht. Tief atmen, sagt er, ja so. Er legt ihr ein Ulmenblatt auf die Stirn. Variation eins, flüstert er. Hörst du's, Mary? Sie nickt. Des greisen Goldbergs Schritte auf dem geharkten Sandweg. As-Dur, mit Modulationen in g-moll und e-moll. Sie lauscht. Sie hört den Aufschlag des Stocks, den schlurfenden Gang. Eine Spur ritzt sich ins Bewußtsein, das langsam aufklart. Die Spur der eigenen Melancholie. Schön, sagt Mary, ich liebe Sie, Sir. Variation zwei, flüstert Bill, der Greis läuft befrackt durch Manhattan, bis er in der Kapelle des Heiligen Geistes zum Erliegen kommt. Warum das? fragt sie mit stillem Entsetzen, ich liebe ihn doch. Variation drei, vier, fünf, flüstert Bill. Sie lauscht mit geschlossenen Augen, weizenblonde Haarsträhnen im Gesicht. Ponys Auflösung, murmelt Bill, die Offenbarung Armeniens. Sie lehnt an seiner Brust, als schlafe sie. Ihr Atem geht gleichmäßig. Schwimm jetzt, flüstert er ihr sanft ins Ohr, schwimm mein Kind. Er sieht einen Augenblick die weiße Kuppe des Heiligen Bergs, dann vergeht das Bild, und er fällt. Bei schwindendem Bewußtsein hört er sie noch sagen: Alles blau ringsum, da hat ihn die Schwärze eingeholt.

Der König der Einsamkeit

Die Idee verfestigte sich in mir, daß der Sommer zu Ende sei. Es war Mitte August, aber die Bäume bekamen vereinzelt schon gelbe Blätter, Nebel kroch aus den Wiesen, und die abgeernteten Maisfelder boten ein Bild der Melancholie: Maisstoppeln mit Katze oder Grauer Streifen zwischen Grün oder Ich kratze dich. Roy schrieb aus Wien, auf die Schafskälte seien gleich die Hundstage gefolgt und hätten gedauert und kein Ende nehmen wollen, doch nun seien die Hunde begraben und eine andere Witterung im Anzug und das gigantische Kongreßzentrum noch immer verödet: wir sind eben Peripherie. Ich schrieb zurück, daß ich alles Gigantische haßte, nicht aber die vermeintliche Peripherie, und daß der Wetterumschwung bei uns schon stattgefunden habe, sehr radikal, mit einem Temperatursturz von zwanzig Grad und anhaltendem Regen. In der Zeitung las ich nach den vorangegangenen Hitzemeldungen die Angabe der Regenmenge und die Luftdruckdifferenz in Millibar. Und ich las: Schneefallgrenze auf zweitausend Meter sinkend. Als ich diese Meldung las, wollte ich Roy anrufen und mit ihm über einen warmen Sommertag reden. Ja, weißt du noch, fast hätten wir uns beim Laufen die Sohlen verbrannt, und weit und breit kein Meer, denn das pannonische ist eingetrocknet. Aber ich rief nicht an, sondern kuschelte mich in meinen Schal und notierte beiläufig ins Heft: Wieder einmal am Nullpunkt angelangt, und entwarf einen Mann, der vom Sommer unruhig war, der aus der Stadt hinaus mußte, um sich nicht einsam und als Proletarier zu fühlen. Der Mann ging hinaus auf eine Landzunge und starrte in die Wellen. Der Mann warf einen Arm in die Luft, ohne Absicht, nur um etwas zu tun. Der Mann borgte sich ein Fahrrad und fuhr den Strand entlang, auch hinaus auf die Mole und wieder zurück. Der

Mann liebte Hunde und träumte von einer Weltkönigin. Wenn er durch die Landschaft fuhr, begann er sie langsam, aber sicher als sein Eigentum zu betrachten. Er war unaufdringlich. Die Menschen, die ihm begegneten, unterschied er nach solchen, die seinen Blick erwiderten, und solchen, die ihn nicht erwiderten. Die letzteren waren ihm lieber. Am liebsten war er sich selbst. Und plötzlich hatte ich ihn. Ich kannte jede seiner Bewegungen und spürte seinen okkulten Charme. Ganz in Schwarz kam er durch die Platanenallee, hielt in der Linken einen Einkaufskorb, in der Rechten eine Boyard und steuerte auf die Gemischtwarenhandlung zu. Ich glaubte zu sehen, wie er sich jeden Blick vom Leibe hielt. Die Zigarette zwischen den Zähnen, griff er zielsicher nach Wein und Öl und Fertigsuppen und legte ein paar Tomaten auf die Waagschale und packte alles in den Korb und sparte sich jedes Wort. Ich sah ihm zu. Ich weiß nicht, ob ihm auffiel, daß ich ihm zusah. Er ging hinaus und um die Ecke in eine Bar und kippte einen Pernod. Ich will Neutralität haben, sprach es aus dem Mann, der die Leute nicht ansah. Und durch dieselbe Platanenallee wieder zurück und am Nachmittag vielleicht auf die rundgeschliffenen Klippen mit dem Fahrrad. Ich stellte keine Vermutungen über seinen Wohnort an. Ich rätselte auch nicht über seine Zimmervermieterin oder tyrannische Mutter oder okkulte Alte oder wen auch immer. Er kam täglich punkt zwölf durch die Platanenallee, das mußte genügen. Er trug Stoffschuhe und schlurfte. Da bin ich, rief es aus mir mit wachsender Zudringlichkeit. Der Mann sah vor sich hin und sah, so glaubte ich, eine Bucht mit einem weißen Segel, und ich beschrieb ihn so: Er hat das Meer in sich aufgenommen und segelt durch die Straße. Heute waren es keine Fertigsuppen, sondern Schnellgerichte, die er in den Korb stopfte, und Asche fiel drauf. Man grüßte ihn. Er aber zuckte zusammen, und ungehörig, wie ich war, wünschte ich ihm, nicht mehr ganz so einsam zu sein. Er war noch nicht alt. Er war, wie ich es haben wollte, ein junger Greis. Ein Mann mit kräftigem Haarwuchs und Armen, die sich lang und sinnlos in die Luft recken konnten, nur komme ihm keiner zu nah. Auch ich saß in der Bar. Er rauchte und trank. Er legte ein Geldstück auf den Tisch und setzte seinen Spaziergang fort. Die Platanen waren ein Sonnendach und meine Gedanken ein Baukasten: Er besteigt sein Fahrrad, legt sich in einen Pinienwald und träumt von der Weltkönigin. Kein Mensch hat Einfluß auf ihn, nur einen Hund weist er nicht ab. Seine Migräne, dachte ich weiter, ist eine Hemikranie von der schlimmen Sorte, was macht er am baumlosen Strand in der brütenden Mittagshitze, was tut er, überlegte ich, im Normalfall, wenn es diesen gab, den Normalfall, den ganz gewöhnlichen Tag bei der Wirtin zu Haus. Ach, diese Wirtin. Ich schrieb: Wo immer er wohnt, es könnte bei seiner ledigen Schwester sein. Und wußte, so war es nicht. Keine Verwandte im Spiel. Die Neffen weit weg, an die Neffen glaubte ich. Und auch anderntags wußte er es so einzurichten, daß sein Blick mich nicht traf. Ich sah ihn herausfordernd an, doch was hatte ich davon. Sein Hemd war ungebügelt, und ich stellte mir vor, wie er auf einem Hügel steht und der Wind dieses viel zu weite Hemd aufbläht zu einem schwarzen Balg und der Mann in Glück ausbricht über solche Freundschaft. Ich trank Wasser, er seinen Pernod. Da kam ein langohriger Hund, der gestreichelt werden wollte, so jedenfalls sah er aus, und der Mann kraulte ihn zwischen den langen Ohren, selbstvergessen kraulte er ihn, und seine Lippen bewegten sich dabei. Und wenn der Mann ein Leumundszeugnis hatte? Und wenn er ein Beklagter war? Es gab Gründe dafür und dagegen. Doch wer bewies mir, daß darin der Grund für seine Verstocktheit lag. Er strich sich über die Kordhose und nahm mich endlich in seinen Gesichtskreis auf. Oder anders, sein Blick glitt flüchtig über mich hinweg und fiel auf den Aschenbecher. Ich dachte mir altklug eine Rache aus: was, wenn ich ihn mit der Osterrute schlüge? Er aber erhob sich rasch und enteilte durch die Platanenallee. Ich schrieb: Das Befremdliche an ihm ist, daß er sich unter die Leute mischt, ohne von ihnen Notiz zu nehmen. Markt und geistige Diät in einem. Der Nackenspiegel allein genügt ihm nicht. Daß er sich zeitweise von hinten sehen will, gehört allerdings zu seiner Natur. Es wäre kein Fortschritt, wenn es anders wäre. Am folgenden Tag pflanzte ich mich neben der Ladentür auf. Finster betrat er das Geschäft und hatte mich nicht bemerkt. Er griff sich eine Pizza aus der Tiefkühltruhe, eine Pizza Margherita. Wie er die Tyrannen hassen mußte. Und war ich nicht selbst ein Tyrann? Der Wind wehte ein großes Platanenblatt in den Laden, grade an meinen Füßen vorbei und dem Mann zu Füßen. Der Mann erschrak, als hätte er die Herrschaft über sein Schicksal verloren. Sein Erschrecken ist genuin, überlegte ich, er müßte mal eine Vergnügungsreise machen. Da sah er mich an, der Vergnügungsreisende, aber so grimmig und vorwurfsvoll, wie es seinem Schlag entsprach. Und ich senkte den Blick. Der Mann weiß nicht, wie ihm ist, schrieb ich. Die Stores hat er heruntergezogen, die Pizza aber nicht angerührt. Margherita liegt kalt auf dem Teller, es fehlt ihr das Zeug zu einer Weltkönigin. Er wird zu den Klippen radeln, gewiß wird er's tun, das Meer mit beiden Augen ansehen, die Schaumkronen hier und dort. Ich ließ ihn fahren. Ich flüsterte ihm mit dem Fahrtwind zu: Aber es ist doch das dankbarste Stadium, sich selbst kennenzulernen, wenn das möglich ist. Das war nicht gelogen. Er nickte und sang, nun könne er die Synthese von allen bisher ungelösten Antithesen seines Lebens machen. Nie zuvor hatte ich ihn so froh gesehen. Er knöpfte sein Hemd auf, er reckte seinen linken Arm in die Luft, fast wie ein Siegeszeichen. Er klopfte an einen imaginären Himmel und machte sich wie ein praktischer Weltmann ans Sortieren von Kieseln. Selig selig, dachte ich, niemand stört seine Selbstberauschung, die flachen links, die runden rechts, und flache und runde in zwei Plastiksäcke verpackt, und der Horizont färbt sich rot, und das Meer ist wie eine Folie, und nicht mal ein Hund hat sich an den Strand verirrt. Dann war sein Wasservorrat aufgebraucht. Und ich dachte, es gibt dort keine Gaslaternen und zweifelhaft, ob ihm seine erste Liebe eingefallen ist. Am nächsten Tag kam er verspätet durch die Allee, langsam und in seiner Langsamkeit siegesbewußt. Ich konnte ihm nichts anhaben. Er steuerte auf die Regale der Gemischtwarenhandlung zu, als gäbe es bloß Konserven und weiter nichts auf der Welt, und war doch so jung. Ein junger Mann, dachte ich bei mir, der Chancen haben könnte und uns narrt, denn was ist schon ein Leben gegen die Mitmenschen und die Weltordnung. Aber ich dachte es ohne Verstiegenheit, nichts Forderndes war mehr in mir. Der Mann konnte Hintermänner haben, und ich zitterte bei dieser Vorstellung. Hinter dem schwarzen Junggreis eine Reihe weiterer Einsamer, die ihn unterstützten und, wer weiß, schon zum Einsatz bereitstanden, daß ich daran nicht früher gedacht hatte! Es kamen in mir Vermutungen auf von der übelsten Sorte. Er war nicht allein, er war es nur nach außen, er spielte Rühr-mich-nicht-an, er spielte. Und vor jäher Verzweiflung, die anstelle der Einsicht trat, begann ich mich nach einem Zimmer zu sehnen für mich allein, und ich liege und träume, und hinter dem Fenster singen die Vögel, und eine Wolke segelt vorbei, und die Kindheit breitet sich flockig aus, und es gibt keine wartenden Liebhaber mehr. Er sah mich so in Gedanken stehen. Die gelbe Zigarette ragte aus seinem Mund, verhinderte jedes Wort. Er sprach mich an mit einem unwirschen Blick und wandte sich ab. Ich schrieb: Seine Abkehr erzeugte in mir Unwillen, und noch heftiger als zuvor die Sehnsucht nach einem hellen Zimmer für mich allein. Wenn es Schliche waren, die er praktizierte, brauchte ich ihm nur hinter den Klippen aufzulauern oder an dem fiktiven Wohnort. Oder waren die Listen selbst eine neue Finte? Ich beschloß, seinem Image keinen Abbruch zu tun, und trank mein Wasser, ohne an ihn einen Gedanken zu verschwenden. Mittlerweile fuhr der Mann durch den Pinienwald und trällerte vor sich hin. Vögel rauschten in den Zweigen, das Licht flimmerte auf dem Fahrweg, ein Lüftchen strich ihm ums Gesicht, und niemand hätte es gewagt, ihn einen Proletarier zu nennen. Er stieg vom Rad, lehnte sich an einen Baumstamm und zündete sich eine Zigarette an. Die Welt erschien ihm heiter, ein Roß trabte durch den Wald, er befand sich inmitten der geträumten Zukunft. Kein Ultimatum, schrieb ich, hätte ihn davon abgebracht. Und sein Kapital wuchs. So wie er lehnen sich Vollwaisen an einen Baum, ohne irgendeiner Vergangenheit nachzutrauern, längst sind sie im Besitz ihrer selbst, längst und für alle Zeiten. Sein Kapital wächst, verbesserte ich mich. Da ißt er ein Sandwichbrot, und was, wenn sie jetzt durch den Wald käme, dachte ich, Emma, seine erste Liebe mit den hochhackigen Schuhen, hinkend, weil ihr die Schuhe zu eng sind, geh geh, würde er rufen, und sie: Komm mit auf die Post. Ein Befehl, dem er sich strikt unterwirft. Und sie gehen aus dem Wald und überqueren ein Feld, oh Gott dieses Bein, er wird sie zurücklassen und hat's schon getan, hilf mir, schreit sie, du hilfst mir doch, und er, die Hexe im Rücken, läuft, läuft über die Fluren zur Post, was wollte er dort, doch wird sie nicht Emma geheißen haben, sondern nordischer, Selma vielleicht. In diesem Verwirrspiel der Phantasie schien er ahnungslos, er handelte aus Instinkt wie ein Freier, der ausreißt. Und lehnte also an diesem Baum, mutterseelenallein, bis sie aus dem Postamt herauskam. Sie wolle nun neue Schuhe kaufen, und er ging mit. Als aber auch die neuen Schuhe zu eng waren, schrie er: Es waren doch wohl größere da? und wußte, die Unterhaltung würde ein schlechtes Ende nehmen. Ich schrieb: Das einzige, was ihm den Wald vergällte, war der Krach mit Emma-Selma und die Angst, sie könnte hinter jedem Baum stehen. Auch als er sein Sandwichbrot aß, ließ er sich von dieser Angst kitzeln, und sein Blick verdunkelte sich um Grade. Die Vögel pfiffen wie wild, bunte, kräftige Singvögel, schwirrten durchs Geäst. Dann war sein Glück wiederhergestellt. Unantastbar für Minuten und Stunden. Er schlug ein Buch auf, liegend las er mit konzentriertem Blick, blies nur von Zeit zu Zeit die Zigarettenasche vom Papier, wer hätte da Hallo gerufen, er war so vertieft und nur gerade sich selber gewachsen. Das galt auch für mich. Der Mann hatte mich aus dem Konzept gebracht. Ich zerrieb ein Blatt Basilikum zwischen den Fingern, schrieb: Schwer, sich den Mann bei einem Annäherungsversuch vorzustellen. Das Licht fiel schräg durch die Baumkronen, und anderntags, als er durch die Platanenallee kam, war der Himmel verdüstert. Seine Laune hatte nichts mit dem Wetter zu tun. Er wirkte frohgemut und schlenkerte mit den Beinen. Was soll das bedeuten, dachte ich und dachte ans Grauen einer Fehleinschätzung, wenn der Mann mir so einfach entgleitet. Er kaufte sich Suppen und Parmesan und bemerkte mich nicht. Wie gehabt, flüsterte ich in den Regen, der aufs Pflaster klatschte, tut so, als hätte er mich nicht bemerkt. Doch es kam anders. Ich verlor die Beherrschung, ich schrie: Das können Sie mir nicht antun, diese Zufriedenheit, das nicht! Da sah er mich an. Für wen halten Sie mich? fragte er leise zurück. Ich erschrak. Ich war ihm eine Antwort schuldig. Ach, sagte ich, für wen? Für den König der Einsamkeit. Sie Unschuldige, murmelte er, probieren Sie's nur aus mit dieser Einsamkeit, und machte sich schon ans Gehn, in einem Zimmer, rief er, für Sie allein! Ich erschrak. Aber ja, rief ich noch lauter, Sie haben's erraten, Sie raten es mir, Sie ... Ich sah ihn nicht mehr. Der Regen trommelte auf meinen schwarzen Hut, auf das Ladendach, kalt, nachsommerlich. In der Bar war er nicht. Nicht in der Platanenallee, und wer wußte, wo er zu Haus war und ob er nicht am Busen einer Wirtin hing, wenigstens von Zeit zu Zeit. Meine Sehnsucht wanderte zu den Klippen, da saß ich allein über dem stürmischen Meer, und der Wind blähte meinen Mantel zu einem schwarzen Ballon. So fing es an. Ich ging hin und saß stundenlang und weinte fremde Tränen. In seine Schule ging ich, schrieb ich an Roy, und weiß nicht, ob es die Schule der Dummen war.

Heldentat

Sei in der Einsamkeit dein eigenes Volksgetümmel.
Tibull

Du mußt unbedingt zur Fischsuppe kommen!

Er schickte mir ein wieherndes Gelächter nach, das Likörchen hatten wir getrunken, und ich ging. War einmal die Rede davon gewesen, ich sollte mit Kissen und Matratze zu ihm übersiedeln, so sah es inzwischen anders aus. Er schlief ganz allein in dem großen Haus, pikfein. Jede Nacht hatte ihr eigenes Gesicht. Er liegt auf der Truhe unter dem Porträt; er sitzt im Lehnstuhl und sinnt; er kocht sich einen tadellosen Kaffee und deklamiert, er sei ein Spion des Menschenherzens. Ich hörte auf den Wald. Ich sagte mir sofort: Geduld hab ich nicht mitgebracht, hier sind die Schlüssel – nimm. Er reichte mir etwas Süßes. Warum hast du denn jetzt die Anfälle so oft? fragte er, ich glaube an ein Wunder, geh! Ich kaufte mir einen Pelz. Ich lief über den verschneiten Waldweg, um zu sehen und zu verstehen, heimlich in der Stille murmelte ich: bald ist er blank. Ein Reh eilte zum Bach, daß die Büsche krachten. Die Rehe, die Hasen, es war ein Donnerschlag. Nach fünf Tagen hatte ich mich gesundgelaufen, ebenso unerwartet, wie es in russischen Märchen zu geschehen pflegt. Ich hatte einen Pelz, und das war alles. Ich hatte einen Haß, den von der Liebe nur eine Haaresbreite trennt. Nicht hastig, sondern weich sagte ich zu ihm: Du bist eingekreist. Er preßte seine Stirn an die vereiste Glasscheibe. Fünfzigprozentiges Gehabe, schrie er, daß einen die Lust überkommt, das Schweinischste zu begehen. Festschnallen, suggerierte er, oder ganz und gar heftig, was man einer Tarantel antut. Sein Haus knarrte im Sturm. Man lebt nicht ungestraft im 17. Jahrhundert. Ich riß eine Luke auf, daß der Segen nur so hereinstob. Kristallgeschosse, Wind und Weh, aus dem doppelten Lauf der Nacht. Oh Wut, drohte er, oh Rache dieses *Schulmädchens.*

Ich bin schon wieder ich, flüsterte ich und küßte ihn auf seine verbrauchten Zähne. Geld will ich keins, nur hie und da eine Art Abwechslung, gemäß den jetzigen Prämissen. So ein kleines jähes Gefühl!

Bloß anrollen, sagte er. Ich kenn mich da aus.

Episodisch gern, sagte ich und ging. Der Sturm heulte ums Gemäuer, ich hatte den heißen Wunsch nach einem Kind, einem Kind in einer Wiege, einem sanften sanften Knaben. Nach einer schnellen Heldentat. Der Wunsch und der Vater, aber da war bloß der Hund des Nachbarn, der den Schnee ankläffte. Es lag an meiner Lebensführung. Oder daran, daß ich an die Zahl dreißig glaubte wie an ein Wunder. Ich schmiedete nichts. Gibt's keine Haken, geht ja der ganze Himmel flöten. Ich überließ mich der Zeit. Dem Wald. Und anderntags der Neugier eines Mannes. Er lief über die weißen Wiesen und hielt Ausschau nach einem geeigneten Motiv. Er knipste den Bach und wechselnde Stücke Wald, eine Felswand und die Fußstapfen eines Tiers, er lief und blieb stehen, lief und blieb stehen und so in einem fort. Ich verfolgte ihn bis zum Dorfrand, da nahm er eine Stallwand ins Visier mit der Aufschrift Hôtel du Parc. Kein Jäger, denn die Jäger hielten sich in Grenzen. Ein touristischer Waldschrat oder ein Heimatschützler, ein Zweitmann vielleicht mit bewußt lockerer Bindung, von niemand vermißt oder nur dann, wenn er's wollte. Ein halber Pionier. Am selben Tag kaufte ich mir eine Schildmütze und las Kant. Ich holte ihn aus dem Schubfach, die Vernunft hatte mich. Mit ihr würde ich mein Leben machen. Warum ich den Mann nicht angesprochen hatte? Aus Vernunftgründen. Wäre ich in der Kälte entflammt, was dann. Auch war er mit sich beschäftigt, mit etwas Innerlichem und Ungeheurem. Ich las liegend, ich blickte zum Plafond. Egal ob mit Decke oder ohne Decke, der einzige Mensch und Wärmespender war weit, im eigenen Wäldchen, in seiner kostbaren Zeit. Schweißtreibend war das und ohne ausschauenden Verstand nicht auszuhalten. Ohne liberale Ironie. »Also werden wir zuerst die Sinnlichkeit isolieren ... nichts als die bloße Form der Erscheinungen übrigbleibe ... notwendigerweise objektiv.« Nein, ich hatte keine Endabsichten. Die Rose war eine Rose und meine Einbildungskraft reine Evidenz. Er hatte mich weggehustet. In der Querlage gehört man sich selbst, umgeben von einem weiten Ozean, dem eigentlichen *Sitz des Scheins*. (Reizender Name.) Ich zog mir den Hasenpelz über. Ich löffelte eine heiße Bouillon. Der Anfang war gemacht. Ich baute mich auf dem eigenen Boden an. Praktisch, praktische Vernunft! Seine Domäne – Blendwerk. Dora aber hatte ihren begrenzten Horizont, einen schreienden Säugling, einen Mann, der Abendkurse besuchte. Sie trieb ihre eigene Auflösung voran. Was ich sagen will: daß gewisse Erkenntnisse sogar das Feld aller möglichen Erfahrungen verließen. Es gab keine Ursachen, nur diesen Winterphlox! Mein hasenschartiges Gesicht wie zum erstenmal! Vaters Stimme in einem himmlischen Speisezimmer, daß ich sein Ufer sei! Dieser Vater lachte, längst nicht betrunken, nur heiter: Ich beglückwünsche dich. Stellte keine Bedingungen, erbitterte nicht mein Herz. Hier gleich durch diese Pffforte! Und verschwand dreibeinig. Ohne einen einzigen kriminalisierenden Rutenstreich. Wie die Verwirklichung irgendeines Ideals bei der Wiederkunft des Herrn etwa. Der Wald brachte Beruhigung. Der Wald bringt Beruhigung, wenn die Jäger sich in Grenzen halten. Wenn die Landstraße, die Tankstelle ihr Lärmgift im Tal versprühen. Glühende Hagebutten. Noch was? Knirschender Schnee und dieser Satz (Kant) von der Wechselwirkung zwischen dem Handelnden und Leidenden. Ich stellte ihn mir bei der Winterbeschäftigung vor: Holzspalten, und wie er, endlich erwärmt, ein Hörspiel schreibt, sie und er und sie und er, ich hätte ihn dabei gestört, denn alles geschieht in seinem Kopf, bis die Beziehung sich aufreibt, die Stimmen sich verwirren, und das braucht Zeit, Konzentration, Beisein leibhaftiger Dritter unerwünscht, selbst der Wald stört, wir kommen ohne Natur aus.

Einmal, nach dem Wald, stand Dora vor der Tür. Heißen Kaffee würd ich ganz gern trinken! Den Sohn hatte sie zu Hause gelassen. Ein Tiger! sagte sie. Verurteile mich, aber ich weiß noch nicht, was ich mir antun werde. Ich warf ihr den Pelz über die Schultern. Sie aß Marmelade aus dem Einweckglas, ich dachte, mein Zwerchfell beginnt gleich zu lachen, zu machen war nichts. Sie erfuhr den Jungen wie eine Krankheit. Ganz in sich versunken. Entweder so wie du, sagte sie, oder ich stecke etwas in Brand. Sie ertrug nur den Seitenblick. Mittlere Tonlagen. Ohne selbst zu wissen wozu, erlosch sie unter der Hand. Nämlich sitzend somnambul, dann auf allen vieren, zum Tierchen geworden. Bin ich überhaupt ein Mensch (geschweige denn eine Mutter)? Ganz unten träumte sie von der Tat. Ich stehe auf und bin eine andre. Ich bin, eben noch am Fuße, bereits über dem Berg. Habe die Freiheit nicht erschlichen, sondern erobert. Draußen knisterte das letzte Birkenlaub. Sie sprach von der Verkühlung des Sohns. Wie es ihn winterlich angeweht hat ohne Mäntelchen, ohne ohne! Ein Mantel muß sein, sagte ich. Da schau meinen Hasen. Und erst recht fürs Kind, Ballonartiges wärmt. Unten, auf allen vieren, schwärzte sie sich an. Mit knisternden Ohren, Papierohren, hat sie ihn durchs Moor gefahren, und wie die Dinger zu Hause erglühten: zwei rote Fetzen Fleisch. Diese Bise, schrie sie, auch das noch. Als hätte ich mich von meiner eigenen Taufe losgesagt! Sie blieb, so hingestreckt, bis zum Abend. Rappelte sich plötzlich auf: das Kind! und verschwand im Flockengestöber. Ich rief sie immer wieder an (in der Leitung der winselnde Sohn): besser? Das Meer ist weit, sagte sie, und diese Woche eine äußerst alltägliche gewöhnliche. Auch die nächste war es, und fünf Monate später war sie tot. Wie Aljoschka, so wuchs auch die Geschwulst. Wer wächst, ist stärker. Stärker, wer wächst auf Kosten von. Sie hatte nicht einmal Hand an sich legen müssen. Die Gegend hinter dem Wald war verwaist. Das heißt, Aljoschka bekam ab und zu Sandkuchen, der rieselte ihm übers Kinn, hauseigene Backware von der Tante, die war ich. Und abends spät Kants Widerlegung des Idealismus.

Ich las Wörter, oder las ich Löcher? Zwischen »Unding« und »Erfahrung« leuchteten Doras Augen auf, zwischen dem »dritten Postulat« und der »materialen Notwendigkeit im Dasein« erhob sich die Frage, weshalb alle Norwegerinnen Angorapullover tragen. Ruin der Zusammenhänge. Der Winter verlängerte sich zu einer Aprileiszeit, der Boden gestockt, Ohrfeigen des Winds. Ich bin ich. Das bewies ich mir seit einer Säson, oder nicht? Oder war es wie das Blätterkehren umsonst, da sich die Haufen, Verwirrungen fortzu erneuern, akkumulierend wird Ich zu Nichts. Ein stinkendes Flüßchen. Nachts, von der Stille umtost, erscheint es als Wüstenei ohne Rand und End, rundum leer. Ich starrte auf den Redner. Wie er sich gerierte, der Kasuist, er, mit dem Ausdruck eines Menschen, der die Hölle streichelt. Diese ägyptische Selbstsicherheit! Er hangelte sich von Satz zu Satz, die Löcher, nein, sie klafften nur für mich, zwischen den Wörtern »Beziehungsabbau« und »Understatement«, zwischen »Ganzheit« und noch was, und da schob sich Raubbau hinein, Verletzungsspur und Gemeinheit, listige Zusammenrottung des Ungehörigen in diesem Hörsaal voll Reverenz. Wo hatte er, Schöpfer des Himmels, dozieren gelernt? Auf vorgeschriebene Weise glauben, wo er auf schwankendem Boden stand? Schräglage, Gleitbahn. Die raschen Informationen rasch aus dem Morgenblatt und in der Erfahrungsküche zusammengequirlt. Das stolze Wort: Politik der Geschlechter. Ich kam vor! Ich gehörte zum Stoff! Ich wurde nicht beigezogen (Gerechtigkeit), sondern überführt. Nämlich gebraten (Hölle). Was hast du? fragte er am Saalausgang. – Eine Quittung. Ich verheirate dich. – Er fand kein Wort. Nicht einmal eine Lüge. Er sagte: Likör.

Ich folgte seinen Einladungen auch bei Westwindwetter. Mit dem vollen Bewußtsein des Nichtsieges und daß alles so bleibt, wie es war und ist, daß man einen ägyptischen Halt vielleicht überhaupt nicht finden kann. Der Wald war der Wald. Grämt sich wer? Dann nippe er an seinem Gläschen und rücke mit der Sprache heraus. Vortrab. Ich begriff so viel: es war richtig. Die Suppe, der schneidende Ton der Balkanflöten, und er immer zurück in sein Kabinett, und ich immer zurück in meine Kantstube. Mich gedulden, wozu? Und er: Dann bist du ja schon ganz nett weit.

Die Bäume entkleiden sich, ritsch-ratsch, in einer einzigen Sturmnacht, wenn die Zeit reif ist. Der Föhn fegt sie leer. Sintflutartiger Regen klatscht aufs Laub. Mit der Einsamkeit geht es besser. Ich bin bedenkenlos versponnen. Dora wurde kremiert. Wie's in einer Rotonde steht: Asche und Knochen. Aljoschka wächst mit Ersatzmutter (seine entflammbaren Ohren). Und ob der Wald ein Phönix ist! Selbst der Photograph hat ihn nicht im Griff. Vom gelben Birkenwunder zum pilzreichen Unterholz, alles lädt zum Verlaufen ein. Nur da und dort eine Waldarbeiterschneise, von den Emsigen geschlagen für Transport und Transfer. Werden die Bäume immer weniger, bevölkern wir den Wald, diese mähliche Lichtung. Ich bin gesund. Bin ich's? Schrundig der linke Mundwinkel, ich seh ja fast niemand. Er wirft zu mir nicht einmal einen neugierigen Blick herein. Immer mach ich mich in sein 17. Jahrhundert auf, zweimal im Monat. Auch so vergeht das Jahr. Und ist schon vergangen. Aus den Bergen nähert sich der Schnee. Aus den Wäldern kriechen, zischend, schwere Holztransporter, bremsen sich zu Tal. Aus den Rinnen tropft der Regen, unaufhaltbar.

Rosa Aghios
oder
Die Reise

Auch mein dritter Deutungsversuch schlug fehl. Mir gegenüber saß nicht eine Gymnasiastin mit erhitzten Wangen und unteilbarem Verlangen, sondern eine Rosa aus dem Friaul, halb Mädchen halb Frau, Hilfskraft einer Herrschaft. Sie sah auf die zerklüftete Landschaft, murmelte von Zeit zu Zeit »Ajax« und bewegte dazu die Daumen. Ich hielt sie für verliebt oder verwirrt, aber sie gab bereitwillig Auskunft. Nach Hause, ja, wo es ein Steinhaus und einen Brennesselgarten gebe. Dort taste sie sich an die seltensten Vögel heran und vergrabe die Arme in warmem Heu. Dort hänge sie siebenundsiebzig Gedanken nach und lese in den Kohlblättern. Nichts von diesem zusammengefaßten Licht, resümierte sie, der Himmel ist matt, und mein Vater hinkt.

Arbeitsunfall?

Hirschfütterung.

Mit diesem Wort ließ ihr Eifer nach. Ich sah Rosa mit einem Zivilisten über eine aufgelassene Hauptstraße gehen, die Fichten, die Birnen und Äpfel gingen nicht aus, während sie sich vorwarf, statt Verwandten Hüte zu haben.

Ajax.

Wie?

Ach, das gehört nicht hierher. Die rotwangigen Hirsche streifen besonders dicht ums Haus herum.

Ähnlich regellos überließ ich mich der Herrschaft meiner Gedanken. Hier die forellenartig gesprenkelte Rosa, dort ein Doktor rer. pol., dazwischen ein Reigen strickender Jungfrauen – ich trieb gegen die Fahrtrichtung und gegen jede Evidenz in meine zurückliegende Zukunft. Nennen wir sie Triest. Nehmen wir an, sie speist sich aus einer gleichmäßigen Brandung. Häscher sind keine Häscher, aber auch Sanftmut und Entschiedenheit sind dahin. Und während ich um Nachsicht bitte, zieht sich das Kap zurück und gibt prägnantere Aussichten preis. So etwa.

Rosa fiel mir in die Gedanken. Regelwidrige Flüsse seien ihr am liebsten, Küstenwind schade den Ohren, und am Rande jeder Festlichkeit stehe Herr Überdruß.

Ich nickte. Wie alt war Rosa, daß sie die Zeit wie eine Schnur nachschleifte? Immerhin fuhr sie in Fahrtrichtung, und Friaul lag, wo es lag.

Rosa Aghios. Das *blonde, großgewachsene Mädchen mit den süßen Formen, nur die Hände zeigten die Spuren der schweren Arbeit.* Und Aghios schrie: *Warum muß meine Tochter so unter mir liegen? Ich will sie nicht. Ich habe keine Schuld daran.* Hirschfütterung und ein zitronengelbes Buch. Rosa schlummerte mit bewegten Daumen, als zerriebe sie Flußsand.

Herr Aghios' verrottetes Gesicht hatte im Traum auf einem Fahrgestell gelegen. Unter ihm endloser Raum, über ihm ebenfalls. Bei Görz begann sich sein Traum zu lockern. Er ließ seinen Kopf auf die Polsterung fallen, stieg in die eigene Kindheit und vergaß die Signorina. Statt dessen sah er ein leeres Feld, ein Bauernhaus und ein blakendes Licht. Gewissensbisse hatte er nicht, denn er fuhr seinem Alleinsein entgegen. Damit begrub er auch die Legende von der doppelten Reise.

Rosa schlief. Schlief sie? Je nach Lichteinfall flackerten ihre Hände auf, der Schoß wurde zur weißen Schürze, und ich glaubte Ajax zu erkennen, umgeben von Kräuter- und Kältegeruch. Die Zeit treibt die Vergangenheit wie Schwemmgut vor sich her, alles Schweigen ist Geschwätz, bis auf den eigenen Namen. Rosa Aghios. *Wollen Sie mich bei sich haben?* Herr Aghios preßte sich noch fester an sein Fahrgestell, um ungesehen zu bleiben. Er fuhr in einem Marsschiff, in einer Gondel, in einer Barke, im Güterzug

Görz–Triest. *Ich will, daß mein Sohn nicht allein bleibt.* Nach dieser Eröffnung fragte Rosa: *Und wie soll man von seiner Unfreiheit Gebrauch machen, wenn es ringsum nur Versklavtes gibt?*

Rosa Rosa. Sie träumte Tierträume, während mich der vom Schmelzwasser angeschwollene Fluß hinter dem Zugfenster einschüchterte. Das eisgraue Wasser lief zur Talsohle. Unaufhörlich durchbrach es die eigenen Schattenmuster und zerzauste die Böschungen. Dagegen war meine Brandung sanft.

Wer überschlägt sich?

Das Pferd, flüsterte ich erschrocken, als müßte ich Rosas Schlaf retten. Mit abfallenden Rippen.

Sie blinzelte. Die Mähre, das ist arg.

Also standen die Verhältnisse im Friaul nicht zum besten. Schon wollte ich sie nach der aufgelassenen Hauptstraße fragen, nach dem Zivilisten und der grün umwundenen Stille, doch ihr Blick verfing sich im strudelnden Fluß.

Ein schönes Epos, sagte ich zu meiner eigenen Überraschung.

Wie man's nimmt, gab sie gelassen zurück. Die armen, armen Pferde. Was ich nicht verstehen kann, ist dieses Gewirr auf dem Erdboden und darüber hinaus.

Nun war es an mir, das geträumte Raumschiff des Herrn Aghios zu beschwören, mit dem er ebendieses Gewirr zu verlassen gedachte – dort, Rosa, zwischen Görz und Triest –, statt dessen behauptete ich sorglos, es gelte, die Grenzen zu verschieben.

Das soll der springende Punkt sein?

Der springende, ja.

Seitlich oder nach oben?

In Wunschrichtung.

Schwer zu sagen, ob Rosa an ihre Herrschaft dachte oder an die Ränder ihres Tals. Die Daumen drehten sich langsam, als streiften sie mit jeder Drehung eine Möglichkeit ab.

Seitlich, entschied sie, denn mir ist oft eng. Ganze Hänge rutschen ab, und du hast keine Ausflucht.

Das Tal: der Brennesselgarten, das schnüffelnde Schwein, stachlige Zäune, im Fichtenwald die Hirschfütterung, weiter oben die felsigen, dann schneeigen Spitzen, ach ja, und die Mähren auf der aufgelassenen Hauptstraße, mit ihren Deichselstangen.

Rosa Aghios trug Lackschuhe. Im ungeteerten Tal wurde sie unumwunden begrüßt und verabschiedet. Das ging so schnell, daß sie sich nicht erinnerte, je angekommen zu sein. Träumte sie deshalb stehend, während die Zeit unschlüssig war?

Sie haben mich fallengelassen. Zuerst verkannt, dann vorgeschoben, dann fallengelassen. Wer in der Fremde in den Kamm bläst, sagten sie, der kann sich am heimatlichen Schnee nicht erwärmen.

Müdes Moos, sagte ich. Ein Epos in Form von Moosen.

Jetzt trödle ich nicht herum, sondern setze meinen Weg fort.

Rosa hatte sich in der Hand. Was uns verband, war die zurückliegende Zukunft in Julisch-Venetien oder anderswo. Auch ich war fallengelassen worden von der Talschaft der Lackschuhgegner. Seither hatte ich Lust, über die Sonne zu reden.

Ein einfacher Aufbruch ist keiner Erörterung wert, sagte sie.

Und was tun, wenn zwei Vaterländer zuschlagen?

Wie ertappt murmelte sie »Ajax«, und daß die Veränderung sich verändert habe.

Sie verschweigen Ihren Liebhaber oder den unbekannten Soldaten.

Rosa hörte nicht zu. Ajax trieb sie in eine andere Richtung, und ich begriff, daß es für Herrn Aghios zu spät war. Sie hatte ihn in den Hinterhalt der Monogamie und des Absinths gelockt.

Rosa mit den bewegten Daumen. Flüsternd verbürgte sie sich für irgend etwas. Und gerade als ich sie nach dem Mutterland fragen wollte, klagte sie, sie fühle sich durch meine nervösen Füße beengt.

Zwei Rehe.

Für wen?

Das wäre zu bedenken.

Ich hatte keinen Ajax, nicht einmal ein Heimatdorf, das ich hätte unterschlagen können. Für wen also.

Versuchen Sie sich wieder aufzurichten?

Mit dem linken Bein, das rechte will es anders machen.

Und Ihr Selbstgefühl?

Ich verzieh ihr die neugierige Frage. An seltenen Tagen hatte ich eins. An einem windigen Februarmorgen, wenn keiner etwas von mir wollte, trug ich den Kopf höher. Dann schien es mir möglich, das Ganze abzuändern, Tiere zu halten, mit ägyptischer Sicherheit. Und im Viereck meiner Träume pfiff ein Kanarienvogel.

Sie höre in sich lauter Gegenstimmen, obwohl sie sich doch fortwährend an die Ränder heranarbeite, an diese Ostgrenzen, an diesen Unfug von Friaul. Jawohl, ich heiße nicht Hortense und habe keine begünstigten Eltern! Ihre Stimme überschlug sich. Willkommen und dahin!

Erst jetzt bemerkte ich, daß ihre Augen die Farbe veränderten und unsere Verbündung schon fortgeschritten war. Herr Aghios hatte von der Höhe seiner Reise aus im Menschen das Haustier erkannt, Rosa löschte sich fortzu aus, das machte sie stark. Eines Tages würde sie mit einem neuen Namen dastehen, in der Ebene.

Ich vergaß die erdachten Gräben und meine Gründe, ins Meer zu gehen. Möglichst rasch verkannt werden, den roten Kragen hoch und lieber aufwärts als abwärts.

Ich meine nur, daß wir einen kräftigeren Vorschlag brauchen.

Geben Sie ja keine Treffpunkte preis!

Das gehört zu meinen Grundregeln.

Rosas Augen strahlten.

Es gibt zu viele Schränke im Haus, und die Hauptstraße ist versumpft.

Keine Sorge.

Der Staub erzeugt Brechreiz und Husten.

Sei's drum.

Von den fehlenden Gehegen wollte ich nichts mehr wissen, schließlich ist man einem Dorf nicht verfallen, in dem das Stroh davonfliegt.

Rosa Aghios bewegte dankbar die Daumen. Auf ihrem gesprenkelten Gesicht erschien der erste Anflug eines Lächelns.

Das werde ich Rosalie sagen.

Schön.

Und ich zeigte ihr das *Sonnengestöber*.

Küche und Unschuld

Die Sache ist die, daß ich von einer graublauen Truhe geträumt habe mit faustgroßen Scharnieren. Von einem taubenblauen Küchenmobiliar. Altes, gemasertes Holz, die lasierte Farbe verwaschen. Schrank und Truhe und Tisch und Hocker. Auf dem Tisch eine getupfte Tasse. Vielleicht, oder ein Henkelkrug. Ich will mir das Wort nicht abschneiden. Die Sache ist die, daß ich mir beim Erinnern das Wort abschneide. Warum eilt es, du liebe Zeit, warum bin ich immer schon beim Übernächsten. Bei Krug und Milch und Löffel und hol's der Henker. Nur nicht beim Graublau der Eröffnung, der farblich-atmosphärischen Exposition. Das Holz gehört zu einer Sehnsucht. Unter der durchsichtigen Farbschicht – Taube im Anflug – hat es Jahrhunderte gelebt. Ich berühre die Zeit. Ich fahre über eine seidige Oberfläche, ich hantiere am Mobiliar meiner Ahnen. Ahnen? Das muß nicht sein. Ahnen oder Veteranen, ich bin im Kreis meiner Gegenstände. Ich regiere sie, ich lasse keinen heran. Sie regieren mich, sie lassen keinen an mich heran. Eine Sekunde nur zuckt in mir der Gedanke, diese Küche mit dem Graublau und den schwarz-weißen Steinfliesen, so groß und hoch und herrschaftlich, gehöre dem Curé oder seiner Wirtschafterin und ich hätte mich dahin verirrt, angezogen von Farbe und Dimension. Bitte nein. Hier, nur hier bin ich die Königin. Die Hauptdarstellerin meines Lebens. Eine Schöpfkelle fehlt, aber ich habe Gäste. Jawohl, die Freunde vom Literaturklub. Gewöhnt, an langen Tafeln zu sitzen und nur wenig zu speisen, weil das Buch im Vordergrund steht. Das Buch, genannt *Das Kinderzimmer*, *Unschuld* oder *Frühe Leiden*. Ich serviere Häppchen – Schafskäse in Öl, Oliven, winzige Mokkawürfel –, um den kostbaren Eindruck der Lektüre nicht zu stören. Gaumen gestreichelt, Köpfchen bereichert. Ich hantiere fast lautlos zwischen meinen Graublauen. Ziehe Schubladen und betätige die Durchreiche, auf zu. Sie verhandeln das angestrengte Gebaren des Frauenerlösers von *Unschuld*. Die Flucht der Sätze, die sich an der Möse abmühen. Eine Leistung. Hochleistungssport. Ich höre, stumm. Ich streichle die weißen Porzellanköpfe meiner Schubladen. Die Sache ist die, daß sie mir gehören und auch nicht. So liebt man im Traum. Ich hantiere mit großen Gabeln und kleinen Messern. Fleischmesser verzeichnet diese Küche nicht. Im Schrank türmen sich die Teller und Eßwarenwunder, in der Truhe die leinenen Tücher. Ein rotzungiger Teufel hockt darin, der Hausgeist, und wimmert: Taubenkrach, Chlystenpack. Will den Heiligen Geist beleidigen. Kusch. Meine Freunde beraten. Unschuldig ist an der Unschuld nichts. Mit allen Wässerchen gewaschen, nimmt sie jede Lebensfiber in Besitz. Die Stimmen erregen sich. Wo die Küchenfliesen aufhören, beginnt das Schachbrettmuster des Parketts. Ich habe zu tun. Ich nutze die Gelegenheit, aus meinem graublauen Gehäuse zu lauschen. Geschützt und ganz Ohr. Die Sache ist die, daß bei den Freunden Kerzen brennen. Gefahr droht nicht – das Licht soll sie erfreuen –, aber vielleicht sollte ich einen Blick auf die Tafeln werfen. Auf die schneeweiß gedeckten Tafeln. Mit den flackernden Schatten. Meine Freunde, eröffnet mir die Regeln der Unschuld! Alles hat seine Ordnung, auch sie. Ihr habt euch die Köpfe heiß geredet, ihr. Auf der Schwelle zögere ich. Das Teufelchen, von mir aus, dieser vierkantige Küchenschrat. Nein, etwas anderes. Als ob der Schatten meiner Mutter mir die Graublauen streitig machte. Als ob er hineinhuschte, geduckt, und in der Henkeltasse sich versteckte. Unschuld, wo bleibt dein Lockruf? Meine Domäne ist bedroht. Der Schatten. Der Mutter. Auf Zehenspitzen naht sie, trägt in der einen Hand einen Lockenwickler, in der anderen einen kleinen Kanarienvogel, im Bauer. Breite, sehnige Hände. Sie stellt das Bauer auf den Tisch.

Geh, sage ich unfreundlich, das ewige Weibliche vertrete hier ich. Kein Laut. Geh, sage ich unter Tränen, du hast dich überhaupt nicht verändert, nur geh. Sie hantiert am Lockenwickler, sie zückt ein Taschenmesser mit silbernem Spitzenzierat. O Gott, murmle ich, daß du nicht beginnst, an den Stühlen und Schränken herumzuschnipseln! Meine große Puppenküche, was soll sie dir? Sie tappt und raunt und läßt das Vögelchen trillern. Die Sache ist die, daß sie Tiere liebt. Adieu, Madame, sage ich sehr markant und kehre ihr den Rücken zu. Ich muß zu den Kerzen schauen. Ich muß meine Gäste nach der Unschuld befragen. Die gevögelte Unschuld bäumt sich und schreit, Farben und Linien vibrieren in ihrer neuen Natur, in ihrem Hirn und Rückenmark. Nach allen Regeln der Kunst. Soll das Glück sein? Die Essenz des Seins? Das Rauschen des Ohrs, oh oh. Die liebestolle Maschine. Ich höre: Tigerin im Bett, wetten, daß das ein Konstrukt ist. Die Kerzen nicht abgebrannt, doch die Leidenschaften flackern. Meine Gäste sind heiß und die Häppchen noch unberührt. Keuscher Käse. Der Reihe nach: eine Industriellentochter, grenzenlos schön, ein Geldschrank, doch unerlöst. Als sie pulsiert, wird der Mann vom Ehrgeiz gepackt und dann. *Mangez!* ermuntere ich die Erhitzten. Die Sprache bewerkstelligt den Rest, wo sie schweigen müßte. Die Sache ist die, daß sich Unschuld weder sagen noch entjungfern läßt. Ich sage: Häppchen und entjungfern, ich ertappe mich bei einer unwürdigen Kombination, die mir die Röte ins Gesicht treibt, ich lache nicht, ich laufe nur schnellen Schritts in die Küchenbastion, zu meinen Graublauen, die ruhig harren, unbewegt, unerregt, harren. Scham oder dergleichen. Ich befühle das Tischholz mit seinen zarten Kerben. Ich erkläre mir nichts. Was steht, steht. Hinter den Fenstern der jahrhundertealte Garten. Er lugt nicht, doch einzelne Zweige lugen herein und grüßen. Auch in der Dämmerung. Ich spreche von einem Einverständnis. Zwischen dem grünen Moder und den Lasierten und den Düften hier und dort, Küche, Kraut, Rosenstrauch, und ein Hauch von Flieder. Also Einverständnis, der Wettkampf gehört zum Bettpaar. Sie rufen schon, die Gäste: geschafft! Der Titelverteidiger hat es geschafft. Titelverteidiger lassen sich nicht deroutieren. Aber ein stiller Sieg ist es nicht. Und ein stolzer noch weniger. Fachmännisch sozusagen. Siege, wie mir das zuwider ist. Mein Teufelchen nickt zustimmend und leckt sich mit seiner langen Zunge. Tertullian, zischt der Gottlose. Soll wohl ein Wink sein. Mit dem Teufelchen gibt es eine Absprache: Ich dulde dich, du schuldest mir. Daran hält sich der Wicht, zähneknirschend, und der Friede regiert. Toi, toi, toi! Das Vogelbauer verscheucht, unberufen, toi, toi, toi! Die zerzauste Frau, meine schöne Mutter, verscheucht. Mit ihren Pfeilen, Zwillen, Messern, Zangen, Seilen, Schrauben, Wicklern, der ganzen Hexenküche. Verscheucht. Ah, diese Angst vor jeder Wiederkehr. Herzchen, mein Täubchen, mein. Ah. Die Graublauen strahlen, sie scheren sich wenig um sie. Es gab eine Zeit, da mich Mutters Männerschultern beruhigten, ihr feiner Bartflaum. Sie rottete ganze Legionen von Katzen und Hühnern zusammen und trieb sie unter den einzigen Essigbaum in der Mitte des Hofs. Jedermann gehorchte ihr. Sie wirtschaftete großzügig, mit Ahlen, Angeln und Absolutionen. In den Töpfen brodelte es, und die Kellen schwang sie ganz allein. Eine Schwerarbeiterin. Hundert Jahre werd ich leben, stand in ihrem Gesicht. Herzbeutel und -klappen schaffen es. Ach großer Wahn, an den wir glaubten, unter der Fuchtel. Bis ihr eines Morgens der Löffel aus der Hand fiel. Der Löffel fiel, dann fiel sie selbst, in sich zusammen. Verkam mit den Monden, verkam zum grauen Gespenst. Nur die Werkzeuge hortete sie weiterhin in ihrer Schürzentasche. Ich fürchtete mich. Ich fürchtete mich, an morgen und auch an übermorgen zu denken. Ihr dunkler Triumph. Die Sache ist die, daß sie ihre Herrschaft über den Tod hinaus ausdehnte. Mein Bruder mäht – und sie fuchtelt mit der Sichel. Ich schneide Petersilie – und sie steht da wie eine Eule: Interessant, mein Kind, nur zu. Was soll daran interessant sein. Beim Petersilienschneiden denke ich an Lappland, meint sie das? Oder ich denke an gar nichts, wünsche mir nur, daß sie sich wegschert, in das verdiente Jenseits. Lacrimae dolorosae. Ich nenne Mutter »Qual« und »alte Vettel« und »Daß deine weißen Schultern doch leuchteten im Sonnenlicht«. Ich verfluche sie bei ihren Kämmen, Spangen und Zangen. Ich fluche, es sei nicht der Mühe wert gewesen. Wie ein zuckendes Tier halte ich mich am Küchentisch fest. Diese Kämpfe und Siege und Nicht-Siege, ich gebe sie alle her für die blau-weiß getupfte Henkeltasse. In den Gegenständen waltet die kleine bergende Ordnung. Ein Luftzug fährt durch das Emailsieb, die Teekanne glänzt, ein russisches Stück und schon schartig. Tee von den Hängen des Himalaya, aus Georgien, China und von den Küsten Japans, wo er algig schmeckt, gebrüht in dieser Kanne. Tee, mein Wehlöscher. Weiß und grün und schwarz und roh und fermentiert und stark und schwach und. Jeder Gegenstand hat seine Geschichte. Die Gäste vergnügen sich ohne mich. Sie haben die Buchführung der Unschuld beendet und sind in ein fröhliches Grölen verfallen, erlöst. Im Viereck der Durchreiche sehe ich ihre Gesichter, und wie sie endlich zugreifen. Die Käsehäppchen wandern in die Münder, der Wein in die Schlünde. Prosit und Glück, frisch gepflückt! Etwas trennt mich immer. Oder ich selbst richte die Trennwände auf. Eine Membran, der Kuß kommt nicht an. Der Kuß prallt ab und fliegt an die Wanduhr. Das ist die Wahrheit. Muß ich noch deutlicher werden? Die Uhr tickt, sagt, daß ich genesen werde, ich müsse nur Geduld haben. Danke. In meinem Reich der Graublauen ist es erträglich, nein, behaglich und schön. Beim Frühstück forme ich Brotkügelchen und klebe sie mir auf die eckige Stirn. Beim Mittagessen lasse ich den Dampf kreisen. Am

Abend höre ich Vivaldi. Mein Zeitvertreib. Auf den Steinfliesen gehe ich sommers barfuß und winters in Filzpantoffeln oder Opanken. Mein Reich. Rosinenreich. Das könnte nur Mutter leugnen. Sie wird sich schon beruhigen. Der knauserige Gott wird sie trösten. Um meine Unschuld aber ist es geschehen.

Nicht aus Tatjanas Mund

Ich soll über Tauben schreiben. Aber die Tauben sind Spitzel, heißen Konrad und verheizen meinesgleichen. Flügelröster. Parisette-Raucher. Kanülensauger. So ein rauschendes Pack. Über allen Plätzen, in allen Netzen da. Reißen den Lämmern die Augen aus. Beizen die Herzen. Schon im Morgengrauen aktiv.

Lieber nicht, sagt mir der heutige Tag, der naß in den Winter sticht. Die Blätter wirbeln herab. Auf dem Buchrücken bildet sich ein Schrei, meiner. Nicht Speichel, nicht Fleck. Erbsengroß. Draußen die Füchse. Weiter draußen die Flüsse, die nach Süden fließen.

Eine wie Peggy weiß nicht, wo der Winter liegt. In ihren Breitengraden steht eine Jahreszeit, steht und steht. Peggy mailt: »Wieder strahlend«, und ich sehe lauter Blau, während mein Garten verödet. Ich brauche Peggy. Peggy versteht nichts von Tauben, Spitzeln, Kriegen. Frohgemut nimmt sie den Tag an die Leine. Ihre Schülerchen zählen zuerst bis zehn, dann bis zwanzig, mit jedem Fortschritt größer und stärker. So wächst auch Peggy. Hinaus über jedes *fuck*. Ich nenne sie wohltemperiert. Sie mailt: »Was ärgerst du dich so. Zieh ein rotes Kleid an, zeige dich auf dem Hauptplatz und vergiß nicht, wer du bist.« Sie hält auf sich, und sie glaubt an mich. Peggy. Im Stadtpark verkehre ich nur mit den Bäumen. Ich rufe sie bei ihrem lateinischen Namen, sie bewegen die Äste. Hinterm Teich hervor lauern die Statuen. Irgendwann fällt die Dämmerung herein. Wenn Peggy da wäre, wenn Peggy diese Wege mit mir teilte, hätte ich die Tauben schon abgeschafft. Ich zöge lachend durch die Alleen. Oder nicht. Ich hätte Chuzpe.

Was du dir nur immer von anderen erhoffst, mein Kind, sagt der Wind. Er spricht in der Sprache der Jalousien, klappernd. Fäulnisgeruch liegt in der Luft. Ich habe das Radio angedreht und etwas Purcell erwischt. Falsett. Peggys Popmusik plärrt anders. Ich bin nicht ruhig, nein. Ich höre zu und schweife ab, ich bin der Igel und der Hase, ich bin der Jäger und das Reh. Zänkisch mit mir selbst. Der Schrank ist mir zu klein – *o Solitude! my sweetest choice* –, der Teppich zu rauh, das Licht zu grau – *the element of noblest wit* –, das Leben zu lau. Abserviert, die Tauben. Ich werde Peggy mailen: »Heute sind die roten Schuhe dran. Irgendwann muß man sich drehen, auch ohne wilden Mann.«

In der Oper spielen sie Russen. Ich kenne ihre Kantilenen. Tatjana hat es schwer. Marfa geht ins Feuer. Innig in Moll. Das tu ich mir an. Das hebt die Schreibmoral. Durch den Park direkt in die Parkettloge. Liebe Peggy, Platz 5 ist leer und Onegins Rücken ein schwarzer Frack.

Sie würde nicht randalieren. Sie trüge das *take it easy* auf dem Gesicht, hinten den Haarzopf. Trotz der Duelliererei heiter wie immer. Peggy Sonnenschein, geborene Fridlender. Jetzt schreiben wir ein Gedicht.

»Jetzt, ja jetzt«, mailt Peggy. »Zeit, daß du dich von Vergangenem trennst.« Der Ratschlag hat Eselsohren, knickt und bricht. Ich hangle mich von *past* zu post-*past*, ich bin schon fast da, ich bin schon. Nicht bei den Tauben, aber beim Gedicht. Für Peggy, heute für Peggy, *with love*. Nicht im Park, nicht in der Oper, hier im Gedicht. Ohne Wind, mit Wind, draußen die Füchse, die rauschenden Flüsse, der Blätter-Kehraus.

Und hat ein Mägdelein. Im Stau sich davongemacht.
Und hat der Junker sich entbunkert.
Und glänzt das Los.
Wo bin ich bloß.
Allein im Feld. Die Welt schreibt Stroh.
Ein Hase macht mich froh.
Komm, Krume.
Klein gepaart zum Neufang.

»Dear Peggy, isn't good enough, but just enough for a beginning. Sweet snow and blow. Yours.« Wie es sich anfühlt? Wie sich das Jetzt anfühlt? Vergeblich. Gebläht und verweht. Gelandet und versandet. Die Tauben haben abgedankt. Purcell ist verklungen. Leer breitet sich der Tisch. Achtzehn Uhr. Das Mägdelein ungerupft, wer wollte da klagen. Nur dieser Schrei auf dem Buch, erbsengroß. Nicht aus Tatjanas Mund.

Die Chinesin

Wer auf mich zukommt, ich weiß es nicht, schaukelnd, eine schwarze korbförmige Gestalt in der nächtlichen rue Pastourelle, und sie kam näher und näher, erreichte mich: Kopf und Rumpf wie aus einem Stück, die Beine rachitisch auseinandergebogen, eine Chinesin.

Chinesen streben so davon, mit undurchdringlichem Blick, mit glattem, unbewegtem Haar. Ich bin allein. Ich folge ihr. Sie kennt die Kreuzungen, das Quartier. Eine Frau unbestimmbaren Alters, der Gang verrät es nicht. Die Hände, ja, in den Manteltaschen, und ab nach links. Sie schaukelt sich vorwärts, sie huscht, der Weg erzeugt sie. Zehn Uhr, keine Frage, sie kehrt heim. Das könnte der Anfang einer Geschichte sein.

Mit *ihm* in den letzten Tagen keine zehn Sätze gewechselt. Zu den Guten bin ich gut. Zu den Unguten bin ich auch gut. Güte und was weiter, wohin damit.

Die lange gerade Mauer, diese Chinesin vor mir wie geschlechtslos, in dieser verlassenen Straße, ja, im dritten Bezirk. Sie biegt ums Eck, sie hält auf die erleuchteten Häuser zu, sie betritt die »Tausend Blumen von Rambuteau«. Sie kocht, oder sie ist die Mutter des Kochs, so oder so verschwindet sie in der Künstlichkeit eines chinesischen Speiselokals, im rötlichen Licht chinesischer Laternen.

Ich entscheide die Geschichte für mich. Ich wickle die winzigen Kaiserrollen in frische Minzblätter und tauche sie in eine scharfe Tunke. Ich trinke Tee, ich höre das Gezwitscher von Frauenstimmen, das aus der Küche dringt. Er lebt sein Leben zu völlig, er. Ich lebe es zwischen Tapeten. Dort hinten also ist sie, eine der Zwitschernden, die im Reis rühren. Die Frau mit den starken gelben Zähnen. Das Nashorn findet nicht, worein sein Horn zu stoßen, der Tiger findet nicht, worein die Klaue zu schlagen, die Waffe findet nicht, worein die Klinge zu bohren. Verschwunden die tödlichen Stellen, nur diese Schwere ist da, in den Beinen, im Kopf, ich werde alt.

Mit den Stäbchen den Reis aufgepickt, nun ist der Reis dran, weißer, pappiger Reis. Sie kichert. Sie kichern zu zweit im Dampf der Küche. Der junge Chinese am Nebentisch könnte ein Steward sein, einer von der höflichen Sorte, immer lächelnd und agil. Doch seine Geschichte interessiert mich nicht. Da ist die andre, die der Frau.

Ja, Sojabohnenkeimlinge für mich. Von der Chinesin auf die Schnelle zubereitet. Sie ist in die Küche geeilt, aus dem Mantel geschlüpft, hat sich eine Schürze umgebunden und gleich an die Arbeit gemacht, hat mit raschen Handgriffen das Gemüse im Öl gewendet und auf die ovale Blechplatte geschüttet. Tatkräftig ist sie, zupackend. Der Sohn führt ein eigenes Restaurant, sie haben es zu etwas gebracht. Kichernd könnte sie sagen, sie hätten ihre *Schärfen abgeschabt.* Sie steht, wo sie stehen muß. Rote, blaue Papierblumen und auf den Tapeten Vögel, auch das muß sein, und die chinesischen Laternen. Die verkrüppelten Beine hat sie seit der Kindheit, und nun diese grauen Schläfen. Auch ein Gebärdenspiel für die Anverwandten, einen braunseidenen Rock für die Feste.

Ich sage, das Essen schmeckt. Ich überlege nicht, was ich sage. Ich habe einen Spiegel entdeckt, und die Serviererin lächelt. Daß ich herausfinden müsse, wo ich stehe. Daß ich mich entscheiden müsse. Daß alles Selbstverständliche fehlt. Und er hatte vor Ungestüm die Herrschaft verloren. Er. Ich bin bei der Chinesin. Ein Hocker gehört neben den Herd, auf dem sie sich ausruht. Kleine, geschwollene Füße in schwarzen Stoffsandalen.

Blasebalg, Strohhunde, sagt der Steward auf französisch. Ich winke ab. Laotse, sagt er unbeirrt, ich schüttle den Kopf. Sie hat sich auf den Hocker gesetzt. Sitzend rührt sie im Reis. Sie hat, wenn sie sitzt, Anwandlungen von Zerstreutheit. Die Serviererin bringt sie zu sich. Redet auf sie ein, aufsässig, in ihrem rieselnden Idiom. Und sie lachen.

Das Meer ist weit. Die Schiffssirenen von Schanghai, zum Atlantik schafft sie's nicht. Immer dieselben Wege, über Großstadtpflaster, in die »Tausend Blumen«, und zurück in die Hinterhofwohnung. Die Kleider näht sie sich selbst, der Sohn schneidet ihr das Haar. Sie kennt keine überflüssigen Gänge.

Du fährst zum Flanieren nach Paris, hat er gesagt. Und ich: warum nicht. Es stärkt mir die Knochen. Oho! hat er gerufen, ein gut Geknüpftes hat weder Schnur noch Schlinge, dennoch kann es nicht gelöst werden!

Die tausend Blumen und das süßsaure Fleisch wie eine doppelte Erleuchtung. Sie aber hockt, kompakt, beständig, an ihrem Platz. Ihr Platz ist am Herd, in der Nähe des Sohns. Er braucht sie nicht anzusehen, es genügt, daß er da ist, die gewohnten Handgriffe verrichtet. Sie fragt nicht nach den Abbruchstellen im Quartier, sie wäscht ihm die Wäsche, schneidet das Gemüse, schlürft Tee am einbeinigen Tisch.

Zufallsbekanntschaft, hat er gesagt mit falschem Zungenschlag, Infant sucht Infantin. Ich habe abgewinkt. Kein Zufall, kein Mitleid, alles Zeitvergeudung, so wie sie dasitzt, weiß sie es. Sie zwitschert mit, das ist alles, weil das junge Ding es will. In allen Tonlagen, die Serviererin. Im Tee schwimmt Jasmin. Auch die Liebe verschweigt sie, das wichtige Geheimnis.

Also doch. Also sucht er doch Kontakt zu mir, rückt sich sogar die Seidenkrawatte zurecht. Unter seinen *schimmernden Blicken* zerteile ich das helle Fleisch einer Lychee-Frucht.

Eingenickt, der Kopf fällt ihr zwischen die gespreizten krummen Beine, die ganze Gestalt wird zur Kugel. Das dauert einige Minuten, dann richtet sie sich wieder auf, bleibt nur der Eindruck der Schwere, einer größeren Gedrungenheit des Rumpfs.

Ich habe nicht gefragt. Ich bin aufgebrochen nach P. ohne seine Zustimmung. Ich sitze in den »Tausend Blumen«, was zerschlissen ist, wird neu gemacht.

Ab und zu näht sie in der Küche einen Knopf an, ja, zwischendurch, um nicht untätig zu sein. Nie blättert sie in einer Illustrierten. Papier, Zeitungen, Imbißtücher, das braucht sie nicht, sie hat die Messer, Löffel und Nadeln, einen fast schon zahnlosen Kamm, ein altes Radio. Einen Sohn, der zwei Alphabete halbwegs beherrscht, das genügt. Sie hat die Sicherheit einer alten Frau.

Ich habe mich entschieden, ganz schnell. Für Reisen entscheide ich mich schnell, am schnellsten für Bahnreisen. Wenn das Ziel Paris heißt oder die Fee im Tal oder Bahnhof des Ostens, Endstation. Wenn ich schlafend das Ziel erreichen kann, die Fremdsprache.

Sie kichern. Ein Mann kichert mit. Und plötzlich der unerwartete Wiederauftritt des Stewards, der durch eine Tür verschwunden war. *Ein gleichmäßig schwarzer Schatten bedeckt Schädel, Wangen und Kinn.* Allüren, denk ich, dieses Kommen und Gehen, oder er kennt die Verhältnisse. Und mit der Beleuchtung steht's nicht zum besten. Er raucht.

Dreimal hab ich gesagt: Es steht alles auf dem Spiel, wie immer. Und er: Bei Licht besehen eine Laune, wie immer. Bei erwachendem Verstand erkennst du die Schwierigkeiten auch im Ruhezustand: die Gesamtheit deiner Physiognomie, die jeden Charakter, jede Identität verloren hat. Dein Phantombild, die Lage der Zeit.

Und nun dieser Standardkopf des Chinesen, das flache ausdruckslose Gesicht der Frau. Was soll hier Identität, Charakter. Das Selbst, abgewiesen, tritt ein. Selbstverständlich. Sie erhebt sich in aller Herrgottsfrühe, wäscht sich kalt, so beginnt die Abfolge der immergleichen Handlungen, Tag für Tag, das Ritual. Heiße Suppe am Morgen, und manchmal zupft sie sich vor dem kleinen Klappspiegel ein Barthaar aus. Sie trägt Kittel in verwaschenen Farben, sie krempelt zum Arbeiten die Ärmel hoch, sie arbeitet von früh bis spät. Luxus, hat er gesagt. Eine verdammte Laune. Und dann Laune in der Mehrzahl. Mit ihrem Invalidengang durchmißt sie das Quartier an den Rändern des Tags. Und stundenlang näht sie in ihrem Korbsessel. Keine Vorsätze, alles läuft ab. Stetig. Es hat einmal Fragen gegeben, es gibt sie nicht mehr. Fragen ist meine Sache, und der Sirup viel zu süß.

Ist auch das »Künstlich-Gute« nicht mehr weit! flüstert der Steward. Oho! Und er: *Der First des Leeren.*

Chinesisch, sag ich, für mich.

Aber schön, lächelt er zurück, die Freiheit, die liberté.

Sie Laotsist!

Einen Mann wird es gegeben haben, den Vater ihres Sohns. Eine wilde Ehe vielleicht, die mit einem Zerwürfnis geendet hat oder mit seinem Tod. Der Mann ist eines Tages weggeblieben, verschieden, einerlei. Ich weiß es nicht, sie hat ihn verwunden, sie ist allein. Sie hat keine Zeit, über die Liebe nachzudenken. Und die flüsternden Gäste versteht sie nicht.

Das Elementare, sagt der Steward, nährt, beschützt.

Sie fliegen aber doch, sag ich, Sie sind des Himmels.

Und woher wissen wir, wie das Erdreich ist? Durch das Fliegen! sagt er.

Ich erwidere nichts, ich weiß nicht, ist es eine Belehrung, ein Sieg, der Versuch einer Eroberung, oder alles zugleich.

Sie schüttet frisches Salz in die Salzfäßchen, ihre Hand ist ruhig, sie gibt ein Reiskorn dazu. Sie spült das Teegeschirr, leichtes, zerbrechliches Porzellan mit aufgemalten Drachen. Er hat mir nichts zum Abschied gesagt. Oder doch: Ich vermisse dich nicht, dich vermisse ich nie. Das hieß: Geh, geh schon. Ich sitze im künstlichen Paradies der Tausend Blumen, das auf ihrer Arbeit beruht. Wankelmütig bist du, hat er gesagt, eine Voyeurin, nichts als das.

Und sie, blickschwündig, stumm für jeden Appell, weiß nichts von den Gästen, geht an allem achtlos vorbei. Keine Reize, keine Bescherungen, sie hält sich nicht einmal einen Pinscher.

Sagen Sie, sagt der Steward, Sie haben doch Ahnungen?

Auf chinesisch, sag ich nach einer langen Weile, heißt das die Vorahnung einer Katastrophe.

Sie ist gelassen, fast abwesend. Manchmal fährt sie sich mit einer raschen Handbewegung durchs Haar, als packte sie sich am Schopf. Sie überbringt keine Nachrichten, und keiner belästigt sie. Sie besitzt vielleicht ein Register, das in schwarzes Papier eingebunden ist, ein schwarzes Rechnungsbuch für die täglichen Ausgaben. Und Fäustlinge aus Hasenpelz und eine Gebetsschnur. Wenn sie allein ist, summt sie alte Melodien. Einmal ist sie einem Leichenwagen gefolgt.

Welcher Katastrophe? flüstert der Mann.

Eines Absturzes, sag ich schroff. Was hoch ist, wird niedergedrückt.

Schattenspielzeug, ruft er, Gegensinn. Ich glaube an ein *höheres Ziel.*

Für sie ist auch das Geringste genug. Sie freut sich über das frische Gemüse, sie rüstet es bedächtig, sie fährt mit ihren kleinen Händen über den Baumwollstoff, aus dem sie für den Sohn ein Hemd nähen wird. Der Stoff war billig, und ihre Augen sind gut.

Ich nicht, sag ich zum Steward. Ich bin von den höheren Zielen abgekommen.

Sie leben gegen Ihre Natur. Sie wollen Ihren Untergang.

Ich will den Zustand der Gnade, wie Sie.

Ein Arzt muß her, sagt er und verstummt.

Sensibilitätskontrolle?

Er schweigt. Er bietet sein Gesicht dar, die aufgerissenen Augen, seine unauffällige Eleganz.

Sie denken, ich sei keine Frau, ist es das, was Sie denken?

Das Feste, Starke ist des Todes Begleiter.

Sie täuschen sich.

Nie.

Diesmal täuschen Sie sich.

Mit einem Schlag schließt er das Buch, es knallt wie ein Schuß.

Laotse, ruf ich, was sucht er hier?

Das Geschenk eines Fluglotsen aus Schanghai.

Sie werden ihn also nicht wiedersehen?

Morgen schon. Ich fliege.

Sie werden nicht ankommen.

Das heißt?

Schwarzer Lacksarg. Es bedarf nicht einmal einer Ambulanz.

Sie sind wohl verrückt geworden.

Wie auch immer, Ihre Geistermaschine wartet.

Noch, sagt er, ist Ihr Gehirn kein trigonometrischer Punkt. *Sie wollen sich selber loswerden durch mich.*

Starten Sie.

Er erhebt sich wie auf Befehl, ergreift das Buch, läßt es in die rechte Jackentasche gleiten, geht.

Was die Menschen verabscheuen, ist Verwaistheit, aber das macht nichts, ich habe ihn schon vergessen. Ich denke an die Frau. Sie ist auf dem Hocker eingeschlafen.

Warngeschichte

I

Ich sah ihn zum erstenmal im Waldhotel. Ich sitze in der Halle, die Tür geht auf, ein müder Blick streift mich unter einem tiefgezogenen Hut, der Mann geht zur Rezeption und verschwindet im Lift. Ich lese das Teppichmuster. Als ich lang genug darin las, war ich im Dschungel. Ich hatte Zeit. Ich entdeckte allerlei Getier, Antilopen und Hirsche. Die Jäger dachte ich mir hinzu. Als er wiederkam, war ich nicht erstaunt. Er stellte sich vor: Fred E., Journalist auf der Durchreise, den Hut hatte er abgelegt. Warum wir stünden. Ich setzte mich. Er holte einen Drink. Der Eiswürfel, den er hin und her schob, klirrte im Glas. Er fragte mich nach nichts. Nur als ich auf den Teppich sah, folgte er meinem Blick. Er sei vor längerer Zeit einmal in Persien gewesen, im Iran, verbesserte er sich. Shiraz war auch ein Teppichname. Dann zeigte er auf eine vierblättrige Rosette und meinte wie abschließend: Musterverschleppung. Mit dem rechten Zeigefinger fuhr er den Ornamenten nach, als müßte er sie auf ihre Richtigkeit überprüfen. Der Kellner, der unsere Gläser wegtrug, ging schonungslos über die Pflanzen des Teppichs.

Fred machte keine Anstalten zu sprechen. Wir saßen uns gegenüber, fast gleichgültig und doch auf der Lauer, ich hielt seinem Blick nicht stand. Dieser Blick kam aus zwei unterschiedlich großen Augen, war fest und kalt. Warum hatte sich Fred zu mir in die Halle gesetzt.

Als seine Hand mich an der Schulter streifte, fuhr ich zusammen. Fred fragte: Magst du spazieren, korrigierte sich: Oder mögen Sie mit mir essen? Fred trug einen dunkelgrauen Tweedanzug mit starken Lederknöpfen.

Im Restaurant saß ich mit dem Rücken zum Saal, der

sich in einem breiten Wandspiegel hinter Freds Kopf spiegelte. Ich sehe Fred und sehe gleichzeitig weißgedeckte Tische, ruhig hantierende Kellner, eine Topfpalme. Freds braunes Gesicht ruht mittendrin, bis es hinter der Speisekarte verschwindet.

Ein Junge am Nebentisch warf verstohlene Blicke zu uns herüber. Seine linke Hand war eingegipst und lag als schwerer Klumpen zwischen dem Porzellan. Fred beachtete ihn nicht. Wir stießen an. Lola, sagte er, auf Ihr Wohl. Ich nickte. Ich hörte im Hintergrund andere Gläser klirren, dazu Gelächter, und sehnte mich nach Fröhlichkeit.

Fred begann nach dem dritten Glas zu reden. Zuerst zögernd, dann immer rascher. Illmitz, sagte er, das kennst du nicht. Vier Winterwochen in Illmitz, wo Füchse und Hasen ... Zum Verrücktwerden. Ein Rückzug, dachte ich, zum Bauern Mayr, das bringt Beruhigung. Das Zimmer mit den weißen gewellten Wänden schaut auf den Hinterhof, da gackern die Hühner. Der Wirt nebenan kocht schwere Kost, Knödel und Karree, eine Woche lang eß ich's und schwitze, dann laß ich alles stehen. Aus dem dampfenden Raum hinaus in die Kälte. Der Wind geht ohne Unterlaß, fegt durch die Puszta. Die Gänse torkeln über gefrorene Pfützen, die Große Laake, das Vogelparadies, ist eine Fläche von Eis. Ich radle morgens und mittags durch die kahle Landschaft, auf hartgewordenen Wegen, wo mein Fahrrad keine Spuren hinterläßt. Frauenkirchen, und etwas östlicher wieder zurück. Dohlen hocken in den Maisstoppeln, wenn ich mich im Nebel nähere, fliegen sie hastig auf. Die Schreie der Krähen zerteilen die Luft. Kein Mensch. Als ich mich bei einbrechender Nacht im Schneetreiben verirre, denke ich zum erstenmal bewußt an Ann. Vertreibung aus, Vertreibung nach, dahinter steht Ann, aber ich sehe sie auch vor mir, im ersten Lichtschein, der die Siedlung ankündigt. Mayr warnt vor solchen Extratouren, offeriert mir einen Selbstgebrannten. Unter dem schweren

Federbett wiederholt sich einundderselbe Angsttraum: sie hat mich aufgespürt und sich in meiner Nähe unsichtbar verschanzt. Der Morgen ist wieder windig. Ich hole mir den »Kurier« aus der Trafik und mache eine Runde um die Kirche. Englaender, Lola, Fred Englaender kennt jede Heiligenstatue von Illmitz, auch den Nepomuk, kranke Figuren, deren Gips bröckelt. Knisternd und pfeifend fährt der Wind durchs Schilf. Ich laufe die drei Kilometer zum See wie ein trainierter Jogger, die drei Kilometer zurück mit hängendem Kopf und fliegendem Atem. Der Neusiedlersee liegt unbeweglich, unter einer hauchdünnen Eisschicht. Vögel rascheln im Schilf, sonst kein Laut. Das Seerestaurant kauert verloren am Rand der Eiswelt, mit rotem, flatterndem Wimpel. Und die Pusztabrunnen sind verlassene Tränken.

Trotz der Gänge durch die Gegend erlebe ich die Tage wie eine schleichende Krankheit. Wind, pannonisches Tief, ein schwerer bleigrauer Himmel, in dem immer die gleichen Schwarzvögel treiben, das Gackern der Hühner im Hof, monotone Wirtshausgespräche, der leiernde Tonfall des Dorfpriesters. Als ich eines Morgens beim Erwachen mein Bett für ein Schiff im wogenden Meer halte, Decke und Wände bedrohlich schwanken, rufe ich Hallo, und nochmals: Hallo. Statt Ann steht Frau Mayr im Zimmer, geniert, aber hilfsbereit. Ich bekomme Kräutertee gegen Fieber, Kompressen auf die Brust und Wickel ums Fußgelenk, während das Zimmer tanzt und eine Winterfliege meinen Kopf umkreist. Die Zeit läuft rückwärts wie in ein Faltengebirge. Ann sitzt auf einem grünen Kinderstuhl und kaut sich die Nägel. Ann Englaender im Unterholz. Katholisch, sagt sie, schäm dich, und zieht die Nylonstrümpfe aus. Kleine pagane Natter, Verführerin, Buschfrau. Frau Mayr ist besorgt. So, Frau Mayr, sag ich, was soll aus mir werden in diesem Nest. Gleich gleich, Herr Englaender, wirds besser. Jedesmal, wenn sie das Zimmer betritt und verläßt, knarren die Dielen. Mein Federbett ist ein Eisberg, ich phantasiere über einen Norden mit Schneewüsten und beinharten Endlossteppen, ich werde gejagt, von den Schollen aufs Festland, renne mir die Seele aus dem Leib und komme doch nicht voran. Ist Ihnen das Federbett zu schwer? fragt Frau Mayr, ich hatte es abgeworfen und fror. Wölfchen Ann, kleine Mieze, und im nächsten Traum ein Ungeheuer von Frau. Ich trinke Kräutertee.

Ein Illmitz-Gestrandeter in Familie Mayrs Obhut, Hauptstraße 17, Burgenland, der täglich zwei Liter Tee trinkt zur Entschlackung des Gedächtnisses. Das Fieber sinkt, Frau Mayr verordnet frische Luft. Raus müssen's, Herr Englaender, ein paar Schritte hinaus. Da geh ich die Hauptstraße hoch bis zur Kirche und wieder zurück, auf schwachen Beinen, den Mantel zugeknöpft. Der Wind rüttelt an den dünnen Akazienstämmen. Bei Keglovich Eierspeise und Apfelkompott, heut Diätkost, sagt der Wirt, und morgen Schweinskarree. Ich kritzle auf die Serviette: kein Karree!

Nach einem plötzlichen Wärmeeinbruch tauen die Pfützen auf, die Feldwege werden zu glitschigem Schlamm. Ich lasse das Fahrrad zu Haus, wate in Fischerstiefeln durch knietiefen Morast. Zwischen dem Schilf brakiges Wasser, aus dem ab und zu kleine Blasen steigen, das Eis ist weg, der Wind hat es gefressen. Ein böiger Kopfwehwind, lau und heimtückisch, im Mund trocknet der Speichel. Falls Sie Kräutertee wünschen, sagt Frau Mayr allzeit hilfsbereit, das Tauwetter macht Durst, und rückt das Kruzifix zurecht. Das Fahrrad hinterläßt schlingernde Spuren. Bis Frauenkirchen schaff ich's nicht durch den aufgeweichten Boden, durch die Sumpfstellen. Ich kehre um. Schon wieder diese Extratouren, warnt Mayr, und Frau Mayr schüttelt den Kopf. Sie sind noch nicht erholt, Herr Englaender, Sie brauchen Ruh. Ich schlafe vierzehn Stunden, und als ich erwache, scheint zum erstenmal die Sonne durchs Fenster. Ein heller Streifen quer übers Federbett, mein linkes

Ohr ganz heiß. Fremd ist der Schatten, den mein Kopf an die Wand wirft, so, sag ich mir, sieht mich Ann. Draußen spiegelt sich der Himmel in den Pfützen, in den Straßengräben schnattern die Gänse, Frau Mayr hängt Wäsche auf. Während des Gehens über den Damm ordne ich meine Gedanken und mache aus ihnen einen Satz: Wie schwer fällt mir zu sehen, was vor meinen Augen liegt. Der Schilfgürtel reicht von der ungarischen Grenze bis nach Neusiedl, hier nisten die Vögel. Das Schilf leuchtet gelb. Am Steg hinter dem Seerestaurant schaukelt ein leckes Boot. Ich werfe einen Stein ins Wasser und sehe den wachsenden Kreisen zu, bis diese sich glätten und die Oberfläche wieder zum Spiegel wird. Ann ist böse, aber unschuldig. Ich bin blind, und Ann ist es auch. Am Strand begegne ich nur einem hinkenden Hund.

Keglovich, bringen Sie mir einen Blauburgunder und den Fahrplan vom Bus. Na so was, Englaender, jetzt wo die Sonne scheint haben's Pläne zum Weggehen, alles verkehrt, kein Sitzfleisch, wie? Ein Junge in Filzstiefeln betritt die Wirtsstube und bestellt sich ein Bier. Illmitz ab: neun Uhr dreißig, vierzehn Uhr dreißig, eine Stunde Fahrzeit bis Neusiedl. Ich werde vom Jungen gemustert, als gäbe es außer mir keinen Fremden im Dorf. Über Hinterhöfe mit Ziehbrunnen und getrockneten Maiskolben hinaus aufs freie Feld. Am Dorfrand eine halbverfallene Scheune, deren Strohdach fast den Boden berührt. Zwei Menschen, die zusammen ... Der Gedanke bricht ab, ich erreiche in einem großen Halbkreis die Busstation. Ein Glashaus oder eine Bretterbude, jedenfalls trist und zum Unterstehen. Kein Mensch wartet, die Zeit ist um. Auf der Sitzbank liegt zerknülltes Zeitungspapier und ein Joghurtbecher. Ann wiederholt auf dem Videoband die immergleiche Bewegung dreihundertmal: schnellt mit dem Kopf gegen eine Schiefertafel und hält kurz vor dem Aufprall inne. Vor und zurück, nichts Geschriebenes auf dem Schiefer, nur ihr Atem hinterläßt einen flüchtigen Fleck. Also doch Glas, kalt meine Finger, die über den Fahrplan tasten. Ich bin unentschieden. Frau Mayr sagt: Nein. Nein, Herr Englaender, Sie sind zu schwach. Kurieren Sie sich erst richtig aus. Und wieder der Sonnenschein, der Gang über den Damm bis zum See und zurück, die immer tiefere Mulde im Kopfkissen. Dann sag ich: Nein, so nicht mehr, ich schaff mich fort, von einer Endstation zur andern. Frau Mayr steht am Hoftor und winkt. Sie hat mir zum Andenken ein Päckchen Kräutertee geschenkt: Bleiben's gesund. Keglovich, die Trafik, die verschlafenen Häuser, ich gehe die Hauptstraße entlang. Vor der Kirche parkt ein alter Mercedes. Ich werde den Nepomuk nicht wiedersehen. Die Passagiere sind schon eingestiegen. Ein alter Bauer, zwei Schulkinder, eine Mitdreißigerin mit hochhackigen Schuhen und großer Einkaufstasche aus hellblauem Plastik. Vierzig Schilling, und die Landschaft flieht. Wiesen, Teiche, Riede, Weingärten, Pappelalleen, keine Fahrt im Kreis, sondern schnurgerade aufs Ziel zu, als wäre dieses Ziel des Busfahrers Leben. Ich denke: von Mönchhof wär ich zu Fuß in zwei Stunden daheim, ich dachte wirklich daheim, Lola, im Versteck. Aber der Bus fährt, und wie auf Befehl betrachte ich die entgegengesetzte Richtung als die richtige. Maisstoppeln, dazwischen graue, bröcklige Erde. Die Mittdreißigerin, die an ihren Schuhen herumfingert, fährt zum Einkaufen in die Stadt und fährt abends schwerbepackt wieder heim. Ann, sag ich, doch sie dreht sich nicht um.

Ein Mann überquert an Stahlkrücken die Straße, der Verkehr steht still, alle Businsassen schauen ihm nach. Zweistöckige Häuser, die Schmalseite den Passanten zugewandt. Von der Terrasse meines Verstands aus wiederholen sich Häuser und Menschen. Und plötzlich springt einer vom Pferd. Milchmann, schießt es mir durch den Kopf, führt das Pferd am Zügel über den Asphalt, und das Pferd stößt Wolken von Dampf aus. Ann hat meine Unentschiedenheit als Anomalie des Willens gedeutet. Es gibt Deutungen über mich. Da stoppt der Bus, wir sind angekommen. Schauen's das Lapidarium an und das Ortsmuseum, hat Frau Mayr gesagt. Ich schweife mit dem Blick über die Hauptstraße und warte auf den Anschluß nach Wien.

Hinter dem Leithagebirge beginnt es zu regnen, die kroatischen Dörfer sind wie ausgestorben. Roy sagt, als wir abends im Café Sperl sitzen: Du bist nur soweit du, als du von deiner Definition abweichst. Die Lücke zwischen dir und dir, zwischen dir und der Welt – nenne es Nichtübereinstimmung, Unangepaßtheit – macht dich aus. Daseinsmangel, sagt er durch das Geräusch der Billardkugeln, treibt den Willen zum Exzeß. Der Mensch ist das noch nicht festgestellte Tier.

Iß den Fisch, Lola. Roy hat Ann benachrichtigt, Ann ließ mir ausrichten: O. K., ich versteh schon, du Säulenheiliger. Das kleine Biest versteht. Nur bin ich nicht zurück in die gemeinsame Wohnung. Roy im Sperl: Du hast dein Leben gescheitelt, Fred, und brannte mit der Zigarette ein Loch ins Tischtuch. Ich habe gelacht, gelacht über den Scheitel und Roys fette kleine Hand, die wie ein Brötchen auf dem durchlöcherten Tischtuch lag.

Iß nun, Fred. Und er: Iß, Lola. Beim Kauen bewegen sich seine Ohren, er kaut gleichmäßig und sagt kein Wort. Der Junge nebenan mustert ihn von der Seite. Ich denke: ein Schlafwandler, weil er unfähig ist, in die Irre zu gehen. Zweifelst du, Fred? Er hat Gabel und Fischmesser auf den Teller gelegt. Mein Leben steht still, Lola, mach dir ein Bild draus. Dem Kellner sieht man seine langjährige Erfahrung an, wie er geübt das Fleisch tranchiert, dünn muß es sein, ein Häppchen. Wir essen, ohne vom Teller aufzuschauen. Fred drückt den Reis zwischen die Gabelzinken, so weit reicht mein Blick, trägt vom Reishaufen eine weitere Schicht Körner ab und preßt die Gabel hinein.

Ich denke, es wäre das beste gewesen, ihn da sitzenzulassen zwischen den Topfpalmen und wegzugehen, durch die Flügeltür. Die Uhr zeigt zehn vor zehn, ich, Lola, ich geh. Doch ich blieb. Fred kümmerte sich um sein Fleisch, schwitzte, und das Tischtuch lag wie der Rubikon zwischen uns. Es gibt Augenblicke, da schrumpft ein dreieckiges Gesicht zu einem Punkt, der dir an der Beach of Long Island wiederbegegnet. Fred sagte nicht: Reich mir das Salzfaß, wie schmeckt der Wein, sondern unvermittelt böse: Wozu erzähl ich dir das. Mein Schilf, dein Schilf, sein Schilf und so fort. Rauchst du? Als wäre ihm entgangen, daß ich den Aschenbecher auf den Nebentisch gestellt hatte.

Zwei Menschen sitzen im Sand. Brandungslärm. A. knipst das zerklüftete Gesicht von B., dessen rechte Hand auf die Klippen zeigt. Auf den Klippen steht C. Außer Gefahr. Strandstühle keine. Sie glauben, sie rennen ums Leben. Geschmacklos, diese Hast, aber das Wasser meint es ernst, mit großer Gewalt fegt es über den Sand, die Gischt streift den stahlblauen Himmel. C. hat sich abgewandt, C. hat keine Angst. Heute sind die Farben viel zu grell, denkt C. Hab ich zu Fred gesagt.

Hopper, sagt Fred, kennst du Edward Hopper? Die Morgensonne scheint durch das Fensterquadrat eines New Yorker Hochhauses auf eine Frau. Die Frau sitzt auf einem Doppelbett, die nackten Arme um die nackten hochgezogenen Knie geschlungen, das Gesicht (im Profil) zum Fenster gewandt. Gerade Stirn, kurzes, nach hinten gekämmtes Haar, Backenknochen, die einen sichelförmigen Schatten werfen. Schaut sie, oder hat sie die Augen geschlossen? Hinter dem Fenster ein leerer Himmel, und die Wände des Zimmers sind kahl. Also ist es das Licht, die Wärme der Sonne, die sie so reglos entspannt dasitzen läßt. Während der Blick nach innen geht, wird der muskulöse Körper zur Festung. Wäre jemand anwesend, er wäre ausgeschlossen, Betrachter eines Licht- und Schattenspiels.

Und die Autokolonnen des Tankwarts? Der Mann lehnt

allein an der Tanksäule, ringsum die blauen Berge von Arizona oder Nevada, keiner kommt vorbei, der Mann als Tanksäule. Fred malte den Hopper in die Luft, während ich kurz zum Jungen hinübersah. Fred, sagte ich endlich, so bedien dich doch. Die Trauben zum Beispiel. Oder wollen Sie sich verstellen, Englaender? Wollten Sie mir etwas ganz anderes erzählen? Der Tankwart sitzt am prasselnden Kaminfeuer, Mammy bringt Kekse, dann schauen sie sich das abendliche Fernsehprogramm an. Mammy legt von Zeit zu Zeit ihren schweren Arm auf die Schulter des Tankwarts, gut, daß du da bist, Daddy, dieses wilde Afghanistan. Mammy und Daddy im Elternschlafzimmer unter der Hochgebirgslandschaft. Sie haben sich mit Zimtöl eingerieben und schlafen gelegt. Zum Frühstück Milchkaffee, die Morgenzeitung. So, und jetzt eilt's. Des Tankwarts Atem steigt wie eine kleine Rauchfahne zum Himmel.

Fred nahm meine Hand. Ich mußte lachen. Der Junge warf einen kurzen Blick herüber und wandte sich verlegen ab. Im Spiegel betrachtete ich Freds Hinterkopf: an der höchsten Stelle zwei symmetrische Wirbel, der Haaransatz hat die Form eines V.

Ich mag dich, Lola.

Wen mögen Sie? fragte ich lachend.

Wir verließen das Restaurant und setzten uns in die Halle. Fred rauchte. Man ist immer das Kind und die Vergangenheit, die das Kind erlebte, meinte Fred. Mammy sagt: iß Trauben, Mammy kocht Kräutertee, Ann sagt: nimm Vitamine, Frau Mayr legt Wickel auf, und im Illmitzer Schilf rennt dir ein Hund zwischen die Beine, der haargenau dem kleinen Johnny deiner Kindheit gleicht.

Was, hab ich zu Fred gesagt, was hat das mit mir zu tun.

Fred trug einen grauen Tweedanzug mit schweren Lederknöpfen. Im Zimmer legte er sich neben mich, angekleidet wie er war, und sagte: Jetzt träume mal von einem Strand ohne A., B. und C. Wasser, Sand, Böschung. Ich wiederhole: Wasser, Sand. Du bist allein und bist froh, daß du allein bist. Lola. So.

II

Ich sah ihn zum erstenmal bei Roy Gantner. Im Treppenhaus drückt er sich wie ein Junge den Wänden entlang. Ach, Sie gehen auch zu. Hallo hallo. Roy macht uns bekannt, Fred läßt sich in einen Polsterstuhl fallen und rührt in seinem Whisky. Mit der Bahn, ja. Der Regen schlug so heftig gegen die Scheiben, daß die Landschaft zerfloß. Auch die rechte Hälfte des Böhmerwalds. Ich betrachtete das Schulterstück am Mantel meines Gegenübers. Imitation, dachte ich. Knöchellange Soldatenmäntel heben das Selbstwertgefühl, dachte ich. Der Mantel war grau, mausgrau und wetterfest. Haben Sie schon vom Jaik gehört? Fred mustert mich wie durch ein Zugfenster. So hieß früher der Uralfluß, wo sich 1919 die weißen Kosaken und die Rotarmisten erbitterte Kämpfe lieferten. Es gab Familien, die waren zur Hälfte weiß, zur Hälfte rot, ein Bruder trat gegen den andren an, zu Pferd, auch die Pferde aus demselben Stall, und töteten sich, grausamer als jedes Tier. Simbirsk oder so ähnlich, Steppen, Wälder, früher Garnisonsstadt, die Soldaten in langen Mänteln, mit dicken Mützen, Stiefeln, Gewehren, dreitausend Seelen, Palisadenzäune, Schlamm und Dreck, ein Provinznest, in das die rote Idee einfährt. Der eine ist rot, der andere weiß, und wer weder rot noch weiß ist, nennt sich grün oder schwarz. Anarchogesindel.

Ann, etwas trinken Sie doch?

Wie genau Fred Bescheid weiß: ich höre nicht zu, genug geredet. Er schenkt Whisky ein, wir stoßen an. Auf keine Farbe, sag ich. Und Ihr blauschwarzes Haar? Überfragt, sag ich und lache. Aus dem Hof dringt Kindergeschrei.

Vielleicht noch eine Story aus der Eisenbahn? Vielleicht vom Hasen unter dem Sitz oder den Hochspannungsleitungen auf der Strecke Passau–Wien?

Er fuhr sich durchs Haar. Du weißt, Lola, wie er sich mit den Fingern nervös durchs Haar fährt. Ich sagte: Ich mache Performance. Ich strukturiere die Wahrnehmung, so wie das Zugfenster die Landschaft strukturiert. Schön, hat er gesagt, schön. Erzähl mal. Ich erzähle die Geschichte mit der Schiefertafel. Ein dunkler Raum, den ich in panischer Angst, eingeschlossen zu sein, nach allen Seiten hin abschreite. Der Raum ist leer bis auf eine Schiefertafel mit der kaum erkennbaren Aufschrift »Berühren verboten. Don't touch«. Kurz vor dem Aufprall sehe ich das Verbot. Also zurück und im Kreis bis zum nächsten Fast-Aufprall. Das entsetzte Stehenbleiben und Zurückweichen wird zum Ritual. Einmal, zweimal, fünfzigmal, nach jeder neuen Schleife das Anrennen gegen das Tabu, bis ich, völlig erschöpft, das Hindernis für den einzigen Ausweg halte und kopfvoran in die Tafel rase. Licht. Ich liege reglos am Boden. Die Kreideaufschrift »Don't touch« ist verwischt, nicht mehr zu entziffern.

Er hat nichts gesagt. Er hat nachgedacht und viel später genickt. Mädchen, das zeigst du mir mal. Mädchen klang zärtlich. Er rührte im Whiskyglas.

Am späten Nachmittag verließen wir Roy. Es ging ein feiner Sprühregen. Das Zwielicht verwandelte sich in der Straßenschlucht in Finsternis, durch die ein gestiefeltes Mädchen uns entgegenkam und verschwand. Fred hakte mich unter. Im Park schimmerten die Sandwege. Der Sand zwischen den kahlen Bäumen war festgetreten, das Herbstlaub lag in großen Kompostbehältern, wo es in sich zusammenfiel. Die Sandwege werden auch im Winter gekehrt, sagte Fred, du siehst, wie eilig es die Passanten haben. Kein Blick für die wartenden Stühle, das Rondell. Lol Stein, sagte Fred, liebte Michael Richardson, und sie liebten sich auch im Park. Dabei hielt Lol Ausschau nach Tatjana Karl, gerade als müßte sie aus den Büschen kommen. Durchs Drehkreuz schlüpften wir aus dem Park.

Wie es sich ißt mit Fred? Er redet. Er redet lange und fragt plötzlich übern Tisch: Und du? In Ordnung, sag ich. Dann ist's gut, sagt er und legt seine Hand auf die meine. Er macht aus der Serviette ein Schiff, dann einen Eisberg. Der Eisberg treibt auf meinen Teller zu und kippt vornüber.

Gleichgültig, wer ihm gegenübersitzt. Ein Schneehase oder eine Maid. Fred braucht Zuhörer. Das Serviettenschiff kentert. Bitte lach oder sei traurig, nur nicht abwesend, nein. Der Jaik, beginnt er, und fesselt schon. Weiß, daß er fesselt. Auch die Gäste am Nachbartisch hören zu. Selbst die gelbe Ölfarbe interessiert. Gelb, Mutti, Arbeiterfamilie, Fred ergänzt: Das blauweiß karierte Wachstuch, der braune Linoleumboden, täglich gewaschen, geschrubbt, täglich unansehnlicher, bis das Wachstuch zum Appetittöter wurde und Mutter eine gebückte Frau. Ann, zur Abschreckung erzähl ich das: wie Armut einfallslos macht. Fred hat nie geschrubbt. Fred gräbt den Daumennagel ins gestärkte Tischtuch und zeichnet seine Initialen, daneben ein großes A, das einem Bohrturm gleicht. Er fragt nicht, wie ich zum Nachnamen heiße. Und neben das A einen Hasen mit riesigen Löffeln, Schneehase, denk dir den Schneefall dazu. Ich drücke das Gesicht an die Fensterscheibe, sehe Autos wie Dampfer durch die Dunkelheit kreuzen. Come on, Ann, ruft Fred. Was starrst du in diesen Nieselregen. Genug gegessen, Kind? Gut, hat er nicht Kleines gesagt, Neutrum Kleines, der große Mann mit dem schwarzen Haar. Kind, das reichte. Das Wort hing unwidersprochen im Raum bis zum nächsten: Chios. Kennst du die Insel? Also stell dir vor: ein tiefblauer Himmel, davor ein schneeweißes Kloster, und vor dem Kloster niedrige Bäume, in denen lauter schwarzgekleidete Nonnen hocken.

Als sie mich, den Fremden, erblicken, flattern sie wie aufgescheuchte Krähen davon, mit wehenden Rockschößen und Verwünschungen murmelnd. Im Nu bin ich allein, ein Eindringling auf verbotenem Boden, und der Himmel drückt wie eine Metallplatte auf mein Hirn. Pure Unterstellung, daß ich bedrohlich sein soll, sag ich zu mir, diese verdammten gläubigen Weiber, dann laß ich gläubig weg, gebe hinter den Klostermauern jede Rücksicht auf und springe ins Meer. Selbst beim Baden höre ich noch den Vogelchor, erst beim Gehen wird das Weib zur Frau, und ich bin versöhnt. Wie eine Verschwörung war's, sagte Fred. Der elementare Angstausbruch der Frau vor dem Mann, der immer der Fremde ist.

Mir, sagte ich, gelingt es nie, meine Schritte mit denen des Mannes zu koordinieren. Ich tanze zu langsam. Er lachte. Lachend griff er nach einer Zeitung im Bambusrahmen, las laut die Schlagzeilen vor. Unverbunden stehen die Schrecken nebeneinander. Eine Vielzahl, sagte ich, die keine Einheit ergibt. Setze ich mein Einhorn auf, verlagern sich alle meine Kräfte auf dieses weiße Horn, bis es zu knospen beginnt. Die »Presse« lag zwischen unsern Tellern, das Kleingedruckte zuoberst. Toter hielt Trauerrede am eigenen Grab über Video. Lichterscheinung nach Erdschluß. Das erste elektronische Telefonbuch der Welt. Giftanschlag auf Studenten. Dreiste Diebe in St. Pölten. Ich entzifferte die kleinen fetten Wörter, die mich schief ansahen. Wir bestellten einen Kaffee, da nahm der Kellner die Zeitung und hängte sie an den Ständer. Wie ich mit der einen Hand im Kaffee rühre, mit der andern mich an mir selber festklammere, durchfährt mich der Gedanke: ob Roy das inszeniert hat? Dann gehen wir. Es nieselte noch immer. Ich zog die Schultern ein. Ich fing im Dunkel zu lachen an. Es lachte aus mir. Ich sang: Mutter und Kind wurden in ein Faß gesteckt. Ausgestopft mit Werg und abgedichtet mit Teer rollte es hinaus ins blaue Meer. Ich sang

M-e-e-r. Fred fragte: Der Wein? Ach wo, sagte ich, steif war's. Durchs selbe Drehkreuz in den Park geschlüpft. Im Park rannten wir drauflos, über die nassen Wege, Fred war schneller als ich, ich keuchte, warf ihm meinen Schal nach, gefangen! rief ich, bleib stehen! Es war einmal ein altes Klavier. Doch diese Geschichte wollte er nicht hören. Wir setzten uns auf eine Bank. Lol Stein nach ihrer Trennung von Richardson. In einem hechtgrauen Mantel verläßt sie nachts das Waldhotel. Jean Bedford weiß nicht, ob er der Richtigen folgt, doch er folgt ihr im Abstand von einigen Metern. Beim Parkgitter dreht sie sich um. Sie. Er zögert. Dann geht er rasch auf sie zu und flüstert: Ich bitte um Ihre Hand. Eine Regennacht wie diese, neunzehnhundertfünfunddreißig. Lol streift den Handschuh ab, die Ehe dauert zehn Jahre. Geschichten, sagte ich. Waldhotel, Hôtel des Bois, Geschichten, nichts als Geschichten. Später schlurfte eine Alte vorbei mit einem struppigen Dackel. Wir saßen zusammengekauert auf der Bank, sie bemerkte uns nicht. Als sie verschwunden war, holte ich den Lippenstift aus meiner Tasche und fuhr damit zweimal über Freds Mund. One two. Er lachte und küßte mich auf den Hals. Im Laufschritt durch den Park, durch düstere Straßenzüge, vorbei am Heldendenkmal mit den Namen der gefallenen Russen in kyrillischer Schrift. Eine Stimme rief »morgen!«, »bis morgen!« vielleicht, daß der ganze Platz widerhallte. Wir wechselten vom dritten Bezirk in den vierten. Lol, sagte Fred, besann sich erst, als sie in T.-Beach Tatjana traf, Tatjana Karl, die sie wie ein Kerl ansprang. Frauenfreundschsaft, das erklär mir mal, Ann, eine Ballnacht im städtischen Kasino, die zehn Jahre Vergangenheit auslöscht. Lol wie immer in Weiß, Tatjana in dunklem Taft, auf der Durchreise. Einen Gesprächsstoff brauchten sie nicht. Das Meer rauschte.

Bei Roy brannte noch Licht. Fred trug mich die knarrende Holztreppe hoch. Pudelnasses Paar, sagte Roy, und schenkte uns zwei große Gläser Whisky ein. Wir saßen am erloschenen Kamin, Roy rauchte. Immer mehr junge Menschen in Österreich kommen aus der Vergangenheit in die Gegenwart, sie sind die Gegenwart der Vergangenheit, die Sicherung des Bestandes, die Identität. Roys gedrungener Oberkörper versank im Fauteuil. Redest du auch von dir? fragte Fred. Ja, sagte Roy, aber ich mag jetzt nicht mehr.

Kurz vor dem Einschlafen wollte Fred meinen Nachnamen wissen. Ich buchstabierte: Ka-a-ha-en. Kahn, sagte er. Glad to see you, Ann Kahn. Komm, kleiner Kontinent, komm, Kraushaar.

Es war eine bizarre Nacht voller Geräusche. Ein Ticken im Gang, ein Scheppern in der Dachrinne, ich fuhr verschreckt aus dem Schlaf und träumte zuletzt von einem Labyrinth bei Miramar: gestiefelte Männer waren wie eine Meute hinter mir her. Fred schlief. Irgendwo klapperten Jalousien. Ich dachte: was hat Roy nur angezettelt, falls er es angezettelt hat. Mir eingebrockt diesen Mann, und nun zieh dich aus der Affäre. Aber ich kann nicht rückwärts gehen, ich nicht. Die Dämmerung war weiß wie geschorene Wolle. Auf der gegenüberliegenden Hofseite riß jemand ein Fenster auf.

Fred, fragte ich halblaut, gefällt dir Lol, Lol Stein, ich kann sie nicht vergessen. Was bedeutet sie dir? Roys Schritte im Flur. Fred hörte nichts. Er muß Lol erfunden haben, sagte ich mir.

III

Jede Beziehung ist eine Einbahnstraße. Nein, ich konnte auch mit meinem Bruder wenig anfangen.

Und er mit dir?

Nicht, daß ich wüßte.

Aber daß Fred dich nicht vergessen kann, weißt du?

Du sagst es.

Warum so trotzig?

Ich trage keine Verantwortung mehr für ihn.

Ein wenig doch.

In meiner Erinnerung ist er aufgehoben, gut aufgehoben und jederzeit abrufbar.

Verbitterung?

Ich bin nicht winterfest.

Also doch verbittert.

Es fehlt uns jede Spitze. Ich mag den Mann.

Ich kenne ihn kaum.

Als wäre Fred nicht längst geschrumpft hinter den Kiefern von Maux. Wie heißt es doch: ohne scharfe Trennung, ohne gewollte Isolation, ohne große Gesten, ohne Hemmschwellen.

Du meinst, allein essen ist ganz angenehm, am gähnenden Tisch?

Davon rede ich nicht. Der Himmel war blau und flüssig wie Kautschuk. Wir schwiegen. Da sagte Fred aus heiterstem provenzalischen Himmel: Kaudinisches Joch, lachte und lief aus dem Wald.

Kaudinisches Joch?

Zwischen den Kiefern, sagte er, kann dich aus der Zwangslage nur Demut retten. Wir sind getrennt abgereist.

Und Wien?

Ich kaufte ihm eine Postkarte mit Riesenrad: Dem lodernden Gaucho, von A.

Ein Vorwurf?

Ach wo. Abgebrannt das Kinderland, das wüste Land.

Existieren seine Briefe noch?

Ich sagte dir doch: Weggewaschen das Blut auf dem weißen Gefieder des Pfaus.

Distanz?

Distanz. Woran denkst du?

Daß in deinen Worten Freds Stimme mitschwingt. Daß du Freds Frau bist.

Nicht mehr.

Was weiß ich.

Und die Züge alle abgefahren.

Sag mir, wer ich bin.

Ein Mädchen in einer Pelerine mit hellroten Punkten.

An einem Steilufer überm Meer.

Und das Meer rauscht?

Kein Ton. Liegt wie ein Teppich in der Tiefe.

Da überfällt dich was?

Wilde Schaulust rund um den Horizont. Weißt du, wer ich bin, Ann?

Du sitzt mir gegenüber. Mach deine Geschichte ohne ihn.

Wieviel Zeit ist vergangen seit den Kiefern von Maux?

Zeit. Drei Jahre vielleicht.

Und redest so.

Konnte es lange nicht.

Er rannte durchs Burgenland wie ein Besessener, sah einen Ausschnitt von Welt, der warst du.

So hat er's dir erzählt.

So hab ich's dir erzählt. Warum glaubst du dich im Recht?

Zu vergessen?

Zu behaupten: er ist vorbei.

Ich will es so.

Also hör zu. Ich sah ihn vor einer Woche bei K. Gealtert. Mit einem müden Blick aus zwei ungleichen Augen. Tweedanzug. Sag mal, was macht die Ann? hat er gefragt. Ich mag nicht reden, hab ich gesagt. Und ging.

Ist das wahr?

Ja.

Mich friert.

III

Löschungen

Ja. Der Rauch kam von rechts und trieb in Schwaden an meinem Fenster vorbei zu den Heerschen Wiesen. Er schluckte die dunklen Skelette der Obstbäume, schluckte ein Stück Acker, weiß und sonderbar fuhr er den Boden entlang und verflüchtigte sich. Und neue Schwaden segelten vorbei, dicht wie Watte, ballten und türmten sich und wurden plötzlich fadenscheinig und dünn. Wie aus einem Schlot hervorgequollen, aber es mußte ein Herbstfeuer sein, Walders Brand, der Schreiner hat Feierabend. Jetzt dampft der Acker, und die Zacken des Walds sind wie wegradiert. Ausgelöscht sagst du, also ausgelöscht.

Ausgelöscht was?

Die Versuchsanordnung. Die Männer reihweis in Jägeruniform, dazwischen das Paar. Wie sie nach dem Paar haschen, Gewehr bei Fuß. Wie Mann und Frau in die Farne hüpfen, die Jäger hinterher. Nicht zielen, aber einkreisen, in die Enge treiben, verstörn. Wie ihr vom Laufen Dampf aus dem Mund zischt und er Himmel schreit. Bloß so, brüllen die Jäger, wir machen ja nix. Kommt das Echo: Bloß so. Zu testen, wie Mann und Frau sich in Notsituationen verhalten. Wie er ganze Scheiße schreit und die Frau in den Farnen versinkt. Feldundwaldfarben rücken die Jäger heran und behandschuht. Veronika! Sie rührt sich nicht. Nie was von weiblicher Rache gehört? fragt der Mann. Verkriecht sich so eine zum Trauern ins Unterholz und legt sich im Traum einen Liebhaber zu. Ein Meter fünfzig die ganze Person, und weiß, was sie will. Haut ab! Wie er und Veronika, wie Veronika und er durch den Bach waten, der ist kühl, wie er ihren Leib umfaßt und sie durch die Strömung trägt, hinaus aus der Umzingelung. Und hab ich wie ein Weib reagiert, sagt sie, wie denen zulieb, und flennt. Und geht geduckt die Uferböschung hoch, da warten sie schon. Gut gemacht, Mädchen, nur immer schön in Dekkung, ob Farn oder was andres. Runter, rufen sie, Hauptsache runter. Und sie, schon außer sich, im Unterholz verschwindet.

Ausgelöscht was?

Die Wiederholung der Versuchsanordnung. Das Paar, die Eltern, dazwischen der Tisch. O Gott, diese Speisen, und Gott sei Dank, daß sie da sind, Amen. Wie sie das Gespräch animiert und heimlich mit den Füßen im Wollteppich scharrt. Die besseren Wörter, denkt sie, diemal sollens die besseren sein. Ganz leicht gibt sich Veronika und wird nicht müd, vom Bessern und Besten zu reden: dem Haus, dem Hof, dem Kind. Redet sich ins Feuer, wie sie spricht, sich widerspricht, scharrt Löcher untern Tisch. Na also, sagen die Eltern, hast's gepackt, nur laß mal das Schreiben sein. Wie bitte? Das Tippen nachts, tippst dich in'n Tod. Oder ins Leben, wie man's nimmt. Die Nacht senkt sich über sie, am Familientisch, wie jede Nacht eine Wunschnacht, und der Traum ist ein Haus mit endlosen Treppen und Galerien, von denen sich Ausblicke eröffnen auf Billardsäle und einen groben Holzschrank voll Spielzeug. Eine geräumige Innenwelt, denkt sie, diese kommunizierenden Böden, nur das Licht, es bleibt künstlich. Grün über den Billardtischen, gelb, wie es aus den gewöhnlichen Lampen kommt. Rieselt und rinnt und fließt und fällt, einschläfernd. Selbst die kugelstoßenden Männer reden kein Wort, tock, tönt die Kugel, aber die Gesten sind leis. Nur der Junge mit dem Wasserkopf poltert übern Flur, läßt Gegenstände rollen, leert die Spielzeugkiste aus. Kein Mensch wundert sich. Oder doch: die Mutter, die's noch immer nicht fassen kann, daß sie diesen Großkopf geborn hat. Und das Kind? Ach so, wo war sie eben gewesen, die Eltern fragen, wie's dem Kind geht. Gut. Gut eben. Etwas eifersüchtig, wenn sie telefoniert. Soll normal sein. Sie schaut ihn an, ach Mann, wie er sichtlich seinen Gedanken nachhängt, an ein Buch vielleicht, das sich fort- und fortschreibt über Säkula und Generationen, das unendliche Buch. Der Gesprächsrunde jedoch einen vernagelten Kopf zeigt, einen gekämmten, verdrossenen Kopf. Den sie ins Visier nimmt. Mann, laß mich mal nicht allein, Mensch. In dieser trauten Situation. Ansonsten ich wegflieg auf einer Rippe Weißbrot, ganz gegen die Konvention. Und zum Abschied geküßt, mit Salaten versehn ab ins Auto, wo sie ihre Mienen wechseln, zwei Wanderer in der Nacht.

Ausgelöscht was?

Die Wiederholung der Wiederholung der Versuchsanordnung. Was ich nicht weiß, macht mich nicht heiß. Nicht doch, da ist doch gar nichts gewesen, oder doch. Sie schaut ihn an und schaut in die Freundesrunde. Erzählt mal, sagen die Freunde, vom Kapitol, Lol beim Anblick der weißen Steine des Kapitols, des atlantischen Steins. Lol: Du lieber Himmel, was soll das. Ragt aus dem Meer wie ein Relikt aus der Kreidezeit, die Insel der Möwen, und das Paar hat Glanzzeit. Du du, immer du, strandauf und strandab, die Mole entlang, in den Wind gesprochen, Lol, es war Flut. Kein großer Stein, aber ein Dreieck mit der Spitze nach oben. Wie ein kleines Segel so groß, an dem die Gischt zerstäubt. Eselin, sagt er, so was zu denken, war ja nix. Nie was gewesen, Lol, alles klipp und klar wie der Stein, weiß, weiß dein Kopf doch genau, und fährt ihr übern Scheitel. Steht der Stein wie ein magisches Dreieck im Wasser. Das Hotelorchester schmettert einen Hotelmarsch, flieht das Paar landeinwärts, Kapitol, sagt er, nennen wir diese Erhebung Kapitol, der Stein ist nicht größer als sagen wir ein Kiesel, doch nicht wegzudenken vom Horizont. Wie der Vizekonsul, sagt sie, von Lol V. Stein am atlantischen Ganges. Hörst du: Also war nichts? Was sollte schon gewesen sein, trostreicher Gott, dieses Klageweib. Das Paar stürzte den Hang hinab, wälzte sich im Sand so ohne Sinnen, und nahm den Hintereingang des Hotels. Sie wusch ihm den Rücken. Nie mehr ein Wort, oder doch. Weiß die Ottomane vielleicht, woher mein Mißtrauen kommt? Sie trocknete seinen Rücken und starrte auf den Stein, der im Dunkel versank. Festgeklammert an ihn, ins Handtuch verkrallt. Hasen grasten vor dem Hotelfenster, und das Paar aß Marzipan Marke Lübeck, abends im Speisesaal aber Krabben, Meerestiere mit Scheren und Panzern, schwer zu knacken. Nachts liegt der Stein unterm Mond mondhell. Also war nichts, sagt sie schon siegesgewiß, alles reine Einbildung, ich spar mir den Weg zum Ottomanenmann. Die Felsen aus der Kreidezeit und wie ihre Schatten darüberhuschen. Wie er Lol ruft und sie kichernd Blödsinn schreit, was war ich doch blöd, ein Steinregen soll mich treffen. Wie sie sich um den Hals fallen und die Brandung ans Steilufer klatscht, wie sie taub und dumm dastehn. Eintracht, nennen sie's später, der atlantische Moment. Ein Schirm klappt zu, das Binnenland Mutterland stürzt Lol in den alten Wahn, da steh ich heut, die Mutterjäger auf der Ferse, instinktlos, das habt ihr mir abgewöhnt zwischen Schweizer Bergen. Lol-Monolog, und Lulatsch schweigt. Wie Lulatsch sein Schweigen bricht, ihr den Mund stopft mit seiner weißen Semmelhand, sie sein Frätzchen nennt, sein Schmeichelkätzchen, und reif für die Ottomane auch. Ein echtes Kind. Und das grauäugige hast du verschwiegen. Den Jungen am Atlantik, Hotelboy oder Sohn einer Streunerin, ihm gehörte der Stein, er hatte ihn für seine Blicke gepachtet am Auslug. La pierre blanche. Sein Segelschiff. Und du hast geweint, weil sich eure Blicke kreuzten, gekreuzte Sehnsucht, hast du gesagt, nur meine, die will nichts, oder doch: dich nicht verliern. Der Junge vermißt was, hat seine Mutter im Meer verlorn, sagtest du später, oder ich bilde mir's ein.

Und die Freunde alle Bilder sammeln, von Lol, vom Kapitol, von Lulatsch, und es heiß wird in der Freundesrunde und sie anstoßerregend zu flennen beginnt und alle erleichtert aufatmen. Sie aber zusammenbricht nach vollendetem Spiel.

Ausgelöscht was?

Das Stück Acker, definitiv. Die Erinnerung an alle Äcker und Erniedrigungen, an die Lange Laake, wo sie stand und nicht weiter wußte zwischen weißen Rindern. Also so war das, weder allein noch ein Paar. Stampft dreimal mit dem kleinen Fuß: Strohmann. Blödmann. Rinderknecht. Also doch erinnert diese Szene, wie sie zu laufen anfing und lief und dampfte wie ein Tier und es doch niemanden einzuholen gab. Er saß jägersicher hinter Fels und Stein, weitab von ihrer Laufrichtung. Und sie, unentwegt, in ihren Jammer lief, in die untergehende Sonne. Friß mich Wolf, verschluck mich Ozean, ojojoj mein Herzeleid. Und mit dem Dunkel die Stille kam, die verträgt keine Faxen. Versehrt legt sich das Tier in die Ackerfurche, zitterndes Herzblatt, königlich allein, außer Sicht der Jägerlulatsch. So kann's nicht weitergehn. Zwischen gescheckten Rindern. Und wie sie aufsteht und sich aufrafft zu einem vorläufigen Sturm: ihm alle Meereswinde um die Ohren jagen, sagen: Du Lump. Und ein trüber Morgen aus der Laake stieg, ganz ohne Wind. Und sie mit kleinen Schritten zur Pension lief, ihm Beine zu machen. Hemdsärmlig ergeben der Mann, und wie sie ihm atlantisch um die Ohren fuhr. Verfassungen Entlassungen – einunddasselbe. So nicht! Und ins Spülbecken gespuckt den Gram der Laakennacht. Lol Veronika Stein, wir löschen aus: die Jägerbande, die Familienbande, den atlantischen Strand. Über alle Berge ist Lulatsch. Bleibt, statt des Paars, das grauäugige Kind.

Voran

Mit der Geschwindigkeit eines Schneehasen hat sie das Tor der vierzig passiert. Sie weiß nicht, wo der Rückblick, wo der Ausblick beginnt, die Blicke sind eingekeilt. Der Gesichtskreis reicht bis zum Wald, die Erwartung bis zum Polarkreis, dazwischen muß das Leben sein, die vielbeschworene Fülle.

Keine Hoffnung? fragt er.

Doch, drüben, sagt sie, der Wald hat sich schon gelichtet. Und das Kind wird drei.

Schön, sagt er, wie du das Ende anstrebst.

Den Anfang davon. Du weißt, daß ich die Teppiche ins Freie lege. Mein Kampf gegen die Natur.

Ein oszillierender Kampf.

Sie zählt sich zur zähen Sorte. Während er Wermutdrogen braucht und kleinere Maskierungen, macht sie den Plan für den Sommer: eine Seeveranda mieten, wo sie mit dem Sohn zum offenen Meer hinausschauen kann, auf Kutter und helle Mastspitzen. Der Feind sitzt unter der eigenen Haut. Sie wird keine Uneinigkeit zulassen.

Ein Fuchs- und Hühnerspiel ist das Leben! sagt er.

Aus demselben Zeug wie unsre Träume, sagt sie. Psst! Der Kleine schläft.

Er hält ihre Reisen für wertlos, und manchmal fragt sie sich, ob er ein falscher Freund sei. Einer, der sich nur verteidigen kann, indem er andre anklagt. Sie redet sich's aus. Sie hütet sich, ihn als ihr Eigentum zu betrachten. Er kommt und geht, er hat den schimmernden Blick eines Poeten. Sein Leben fließt in Worte aus. Doch plötzlich, wie nach einem Bücherabschluß, quittiert er Schuld gegen Schuld. Sie sei die ideale Pflegerin, nichts als das. Mit vierzig geprägt wie ein Goldstück. Was soll man da erwarten?

Sie tritt keinen Gegenbeweis an. Sie setzt sich an den

Tisch und liest. Sie wünscht sich einen Umschlag im Leben, um Feuer zu fangen. Es kann nicht wahr sein, daß sie erlischt. Mit ihren grünen Augen sieht sie besser denn je, erkennt die Stacheln, die Zähne des Wolfs und wie jeder an sich selbst verloren ist. Nur das Kind bedeutet Trost.

Deine Gesundheit könnte fragiler nicht sein, sagt er.

Sie ist aus Blei.

Schwankt hin und her, nichts hält, weder Liebe noch Haß.

Aber eines bewährt sich: das Mansardenzimmer.

Er wird sie nicht vermissen. Sie wird mit dem Kind auf die Insel ziehen, ein Sommer ohne Störung. Sie wird die Herrin der Veranda sein. Die Sandhaufen verwehen beim wimmernden Wind. Sie überquert die Dünen, der Horizont ist unendlich, Tag und Nacht, und in ständiger Bewegung.

Sie glaubt, daß sie im Alltag ihre Unruhe bezwingt. Daß sie den Wald als Wall versteht. Aber sie will es nicht mehr. Der Wald ist ein Tor, das Haus ein Boot, mit wehendem Wimpel. Die Gäste sollen ruhig auf dem Piano spielen. Vorbei die Angst vor der zerstörten Stimmung, als wären die Zimmer ihr eigenes Gewebe, das verletzt worden ist.

Er sagt, er habe seine Beförderung abgelehnt. Er werde in den unteren Chargen bleiben. Das sei vernünftig, sagt sie. Oben werde man eh nur kaltgestellt.

Sie sieht ihn an. Sie mustert ihn wie einen Fremden.

Möglich ist das, was geschieht, sagt sie. Mich beruhigt, daß wir aufeinander nicht angewiesen sind.

Wie kleinlich, schreit er, als wär ich ein wildes Tier, als könnt ich die Ehe nicht von Grund auf verändern!

Sie überläßt ihn seinem Taumel, seinem wütenden Glauben, und plötzlich weiß sie, daß ihr Gesicht auf natürliche Weise altern wird. Das wirkliche Leben, da ist's.

Seine rote Jacke wirft einen warmen Schatten. Du fieberst, sagt sie. Das Wissen entflieht dir.

Flüchtig hingeworfene Prognose, sagt er, während die Glätte deiner Haut sehr zu wünschen übrig läßt.

Geht es darum, fragt sie? Du bist krank.

Anders und allein bin ich frei.

Der Brand, sagt sie.

Meine Unlust.

Der Brand, sagt sie, der Anfang vom Ende!

Er beugt sich ihrem Verdikt.

Ein schlechtes Stück, sagt er und reißt eine Konserve auf. Heirat und Kinderzeugung müßte man am gründlichsten beseitigen.

Sie wolle sein Unglück nicht sein, sagt sie. Lösungsmöglichkeiten gebe es tausende. Nur der Brand, der müsse kuriert werden. Sie präzisiert die Schnittfläche.

Die Werkzeuge muß ich mir kaufen.

Welche Scheinverrichtung! sagt er. Hab ich das nötig?

Die Gesundung, mit Sprung und Fall, sagt sie. Daß die Wunde geschlossen wird und du abgleitest in den eigenen Kern.

Er lacht. Pflegerin! Er lacht. Hat dich die Medizin in ihr Feld hinübergezogen!

Sie kann es ohne Mühe. Sie desinfiziert, sie dämmt den Herd der Entzündung ein. Sie hat einen entschiedenen Trieb, das Nächste zu erreichen.

Er zittert und lacht. Er fühlt sich willig in ihren Händen. Überläßt sich schlagkräftigen Erinnerungen an die verzärtelte Kindheit, in der die Mutter ein kühlendes Messerchen schwenkte.

Grandios, sagt er, wie sich die Kreise schließen!

Ich weiß von nichts, sagt sie. Und dein Gesicht, so bergähnlich abgesondert –

Schaut in eine traurige Zukunft, ja oder nein?

Der Brand, sagt sie. Lenk nicht ab.

Ihr Wissen ist brauchbar, ist unentbehrlich. Sie hat keine einzige Bruchstelle entdeckt.

Also doch.

Also was?

Geübt die Hand, während das Gebärdenspiel mißlingt.

Du erfindest dich.

Ich erkunde mich in energischer Arbeit.

Du nimmst die Gelegenheit wahr.

Ich ahne sie.

Du bekommst einen Geliebten prophezeit, ist es das?

Sie blickt auf die Wanduhr.

Angst vor der Zeit, sagt sie, verträgt sich nicht mit Prophezeiungen. Aber ich weiß, was Witterung ist.

Hündisch, sagt er.

Ihre Hand hängt lose über seinem Gesicht. Man wird ihn freistellen müssen, denkt sie, so oder so. Der Brand hat seinen Hals zerfressen. Ihm kommt kein Mitgefühl bei. Du Lieber, flüstert sie, und sehnt sich nach einer Anhöhe über dem Meer. In Wind und Regen wird sie mit aufgebauschtem Mantel leere Zeichen geben, wird anfangs fremder sein als gedacht, zum Schluß aber so beherrscht vom Sand, daß sie jede andere Hoffnung aufgibt. Und sie streichelt ihn.

Wozu, sagt er. Wozu man so nutzlose Beziehungen anknüpft.

Fünf Uhr, sagt sie.

Ins Dunkel hinausschauen. Ich liebte dich wegen dieses Einflusses.

Verbittert, sagt sie, war ich nie.

Zum Teil verdorben und schwer zu überprüfen.

Wenn dich eine Neuigkeit interessiert: die Schlaflust kommt von der übermäßigen Bildung von Milchsäure.

Erregte Ideen! ruft er. Nun laß uns endlich systematisch sein!

Sie lacht. Leider falsch, sagt sie, dazu fehlen auch alle Prämissen.

Du willst mich drücken, als wär ich ein schlechter Sohn.

Und bist doch, sagt sie scherzhaft, eine massige Säule. Ich habe doppelten Grund, dich kühl anzufassen.

Er sieht aufs Trottoir. Auf die nasse schimmernde Straße. Er späht nach dem unverschämten Detail. Die Anregungen kommen aus dem Dunkel hinter den Kulissen, wo der Wille verfällt. Mein Grundsatz, denkt er: daß es keinen Grundsatz gibt. Weil sie mich aber mit Worten betupft, gerinne ich zur steifsten Formel meiner selbst. Im Dämmer hüpft ein schwarzhaariges Mädchen übern Asphalt. Er verflucht sein Benehmen. Je traumhafter der Horizont, desto unbeirrter sein Tun. Während sie, an die Wand gelehnt, die Vorzüge des Mangels lehrt: Stück für Stück eine Lücke.

Er starrt aufs Trottoir. Er murmelt: Geschwätz, ihren grünen Blick im Genick. Der geht durch den Körper hindurch wie ein Drain, die Glühhitze hat ihn.

Wo nichts ist, sagt sie, droht keine Gefahr. Das unvollkommene Glas verscheucht die Neider.

Er plärrt: wo denn das Nichts sei? Sie solle erstmal ihre Zunge beruhigen.

Jedes Drama ist inhaltslos, Feigling! Und nimmt ihre Stulpenstiefel.

Er krümmt sich. Er bittet sie zu bleiben. Heldenmäßig: was hilft der Streit?

Dein Brand, sagt sie. Dich schauert.

Und eilt behend ihrer Bestimmung entgegen. Klopft mit den Stiefelabsätzen aufs Pflaster, bewegt ihren muskulösen Mund. Sie kennt ihn genau, einigen werden sie sich nicht. Ihre Wildheit wächst. Sie reißt die Augen auf, sie sieht das Meer, die Veranda und eine Frau und spürt, während sie läuft, einen Stoß von Zuneigung zu ihm. Bis vierzig ist der Mensch ein Kind. Jetzt kann sie aus sich heben, was sie nur will.

Für Sekunden glaubt sie, sie habe die Kraft zu trauern verloren. Sie ist wach, gelockert, sie atmet den Benzingeruch wie salzige Meerluft, mit schweifendem Aug zieht sie durch die Straßenlandschaft, der Himmel färbt sich schon schwarz. Ein Schaufenster wirft einen großflächigen Glanz aufs Trottoir. Sie eilt in die Helle, steht glänzend da. Ein wirkliches Lebendigwerden, während er gebrandmarkt ist. Ach, die Werkzeuge! Im Widerschein eines Fensters schlägt sie den Kragen hoch. Vielleicht könnte ich Standhaftigkeit in mir finden statt Wut. Die hat meinen Mund dunkel und männlich gemacht, doch mich überzeugt ein geschwungenes Rot. Langsam ahnt sie, was ihrer Natur entspricht. Federleicht auf den Fußspitzen stehen, die Fesseln des Lebens nicht lösen, sondern zerschneiden, Händel vermeiden. Und sie wiegt die Hüften beim Gehen. Voran voran! Die Neugier treibt, das einheitliche Gefühl. Die Häuser wie eine Seitenkulisse. Sie dampft. Schon hat sie einen hübschen Vorsprung vor dem Mann mit dem aschgrauen Hut.

Wird er aufbrausen? Applaudieren? Reklamen huschen vorbei, sie strebt davon zum Kanal. Glatt und gebieterisch liegt er abseits. Eine Leistung, wie er das Gelände verändert, das Denken landschaftlich macht. Sie möchte sich auf ihn setzen und aus der Stadt reiten, mitten ins Meer. Mitten in erregte Ideen. Etwas Natürlicheres fällt ihr nicht ein. Mit erhobenem Arm winkt sie ihrem Ausblick zu. Winkt, bis an den Rand des Halbschlafs, einer luftigen Veranda, dem Kind. Ihre nackte dunkle Schulter lehnt am Glas. Der Wind tritt ein. Ruhig bis in den Innenraum, tritt jeden Abend ein. Sie weint mit trockenem Gesicht.

Wanda und Johann

Als literarischen Ratgeber hatte sie einen Sprachassistenten zur Seite. Du bist so kleinlich, sagte er, und *hakst immer in eine Einzelheit ein.* Sie unterhielt ihn. Schreib, sagte er. Von Zeit zu Zeit zitierte er Rousseaus Fundamentalsatz, daß der Mensch ursprünglich gut sei. Ursprünglich, wiederholte sie, und nahm einen Schluck Wintertee. Er hatte sich durch Locke, Buckle, Kant hindurchgelesen, während bei ihr das Inselmeer Gestalt annahm, Schauplatz einer Untat. Die Möwen, sagte sie. Er las. Die Möwen verletzen das Hoheitsrecht über den Hoheitsgewässern, Johann! – Kein System, war Buckles Losung. – Die Möwen, sagte sie. Auszutilgen. Er schwieg, sie zog an ihrem Straps. Ein Strategem gegen die Möwen, und die Strandnelken blühen alle wieder auf.

Wer sie war? Seine Verlobte. Wann sie sich zu verheiraten gedachten? *Im Sommer natürlich.*

Die Möwen führten sie nach Kopenhagen und zurück auf die Insel P. Der Täter lebte von Vorschüssen – ein Landstreicher, ein Poet, ein Kokainist. In der Einsamkeit bestimmte er seine geistige Diät selbst. Sie lieh ihm Sanddünen und ein Meer aus Blei. Eine fahle Sonne und Möwengeschrei. Am Strand betrieb er seine eigene Strandung. Johann schlief. Mit Buckle hatte er ihr keinen Wind verschafft. Langsam hatte sie den Sturm großgezogen, und dieser fegte nun über P., daß sich das Dünengras bog und die Möwen im Sturzflug herunterfielen, weißer Schaum. Das erste, zu dem man in der Einsamkeit kommt, ist die Abrechnung mit sich selbst. Er lief über die Insel, kreuz und quer, eine Wollmütze auf dem Kopf. Hinter einer Kiefer der Meereshorizont. Und er verfluchte die Negation.

Muß man, sagte Johann. – Was? – *Mit dem Messer zum Herzen kommen, wenn man sein eigenes Schicksal nicht beherrscht.* – Die Möwen, sagte sie, Kronzeugen, versteh schon. – Möwen, Seelöwen, eine Komödie! Das Haus steht frei auf der Heide, da haben sie sich diesen Respektablen vorgeknöpft, mit Schlips oder ohne, er bot die beste Treff-Fläche. – Sie umkreisten ihn, sie pickten ihn, sie ... – Angewidert wandte er sich ab. Und über die Insellandschaft senkte sich die Nacht.

Als sie am folgenden Tag blutete und wütete, gingen die *neunundzwanzig Freundinnen auf Zehen* in ihren Korridor und brachten ihr Medikamente und Tee. Anton, sagte sie, doch niemand wußte, von wem sie sprach. Das Licht im Zimmer war mild. Sie sah auf die weißen Kacheln des Fußbodens, nannte sie Ozean und ihren Sprachassistenten einen »Bückling«. Buckle treibt ihm Gott aus, klagte sie. Bleibt eine *Schaufel voll Geschwätz.* Verderbliche Vielwisserei, flüsterte ihr eine Freundin ins Ohr. Luft, Licht, heraus aus dem philosophischen Dickicht! Der Abend fand sie allein. Sie saß im Bett, den Oberkörper mit Kissen gestützt, und sah aufs Inselmeer. Die Strandlinie verlief gerade, der Sand hatte die Farbe von Stroh.

In acht Tagen ist der Tod da, sagte Johann. Deine Möwen werden es vollbracht haben. Sie schrieb. Sie stieß einen kurzen Schrei aus und riet ihm, den Nackenspiegel zu benutzen. Die Aufklärung hat dir nichts gebracht. – Und was soll mir meine Rückenansicht bieten? Er traute sich viel zu. Er nahm ein Papier und malte das Meer mit einem so großen Horizont, daß man die Rundung der Erde sehen konnte. Er malte ein zweites Meer mit einer weißgestrichenen Bake. Er malte ein drittes Meer mit der Küste im Vordergrund und einigen *nackten Scharen* weiter draußen. Da umarmte sie ihn und schlug ihm eine Dampferfahrt vor.

Sie erreichten das Schiff im Laufschritt. Wasser klatschte an Bord. Versprich mir, mein Buch nicht zu lesen, sagte sie. Die Uferkiefern hatten wolkenähnliche Konturen, er zeigte es ihr. Versprich's, rief sie in den Wind. Noch bin ich nicht verrückt, schrie Johann, noch kann ich *Wald und Insel in Übereinstimmung mit meinen innern Stimmungen bringen.* Er lehnte an der Reling. Das Ufer verblaßte, schmutzigweiße Möwen kreischten auf dem Deck, und mit seiner Lebenslust wuchs der Wunsch, den Hinterkopf seiner Verlobten anzufassen. Sie hatte die Augen geschlossen und murmelte: Tee. Wanda, sagte er, das gehört sich nicht. Ist der Stillstand das Gesetz? Wintertee, fügte sie hinzu. So fuhr der Dampfer um den See, mit wehenden Wimpeln, Kronzeugen-Möwen und etwas Musik, während an der Reling alles beim alten blieb. Johann hatte nichts versprochen, und Wanda war erhitzt von P.

Unter ihr stand der Fichtenwald, *Kopf an Kopf wie eine Armee*, dahinter brandete das Meer, und hinter den Wogen lagen die nackten Felseninseln, wie eine ganze Flotte Panzerschiffe. So sah sie es mit den Augen des Landstreichers. Was hältst du von einem Schiffbruch? Johanns Moral war gesunken, sie hatte ihn *unter ihren Stiefeln.* Ein Schiffbruch zwischen den Schären – von mir aus. Ein betrunkener königlicher Lotse schafft es allemal. Nur deinen Untergeher laß aus dem Spiel. Sie kicherte. Sie entwarf den Achtersalon, und Johann floh ins Café. Der Zweifel ist der Gewißheit Anfang, wußte Buckle. Buckle hatte recht. Denn die Wahrheit war relativ und konnte *auf beiden Seiten liegen.*

Wanda empfahl ihm Bikarbonat und sprachwissenschaftliche Studien. Seit dem Schiffbruch summte sie vor sich hin; die Lotsen hatten die Möwen ersetzt, Wortrevolte, schmollte Johann, doch lohnte es nicht, von seinen Gefühlen zu sprechen. P. bestand aus hellem, losem Sand. War der Sand von der Hochsommersonne erwärmt, kühlte er nachts nicht ab. Der Kokainist wärmte sich seine Lunge mit heißen Sandbeuteln. Der Kokainist stapfte durch den tiefen Sand – einen Schritt vorwärts, einen halben zurück –, mit dem Gefühl, durch die Erde zu sinken, *wie das Mädchen, das auf Brot trat.* Ohne einen festen Punkt, ohne –

– auf die Gefahr hin, als Leiche an seiner Insel zu landen. Die Ebbe! rief Wanda. – Dein Alter sollte fischen gehen, schiffen. Johann versprach sich und versprach: keine Zeile lese ich daraus. Hast du schon Barsche gefischt? fragte sie. Er dachte an Buckle und eine Badestelle. Dann gab er barsch zurück, er wisse es nicht, er wisse nur, daß sie zudringlicher werde von Tag zu Tag. Bis zu jenem Wiedersehen *dort.*

Wandas Hölle war vollkommen. Ihr Kapital schwamm davon. Als sie fragte »Wann?«, fiel ein kurzes »Nun!«, wie man mit der Peitsche nach einem Zugtier schlägt.

Stundenlang stand sie auf dem Balkon und sah in die Wolken. Zwangsvorstellung als Strafe, flüsterte sie, bis ihr Ohr von vielen kleinen Lauten gequält wurde. P. begann nicht mehr hinter dem Waldrand. Johann hatte es weggeschafft. Die Heide, den Strand, die Meeresküste, *der leere Raum schloß sich um ihre Person.*

Montag: Datteln gegessen, Dienstag: Datteln gegessen, am Mittwoch schrieb sie mit zyanblauer Tinte aufs Wachstuch: *»Ich hatte meine Szene.«*

Das ist schließlich die Einsamkeit: *sich in die Seide seiner eigenen Seele einspinnen,* sich verpuppen und auf die Verwandlung warten. Möwen umkreisten das Heidehaus, und der Kokainist sprach das Wort *Chrysanthemum* aus, mit einem Fragezeichen in den Akzenten. Beim Lampenschein sah Wanda den Mann am Chrysanthemumtisch, sich selbst daneben, mit dem Kind, das keinem von ihnen gehörte. Kind! Er ging, er kehrte heim zu seiner Einsamkeit, *da saß ich und hatte alles hinter mir, alles,* die Wahl zwischen ihm und ihm.

Zuweilen war es mehrere Tage still um die Freundinnen; sie wurde düster und lief, Silber gegen Kupfer umzutauschen. Das Kind ließ sie nicht los. Wie war *er* dazugekommen? Aus Gram über sein mögliches Doppelleben entwarf sie eine Steilküste mit Kreidefelsen, zerklüftet gleich einem Riff. Das Kind strahlte. Wie war *sie* dazugekommen? Jaja – jaja – ja – jaa. Kokainist et fils. Ihre Pelerine wurde vom Wind erfaßt und schlug ihr ins Gesicht.

Der Mann kommt schon wieder in die Höhe! Mit »Marmelade russe«, fünfzig Bänden Poesie, während mein eigenes Leben draußen am Meer beginnt. Die Dünen leuchteten fahl, in den Buchten lag Schlick, nichts für das Kind, nichts. Zuerst befiel sie ein Zittern, dann wischte sie mit einer Rettungsgeste das Papier vom Tisch und begab sich an die äußerste Grenze der Stadt nach Norden.

Nun?

Danke, gut.

P.?

Ausgezeichnet.

Neuigkeiten?

Das steht in den Zeitungen.

Wer bist du eigentlich?

Und Buckle?

Sie nahm seine Hand, aus der sie nie klug geworden war, und las die geträumte Zukunft des Kinds.

Der Schwede

Nicht diesen Strand hatte ich mir vorgestellt. Nicht diese harten Kiesel und die gezackte Aussicht, auch nicht das Hotel als einzige Zuflucht in einer öden Gegend. Gelandet aber war ich hier, mit Airtour Suisse. Ich suchte mir einen Baum zum Schutz gegen die Sonne. Ich las. Die Seiten des Buchs waren wie eine Bruchfläche von Gold, der Brief aber ein *Nadelbrief, der stach*. Sie operiere auf eigene Faust. Ihre Liebe sei eine Abart des Hasses, denn sie wolle ihn schmutzig, schwach in seinem Fach. Pfui, wie zynisch! Dabei kenne er ihre Verbindung zu einem Unbekannten. Bald werde sie auf einem andern Kontinent stehen. Zweihundert Gramm Nickelsulfat ... Das Intrigenspiel habe alles mit den falschesten Farben ummalt. »Es gibt Menschen, die geistig so leer sind, daß sie nur von andern leben.« Darum suche er die Finsternis der Nacht. Und weiter: Hella, verstehen Sie diese Zeilen nicht als Schelte, sondern als *Klecksographie* meines Befindens. Die Harmonie zwischen dem, der weissagt, und dem, dem geweissagt wird, ist noch nicht vollständig zerstört. Ich bin bloß ein einsamer Reitknecht ... zu Schaden gekommen ... ja tödlich sogar.

Die Kiesel glühten in der Sonne. Unweit von mir lag ein Schwede, der nichts von meiner Wende wußte. Ich las in meinem Leben, diesem rohen Eingriff, und konnte nicht davon lassen. Ich las diesen Scherz, und »eines Tages trennten sich unsere Wege«. Er schuldete mir diesen krittligen Stil, ich war ja noch ein Pionier, ich war brutal aufrichtig.

Und er? War es auch.

Der Schwede sprach mich nach fünf Tagen an. Er habe Tage, an denen er blind sei, aber seine Gedanken kehrten immer wieder zu mir zurück. Zu mir? Ja, zu Ihnen. Sie lesen eine mystische Geschichte, das verrät Ihr Blick.

Ich gab keine Antwort. Als Eindruck blieb: eine Mischung von furchtbarem, verzweifelndem Ernst und mitten darin ein freundliches Lächeln.

Sie rauchen? Noch immer nicht.

Sie schwimmen? Noch nicht.

Manche Menschen gewinnen bei der Annäherung. Man muß sie oft sehen, sonst verlieren sie die Form.

Ja, sagte ich, tun Sie das.

Jedesmal, wenn man sie trifft, geht eine Illusion verloren.

Ein Widerspruch, sagte ich.

Ja, sagte er.

Das Meer schäumte. Es rollte auf die Kiesel und leckte unsere Füße. Wir hielten still.

Zwei linke Handschuhe machen kein Paar.

Und während man darüber grübelt, sagte er lachend, geht man hin und verheiratet sich.

Und das Kloster? rief ich. Das Kloster am Berg?

Sie meinen den Bibliothekar des Klosters? Er ahmt mediumistisch die Handschriften verstorbener Mönche nach. Ihm scheint nichts heilig zu sein.

Der Schwede nahm das Buch in die Hand.

Beginnt mit Philosophie, schließt mit Chemie und besteht aus lauter konventionellen Lügen.

Lüge! rief ich. Der Brief wurde ein Wendepunkt in meinem Leben.

Pardon, sagte er. Damit beginnt mein eigenes Leben.

Ich sah ihn täglich. Ich las ihm vor. Ich ertrug die gezackte Aussicht. Ich ertrug seinen Schlaf. Ich glaubte, mit dem Verfasser in Verbindung zu stehen. Er übte Nachsicht mit meinen Flegeleien.

Sind Sie es? fragte er im Dunkel, brutal aufrichtig.

Wenn Sie mich meinen, sagte ich schelmisch. Man kann das Gesicht für seine Geliebte verlieren, wenn sie einem zu nahe kommt.

Ich erhielt keine Antwort, aber der Eindruck blieb: eine Mischung von furchtbarem, verzweifelndem Ernst und mitten darin ein freundliches Lächeln.

Ich operierte auf eigene Faust. Ich begleitete ihn auf die höchsten Gipfel und schwamm mit ihm in der Gischt. Ich stellte meine Fehler nur bloß, um seinen richtigen Kurs zu rühmen. Die Gleichheit war nicht zu groß, gerade so, als *suchte Zweidrittel sein Eindrittel.* Nach Tagen noch sah er mich mit fremden Augen an.

Ihr Mann? fragte er eines Morgens am Strand. War er's oder war er's nicht?

Er könnte es gewesen sein, dachte ich und sagte: Mein Mann ist tot.

Er holte den Farbkasten hervor. Er malte.

Wie ist er hierhergelangt?

Wer?

Ihr Mann.

Sie meinen: der Bruder meines Mannes.

Der Bruder?

Er zeigte mir eine blauverschmierte Leinwand. Das Meer im Augenblick seiner vollkommenen Abwesenheit.

Klecksographie, sagte ich, wie sie alle Schweden auf ihren blauen Rouleaus sehen können.

Er lachte auf seine Weise: So einfach ist das, und so macht man Visionen!

Jeden Morgen gingen wir dem Ufer entlang. Die zackigen Berge lagen im Dunst, die Insel schien flach und weit. Reiter trafen wir keine, nur streunende Hunde mit zornigem Blick. Er sammelte Kiesel. Dieses Linienspiel, sagte er, das Wolken, Därmen, dem Gehirn gleicht. Ich lobte seinen Bildtrieb.

Was soll's, sagte er. Ihr Mann . . .

Lassen Sie das.

Wäre ein besserer Besichtiger.

Er war Kaufmann.

Ich beharrte darauf, daß es nicht zwei ähnliche Fälle gebe. *Fingiert – gleich falsch.*

Einmal ruderten wir. Die Insel hatte einen Binnensee mit Tücken. Eine Strömung ergriff uns und schleuderte unser Boot an Land.

Spielen Sie nicht mit der Liebe, sagte er.

Wir hätten sinken können.

Das ist Ihre persönliche Wahrnehmung.

Zufall?

Wenn das der Fall ist, kann man mit Ihnen nicht diskutieren.

Und kann es sehr wohl.

Ihre Wahrnehmung ist pervers.

Oder Ihre Befürchtung so elementar, daß sie begraben und aufgelöst werden kann.

In der Hauptsache stimmten wir überein. Gerade weil ich ihn liebte, behielt ich meine Charaktermaske bei. Und er, er schlug manchmal über, wurde *barock*, lächerlich, und wir lachten.

Das Buch lag in der Strandtasche. Von Zeit zu Zeit stach ich mit einer Muschel zwischen seine Seiten. »Ich verlange nur, daß Sie an mich glauben. Nur.« Bohrte einen Bleistift ins Papier. »Der Lügenturm wuchs viele Ellen in die Luft.« Er lachte. Er rief prustend aus dem Wasser, daß man in dieser Geschichte die Nebenumstände als Hauptsache betrachten müsse. Das vom nervösen Anfassen zerknüllte Taschentuch. Die zweihundert Gramm Nickelsulfat für die chinesischen Versuche. Ein Monoman! rief er. Oder vielleicht ein *sparsamer Filz*, der dem Verschwenderwahn unterlag und die andern kurz hielt.

Die Berge traten aus dem Dunst. Zackig, zerklüftet ragten sie über der Landschaft. Er lud mich zum Essen ein. Er war der Architekt unserer Tage. Dann, eines Mittags, hatte er die Lösung bereit: »Ein haßerfüllter Mensch verlangt, geliebt zu werden. Der Bergsteiger begibt sich in die

Niederungen und nennt die Anziehung Sympathie, obwohl sie Antipathie war.«

Ich zog ihn aus dem Café. Ich jagte ihn durch den heißen Sand bis zum größten Eukalyptus der Bucht. Zwanzig Quartseiten aus Amerika! Aber lassen wir das.

Ihr Mann?

Kaufmann, ja, Bergsteiger.

Meine Liebe, sagte er, verzeihen Sie mir den rohen Eingriff.

Wir legten uns in den Schatten des Baumes. Wir sahen ins graue Blattwerk und schliefen ein. Als wir erwachten, war das Meer eine Fläche von Gold. Keine Schmeicheleien mehr, sagte er, komm. Wir liefen ins Wasser. Die gezackte Aussicht zersprang wie der Troll beim Sonnenlicht. Komm. Ich hörte ihn noch. Er strebte, kleingeworden, zum Horizont. Endlich hatte ich meinen Reitknecht gefunden.

Halbzeit

1

Wie sagt man doch: die Würfel sind gefallen. A wollte mit B. B wollte mit A. Nichts zu machen. Etwas wollte nicht, daß A mit B und B mit A. Etwas könnte ein Hündchen sein. Sieh mal die Lache auf dem Parkett. So wäre der Spitz über die Bühne gelaufen und hätte das Paar zerstreut. Hätte ein Zeichen gesetzt. Anna Fjodorowna, gestatten mal. Und Sie, Maestro, ab und Rapport. Der Schalk des Kobolds, der reines Revier macht. Die gerafften Vorhänge vor andauernd leerem Hintergrund.

2

Während der Schnee den Weg, die Bergstraße, die Hauptstraße, die Ringstraße immer höher bedeckt, die Ängste der Autofahrer wachsen, frage ich mich, was es zu bereuen gibt. Vogelgezwitscher. Nein, nichts. Nach zehnjährigem Aufenthalt in der Provinz frage ich aus purer Unwissenheit Dinge, die ich nicht fragen sollte. Wie steht es mit deinem Bruder Hermann? Antwort: Geisteskrank. Er ist die verlorene Hoffnung der Familie. Und die beiden, wollten sie sich nicht scheiden lassen? Der Schnee dämpft die Geräusche, ich bereue nichts. Nach zehnjährigem Aufenthalt in der Provinz frage ich mich, ob ich in der geträumten Zukunft bin. Das Vergangene ist Streu, und dein Junge, hat er sein Examen schon gemacht? So verlängert man ein Zusammensein im Café. Der Befragte schüttelt den Kopf, der Junge arbeitet in einer Baumschule. Optimal, optimal! Gewiß, sage ich, man muß vorwärtsgehen, Entdeckungen machen, mit Schere und. Ich liebe den Tumult. Der Witwer mustert mich gründlich. Die Baumschule ist eingeschneit, was macht aus mir einen Eindringling? Nach zehnjährigem Aufenthalt in der Provinz übe ich mich darin, in gutsitzenden Kleidern einsam zu sein. Ich bereue nichts. Wenn das Gespräch ins Tretrad gerät, kommt der Gärtner. Hermann erobert sich eine neue Welt. Der Witwer schwört: die Ehe ist ein Unter-vier-Augen. Ich habe mich von meinen Herren befreit.

3

Der Wald, die Schneise im Wald, und das Hündchen, flink. Spitz schweigt aus Höflichkeit, während Jene stören. Sich einreden, der Wald sei ein Sprechzimmer. Kind und Schulbesuch und Examina. A zitiert sich selbst, B zitiert A, A zitiert B, also sich selbst. Der Himmel ist allein. Spitz legt sich einen Haß auf das Paar zu, das ruchlos Rechte geltend macht. Nähert es sich dem Thema, den großen Fragen, reimt sich alles wie Haltsmaul auf Gutentag. A wünscht B die Vernichtung des Schlafs, B legt seiner Eifersucht so viel Bedeutung bei, daß der Waldboden schwankt. Spitz' Fell schimmert wie weißes Rockfutter. Spitz irrt durch die Dämonie der Entzweiten, bis er Schweigen hört.

4

Ich glaube, ich verwechsle etwas. Ich glaube, das Flockengestöber stammt von damals, als der Schnee mein Berufsgeheimnis war. Ich irrte durch russische Schneestürme. Die Suche wurde durch einen Schuß beendet. Ich vergesse, ich erinnere. Es gab einen Bräutigam, eine Braut. Sie verfehlten sich. Nach einstündigem Warten ließ er einen Notschrei los: Ich beschwör dich bei deinem roten Kattunhemd, ich beschwör dich bei deinen Lippen, ich beschwör dich bei der Heiligen Paraskewa: komm. Das Schicksal, oder wie sagt man doch. Kicherte unappetitlich. Es gab keine Replik. Sie fuhr im Schlitten in die entgegengesetzte Richtung, von jeder Willensregung befreit. Den Pelz auf den Knien. Ein schartiges Messer im Pelz. Der Wind hatte sämtliche Ränder verweht. Ich weiß nicht, wo das Vergessen beginnt. Schnee dämpft, soviel ist gewiß. Ich kehrte heim, ich wusch mir das Gesicht, ich blätterte in meinem Adreßbuch. Ich blätterte in der Zeit. Andere als ich sind dem Schicksal mutig entgegengegangen. Was heißt schon entgegen.

5

Piff-Paff, Spitz, hau ab. So grob ist das Paar, daß es jeder Versuchung zum Haß erliegt. Elastisch, sagt er. Das weiß ich auch, sagt sie. Inwendig weiß ich das. Warum du Hochmut im Herzschild trägst? Schnaubend befiehlt er: schweig. Sie sitzt mit hängenden Armen am Schreibtisch. Ein Gnom, sagt sie sich, das bin ich. Dazu bin ich gemacht worden. Spitz! Hat sich in den Garten verkrümelt. Muß sie ihr Unglück beglaubigen lassen? Er benutzt keinen Rasierspiegel, er verdolmetscht sich. Über ihren Papierfetzen denkt sie, daß sie ihm ein freimütiges keckes Wesen wünscht. Zu billig, das Unglück zu monopolisieren. Überall Buchstaben zum Weinen. Sie wird ihm mit einem Klaps auf die Schulter eine schöne Zukunft verheißen. Dem aufgeklärten Schauspieler B.

6

Ich frage mich, was es zu bedeuten hat, daß ich dann und dann dort und dort geboren bin, daß nach dem Eisregen das Tauwetter eingesetzt hat. Es taut. Die Buchfinken, Kohlmeisen etc. Sie baden in den Pfützen. Die Lichtstärke nimmt zu. Durch den Schlitz der Lampe sickert Medizinallicht. Der Mond im Haus, wo stand er damals als. Sichelförmig über dem Fabrikgebäude. Ich erblickte das Licht der Welt. Ich schrie mich lebendig. Seither schreie ich nicht mehr. Nach zehnjährigem Aufenthalt in der Provinz sind die Schreie der Stadt ohrenbetäubend. Ich trage Grasfarbe. Jemand sagt: friedfertig, er kennt mich kaum. In meiner Hand sind zwei Ehen vorgesehen. Zwei kurze Schnitte (Linien). Auch den Atlantik wirst du nie überqueren. Gut gut oder auch nicht. Das läßt Wünsche offen für die Wüste Taklamakan. An ihrem schartigen Rand von Grashalm zu Grashalm tasten, rasten über drei Körnern Salz. Nach zehnjährigem Aufenthalt in der Provinz reizt das Niemandsland. Ein Nobody. Der Gobi-Express.

7

B: Ich werde das Gegenteil tun.
A: Wovon?
B: Ich meine, aus Prinzip.
A: Ach so.

Spitz verirrt sich immer häufiger in den Nachbargarten. Auf seiner Suche nach Zärtlichkeit macht er die ganze Gegend unsicher. Er bellt, er überwindet Buchshecken, er zerbeißt einen Kinderball. Spaßig. Das Paar vermißt ihn nicht. Sie kniet vor einem Votivbild, er raucht. Die vereinten Bemühungen, ruft sie. Er hat sich aus dem Staub gemacht. Nachts begegnet Spitz seinem Herrn, der mit hochgezogenem Mantelkragen nach Hause strebt. Der Mann braucht Nachhilfe. Und sie, sie sollte durchgreifen, denkt Spitz.

A: Darum geht es.
B: Aber es durchzuckt mich nicht.
A: Mir fällt es wie Brillen von den Augen.
B: Adieu Adieu Adieu.

8

Zweimal zwei ist fünf, vor dem Frühstück eine Eisentablette unzerkaut, nein, ich habe keinen cafard. Nach zehnjährigem Aufenthalt in der Provinz spielt sich alles im Präsens ab. Ich kaufe mir eine Uhr, die Uhr ist wasserdicht, ich verfasse ein Rundschreiben, das dient zu meiner Heiterkeit. Alles ist brauchbar. Da, auch der Zeisig badet. Rosa schwärmt für Freizeitfreunde und klassenlose Geckos. Ich freue mich über unsre Nichtverbindung. Nach zehnjährigem Aufenthalt in der Provinz ist es noch nicht einmal Halbzeit. Also kann ich mich getrost für eine Nomadin halten.

9

Spitz kriegt hier und da einen halben Knochen, oder sie riskieren den Gruß: Fuß! B läßt sich kaum mehr blicken, A ist so sehr zur Menschenhasserin verkommen, daß sie dem Tier Gesellschaft leisten muß. Sie schilt sich ungereimt. Spitz läßt es geschehen. Mit aufgeklärter Miene beschützt er sie. Der Schlaf übermannt sie am hellichten Tag. Ein wilder, zerzauster Schlaf, aus dem sie jäh auffährt. Wo ist

B? In der Sauna, in der Bibliothek? Spitz wacht. Spitz liegt auf dem weinroten Teppich mit dem Nomadenmuster, den Kopf zur Tür gewandt. Herzig, sagt sie weinend. Das Abendessen nehmen sie zu zweit ein. Vor der Mattscheibe weiß sie: sie hat von einem Detektiv und einem Kolkraben geträumt. Ein unzertrennliches Paar. Fuß! Da bist du ja. Spitz wundert sich nicht mehr. Und das Sicherheitsschloß schnappt ein.

10

Ich bin schon. Ich bin schon glücklich. Wie? Nun ja. Nach zehnjährigem Aufenthalt in der Provinz fasse ich mir ein Herz. Ein städtisches Hallenbad! Ein schwimmendes Theater! Keine verpaßten Chancen mehr. Der Weg zur Baumschule führt gleich wieder zurück. In die Smoglandschaft, aber was soll's. Inversionslagen mag ich am liebsten. Nach zehnjährigem Aufenthalt in der Provinz gibt es nichts, das ich nicht am liebsten hätte. Der Witwer bangt um meinen Zerfall. Auch du, sagt er, wie Hermann. Was? sag ich. Er stammelt: Richtschnur, das Fehlen davon. Ich habe großen Spaß am morgendlichen Kakao. Etwas ist vorbei, en bloc abgestoßen. Der Kotau. Von Tag zu Tag pfeifen die Vögel kräftiger. Ich erwache, von Tag zu Tag. Kräftiger! Mein Zürcher Glück, das einzige dieser Art, folgt der Oberstimme.

Ada, Ady

I

Im Haar trägt sie eine steife Spange, weil alles Indische hängt. Beherrschung muß her, die gebändigte Form. Nuß-Augen, würde Ady sagen, dezent gebogene Nase, ein weicher Händedruck. Zur Kurzsichtigkeit kein Kommentar. Die schnellste Denkerin der Stadt, sagt Ady, wer so denkt, steht unter dem Regiment des Mondes, wer die Geschicke seiner Familie so sicher lenkt, weiß Träume dingfest zu machen. Ada, so Ady, paktiert mit der Weltzeit. Die feinen Antennen ihrer Haarspitzen!

Ady. Er fragt sich, ob er aus einer Agramer oder Triestiner Familie stammt. Einerlei. Mit Ada verbindet ihn die Leidenschaft für die Farbe Gelb und der Drang nach Unterwegssein.

Im Café? Ady schüttelt den Kopf. Wir haben einen Spaziergang vereinbart, dann begleite ich sie zum Bahnhof. Was soll das Sitzen, après tout.

Das Gehen lockert den letzten Rest von Verstocktheit und macht das Denken weit. Ada hört das Muschelrauschen der Zeit. Nie macht sie Vorhersagen, denn anstößig ist es, die Zeit für einen Gegenstand zu halten, wie jene weiße Kinderschaukel. Auf den geharkten Sandwegen hin und her, in phantastischen Schlaufen. Gelb sind die Maiskörner, die eine Alte den Tauben streut, blau-weiß-gelbschwarz die Meisen, die flink über die Wege hüpfen. Was soll denn Zukunft sein, eine hypothetische Gegenwart? Ady sagt, das kümmert mich nicht, das Vorher und Nachher. Paradiesisch schwimmen, einverstanden?

2

Windböen zerreißen Adas Schlaf. Sie fällt in einen Traum und schreckt hoch, sie hört einen Kanarienvogel singen und erwacht vom Scheppern der Jalousien. Wo bist du, mein Mond?

Und der Körper so schwer, als hätte sie Säulenbeine. Vor jedem November graut ihr. Die Novemberstürme zerzausen das gelbe Laub, peitschen den Regen übers Land. Der Winter steht vor der Tür. Ada verordnet sich Heiterkeit: wie hell der Ganges dahinströmt, wie hell! Und schlägt gleichsam eine Bresche in die Zeit, mit wundersamen Lektüren und Schattentheatern. Die Löwen entzücken sie sehr. Aus der Urwaldkulisse brüllt Asien nach Europa hinüber, indisch, javanisch, ein Trompetenstoß ins Herz, sie lacht ob der Farbenpracht. Auch sie trägt bunt, hat sich die Lider blau angemalt.

Die Nacht wirft einen auf sich selbst zurück. *Etwas in ihr behauptet, sanft, gleichförmig, grenzenlos, ununterbrochen: das ist sanft und lockend, das lockt unablässig ... »Geschieht es?« – »Nein, es geschieht nicht.« – »Und doch ist etwas im Kommen.«* Sie liest, weil die regelmäßigen schwarzen Zeilen beruhigen. *Die stille Abkehr des Denkens.* Sie liest. *Durch das Warten kehrt, was sich vom Denken abkehrt, ins Denken zurück. Warten, Raum des Umherirrens, das nicht irrt.*

Die Ohrfeigen des Winds. Selbst im Morgengrauen pfeift kein Vogel. Sie wartet. Keiner. Sie liest.

3

Ada feiert ihren fünfunddreißigsten Geburtstag. Ady kommt mit einer Schmetterlingstorte, frisch eingeflogen. Biskuitteig, weißer Zuckerguß, darauf fünf Marzipanschmetterlinge. Les papillons pour Ada! Bin ich so beschwingt?

O Schwester, kennst du nicht den Traum
Vom Schmetterling und Lindenbaum?

Ada küßt Ady auf seine Bartstoppeln. Du riechst nach Zimt, mein Lieber, und bist zum Dichter avanciert.

Der Dichter huscht barfuß über Adas Nomadenteppiche, um Tee aufzubrühen. Kinderreime! Was aber die Seelenwanderung betrifft ... Ada kennt die einschlägigen Theorien. Nichts, was nicht zyklisch wäre, auch Ady sieht sich schon drehen im Rad kosmischer Zeiten, wie beruhigend. Als Waisenkind darf er auf Besseres hoffen, eine behütete Kindheit einmal. Mit rosa Teddybären, auch das. New York aber muß er nicht gesehen haben.

Erstens die Metempsychose, ruft Ady aus der Küche, zweitens die Liebe, als Ada dazwischenfährt: Um achtzehn Uhr verfinstert sich der Mond, wird zur blutroten Scheibe.

Das trifft sich gut! Nachthimmel klar.

4

Ada klagt. Die Träume sind fadenscheinig geworden, »man indianert sich durchs Leben«. So. Die Spange sitzt immer noch stramm im Haar, doch das Warten verbraucht die Wartekraft. Warten worauf? Ady fragt nicht. Aus den Augenwinkeln versucht er zu erhaschen, ob sie müde wirkt, während sie ihren Blick auf das Mariatheresiagelb der Altstadthäuser richtet, als zählte sie die Rauten eines Tapetenmusters. Entschlossenes Profil, klare Konturen, wo bleibt das Hoffen, denkt Ady, und hat kaum zu Ende gedacht, als sie hervorzischt: Das Gesicht ist die äußerste, grausame Grenze.

So faucht ein Windstoß um die Häuserecke.

Dann versöhnlich: Bist du indisponiert?

Sie schlägt ein Kindervergnügen vor: Karussellfahren auf dienstbaren Tieren! Indischer Elephant, irisches Pony, apulischer Esel, kanadischer Schlittenhund – hochfahrend die Träume, wenn sich alles im Kreis dreht.

Ady protestiert. Das nicht auch noch.

Auch noch?

5

So genüßlich wie Ada zerkaut niemand ein Zitronenrad. Zuerst dreht sie die helle, saure Scheibe mit der Zunge hin und her, dann saugt sie und schlürft, nicht zu leise, nein, hörbar, und verzieht das Gesicht. Adas gelbes Abenteuer. Le repas de la reine. Das Zitronenrad kommt bevorzugt nach einer kleinen Indisposition. Herzflattern, die linke Kopfhälfte schmerzt, Ängste kriechen aus allen Fugen, beim Kauen vergewissert man sich, daß die Welt noch in Ordnung ist. Ada kaut, und Ady sieht zu.

Sieht der unsagbar strahlenden Wiederherstellung Adas zu. Er kennt die heimtückischen Geister, die sie von Zeit zu Zeit überfallen. Meine europäische Nacht, sagt Ada, und schon wieder habe ich von überfüllten Pferdemetzgereien geträumt! Da holt Ady die gelbe Frucht, schneidet fünf Scheiben, legt ihr die größte auf die Zunge und flüstert: Trafen sich ihre offenen Münder in zärtlicher Raserei. Ada ist außer sich vor der Nähe des Glücks, und daß das Warten ein sicheres Ende hat.

6

Heute ja, in einem Hotel mittlerer Sorte, ja. Winzige Karossen jagen über die Wände, der Teppich ist blau wie ein Wasserfall.

Hochheilig ...

Wie?

Hochmodern.

Eh bien ...

Das Gespräch schlägt zwei Wege ein, zwei Taschen stehen im Raum.

Beim Abendrot des bürgerlichen Komforts ...

Ady lächelt.

Ada streift die Bluse ab und breitet die Arme auf ein mißfarbenes Kissen. Indien, Indien, der Jugendtraum hinter allen Barrieren, daß er nicht die Gunst der Stunde vertreibt, den hellblauen Wasserfall. Wenn Träume sich zu Monstren auswachsen, verdunkeln sie den Horizont.

Ady schält sich aus seinen Turnschuhen. Der hohe Spiegel gibt jede seiner Bewegungen prompt und symmetrisch verschoben wieder.

Ich höre ein Blöken.

Wie?

Reizend, ich höre ein Blöken.

Du meinst die Schafe dieses Pseudo-Courbet?

Ady umarmt das mißfarbene Kissen.

Vor lauter Obertönen, singt Ada und singt nicht mehr, da Adys Leopardenhemd ihr Hören und Sehen vergehen macht. Von wegen indischer Hitze ... Der Schweiß perlt ihr über Hals und Gesicht. So fährt sie fort in einer Art Kampf mit ihm, einer schweigenden Erklärung.

7

Betäubende Helligkeit, wie sie über der Ägäis gleißt, nur ist die Ägäis weit und die Jahreszeit auf solche Lichtflut nicht gefaßt. Jeder Grashalm erglänzt einzeln. Jeder Schatten bekräftigt seine Existenz. Durch den Vorhang der Haselkätzchen bricht sich ein gelberes Licht Bahn, und wo es blau erstarrt, entdeckt Ada eine stille Farbenvielfalt. Unter der Linde des Parks. Sie setzt sich nicht ins Gras. Sie verfolgt die Vibration des Lichts in all seinen Schattierungen, während aus einem Kofferradio der albanische Aufstand ertönt. Priština unter der Linde. So oder so weiß sie je länger, desto weniger, weil das Wissen auch hier das Unwissen vermehrt. Ich gehe auf einen Sprung nach Priština, um mich zu vergewissern. Ebensogut könnte sie sagen, ich nehme den Ganges unter die Lupe. Und ob sie nach Lösungen sucht. Für Mutter, Vaterland, Bruder, das eigene Herz, in zahllosen schlaflosen Nächten! Die höheren Mächte – Aberwitz. Freilich verliert sie sich gern im Gespinst gelber Reflexionen, inkommensurabler Farbnuancen. Ady findet sie versunken in den Anblick eines Baums. Sie schaut, sie horcht, sie ist ganz Aug und Ohr. Da läuft die kleinste Maus der Welt! Und wäre das Licht betastbar, Ada würde es kneten und glätten, reiben und liebkosen. In müßigen Stunden jagt sie Lichthasen, die sie mit ihrem Taschenspiegel erzeugt.

8

Kunstwerk als Kraftzentrale, Ady spricht nach, Ada glaubt ihm kein Wort. Die prallen Sätze läßt sie durch ein helles Lachen zerplatzen. Großkotz heißt die Quittung.

Erst nach einer Weile fragt Ady zaghaft: Was hältst du für einen nicht anmaßenden Satz?

Ada: »*Durch die Worte fiel noch ein wenig Tageslicht.*«

Tageslicht. Und da soll ich mich geschlagen geben. Adas Dozentur des Schweigens –

9

Ady versucht, Ada zu bestrafen. Ada versucht, Ady ganz für sich einzunehmen. Ady verhält sich dezent, Ada trägt bunter als gewohnt. Ady vermeidet Gespräche, Ada entwickelt einen barocken Erzählstil. Ady pfeift auf das Kino, Ada schwärmt von einem indischen, einem amerikanischen und einem italienischen Spielfilm. Ady bucht Flugreisen, Ada möchte nur per Bahn. Ady verzichtet auf Wein, Ada gönnt sich sogar einen Likör. Ady plädiert für Tempo, Ada lobt die Langsamkeit. Ady dissertiert, Ada dichtet. Ady sagt Weigerung, Ada sagt Lust.

Was weiter?

Nicht auf Überholtes zurückkommen.

Nicht nicht nicht.

10

Die Vertreibung aus dem Paradies hat Programm. Oder: die Verzweiflung hat lange Beine. Verzweifelt einer?

Au fond, meint Ady, brichst du mir das Herz. Jedermann besitzt Cousinen und Vettern und honigsüße Tanten und Geschwister, dazu eine Vergangenheit (persönliche Fabel). Ich habe nur dich.

Ja, sagt Ada und verstummt.

Das Debüt ihrer dramatischen Karriere gibt sie in einer Zwei-Minuten-Szene: flattert wie ein Schmetterling kreuz und quer durch den Raum, um sich regenbogenfarbig-sanft auf Ady niederzulassen.

Mein Guter, du.

Mit geübter Hand, weder jung noch verdammt, fährt sie ihm über die Haarstoppeln, summt *Et, sombre, au-dessus du Caucase*, irgendwo klingelt das Telefon (sei's drum), und die Zeit ist plötzlich absolut neu, außerhalb von Wort und Anwesenheit.

Ady kommt nicht auf sein Waisentum zurück, Ada schweigt von ihrer Sippe. In ihrem Haar prangt ein stolzer Falter, der noch schöner schwebt als ihr Gesicht: über ihm, Ady.

So gleitet man in einen Nachmittag. Deutliche Schatten fallen auf die Ottomane, Ady schlägt eine Vesper vor und anschließend einen gemalten Western im *Nord*, ma reine Ada.

Ja, Ada fühlt sich königlich. Sie zieht das Zitronengelbe an, tailliert und unten weit, ihr Schmetterlingskleid. Lustvoll steckt sie einen zweiten Falter ins Haar – Tollheit dieses überschäumenden Nachmittags –, ruft Ady mit dunkler, pelziger Stimme zu: Aufs Ehepaar!

Ehe-paar! echot Ady wie ein Musterschüler. Lieber Melodie als Sinn.

Sie schüttelt ihren faltergeschmückten Kopf.

Wenn du vergißt, was ich sagte, ist alles gut.

Na gut. Spaß oder Flatterhaftigkeit? Wer zum Vergessen bestimmt ist, brummt Ady, wer sich dem Diktat des Vergessens beugt ... Und erspäht plötzlich den letzten Rest seines Alleinseins, oh wie weit weg.

Wir

Und ich legte den Engel auf den Rücken. Die Landschaft überragte ihn.

Mit den Bäumen steht's nicht zum besten, sagte er, aber die Bergflanke ruht genau.

Wer ruht? fragte ich.

Wie Sie wollen, sagte er. Sie oder ich.

Sein Gesicht leuchtete in den hellsten Farben.

Ihr Haar, sagte ich, fühlt sich an wie Gras.

Die Dinge stehen anders, sagte er. Der Himmel färbt sich schon grau.

Ihr Haar, sagte ich.

Das Meer, sagte er. Ich höre es rauschen.

Sie meinen den Bergwind.

Also versuchen Sie's mal.

Ich legte mein Gesicht auf sein Gesicht. Ich vertiefte mich in das Blau seiner Augen.

Also, sagte er.

Also das Meer, sagte ich. Von einer Helligkeit zur andern.

Nimmt Formen an.

Bin ich oben und unten zugleich.

Sie sind, sagte er, ohne Ihr flaches Gesicht über meinem nicht auszudenken.

Das Meer, sagte ich.

Lenken Sie nicht ab.

Ich erinnerte ihn an den Sommer der Schwalben, an die kreisenden Vögel über der Bucht.

Bergwind, sagte er.

Ich blies ihm ins Haar.

Sie vergessen, sagte er, die Umstände des Bergs. Er tut nicht, was er will.

Tu ich's?

Das Blau seiner Augen verdunkelte sich um Grade.

Mit den Flanken jedenfalls kommen Sie zurecht.

Und Sie, Sie liegen.

Er bestritt es nicht.

Ich weiß, sagte er, wie die Schwalben kreisten. Es gab kein Entrinnen.

Das Meer, sagte ich.

War kein Ausweg.

Die Abende und die Schwalben, wir schafften sie ab.

Verzicht, sagte er. Das Meer rauschte.

Lieben Sie mich.

Der Baum wächst aus Ihrem Gesicht, sagte er. Hier wachsen kranke Bäume. Aber doch.

Aber was.

Wenn Sie wollen.

Tun Sie's, sagte ich.

Er fixierte die Wolke über dem Baum. Er hörte das Rauschen des Meers.

Jetzt, sagte er.

Amore. Ach der Wind.

Ihr Nichtvorhandensein.

So fegt jemand zerbrochene Träume zusammen.

Mit Krönungshänden.

Räumt Polarlichter fort.

Es wird keine Niederlage geben.

Seine spitzen Worte bohrten sich in mein Ohr.

Liebe, sagte ich, eine Vokabel aus einer toten Sprache.

Verfehlt, sagte er in seiner blendenden Art. Sie liegen auf mir.

Keusch oder verbündet?

So und anders, sagte er. Die Härten sind nutzlos.

Seine Zunge fuhr mir in den Mund, Organ einer äußerst versierten Seele. Wir dachten an den Berg.

Niemals, sagte er.

Auf den Gipfel? fragte ich.

Absolut unnötig.

Sie haben Ihre Reise bereits angetreten.

Die Flanken, sagte er, ermöglichen einen sanften Aufstieg.

Durch Wald und Geröll.

Er legte seine Hand auf mein Kreuz.

Bitte, sagte ich.

Es war noch vor den Schwalben, sagte er. Ich bestand auf einem billet doux.

Der Unliebe.

Das leere Blatt lag mir am Herzen.

Schamlos weiß, eine Verschleierung aller Regeln. Aber bitte, sagte ich.

Ich seh Sie ja an.

Das Alphabet der Blicke, sagte ich, empfiehlt sich für die Nacht. Lehnen Sie nicht ab.

Dann wären wir Freunde.

Ich fand ihn wirr. Auch wenn Verbitterung erfinderisch macht – sie produziert nur unbedeutende Bedeutungen.

Das Meer, sagte er.

Sie täuschen sich.

Leutselig waren Sie nie.

Ich fuhr durch das Dickicht seiner Haare. Ich küßte den Irrtum.

Wenn schon, sagte er, dann eine sinnvolle Krankheit. Und das Leben schön verfehlt.

Allegoriker!

Er startete einen halben Verführungsversuch, gerade unter der Eiche.

Wenn Sie mich lieben, sagte er, lassen Sie die Wahlsprüche sein. Schlittern in die eigene Zweideutigkeit.

Wie berechnend, sagte ich.

Tun Sie's.

Mich in Zweideutigkeiten verheddern, sagte ich, Ihr Rat vom Vorjahr.

So küssen Sie mich doch.

Ich küßte den Mann oder die Frau und hatte das Gefühl dabei, ein blitzartiges Oxymoron zu machen.

Ungestüm, sagte er, ohne Ungestüm gibts keine Umarmung.

Dann wollen Sie mich bewohnen?

Und ob. Sie sind mir eine totale Nacht.

Er wagte es. So wie er meine Bitte ausschlug, war ich bereit, in ihm zu verglühen.

Halb Meer, halb Berg, sagte er.

Unspezifisch für uns.

Das scheint übertrieben.

Sie mäandern sich durch die Lüge. Sie –

Ach, sagte er. Er lag.

Hatte ich ihn verwundet? Der Engel war labyrinthisch und unter der Erfahrung seiner verkehrten Liebe neutral. Er litt unter keiner Maske.

Sie Abgründige, schrie er. Allgegenwärtig, unerreichbar.

Wem sagen Sie das.

Seit anderthalb Zeiten beherrschen Sie diesen Baum.

Ich ließ ein schrilles Lachen ertönen. Haushofmeisterin einer Eiche – wie vulgär! Und dieses Stelldichein mit einem Gong.

Er nahm meine Hand. Er sprach nicht von Liebe.

Als wäre ich bereits dagewesen und wieder fortgegangen.

Er schwieg.

Als hätten Sie die Luft mit Abwesenheit erfüllt.

Er faßte mich um die Taille.

Sie sind meine Einladung, sagte er. Tun Sie nicht ahnungslos.

Ich ahne ja schon. Sie meinen die Rückgabe der Nacht.

Vollkommen, sagte er. Diese Büschel ritzen einem die Haut.

Heidekraut.

Nachterfahrung.

Und all die winzigen winzigen Tiere, tot oder nicht.

Ich bewege mich auf Sie zu. Langsam nähere ich mich der Bastion der Wüste, dem Eingang vor mir.

Und setzen Ihr Zögern fort.

Soweit ich zurückdenken kann, war er immer schon da.

Tun Sie's.

Sie wollen Liebe.

Sublime Zerstörung, nein.

Er verweigerte die passende Antwort. Er musterte mich wie ein schamloses und schlaues Weib, buchstäblich fleischlich.

Wer Sie berühren will, riskiert Seelen-Capricen.

Oho!

Und während ich seine Haarfarbe studierte, wünschte ich mir Barmherzigkeit.

Der Wind, sagte er.

Schon wieder, sagte ich. Sie machen mir nichts vor.

Er kaute an einem uralten Schmerz, weder boshaft noch frivol.

Reize ich Sie? Also bitte.

Er lag. Seine Fingerkuppen bohrten sich sanft in meinen Hals.

Es muß nicht immer das Nichts sein, sagte ich. Nichtmenschlicher Prunk.

Halb Fleisch, halb Haut und Knorpel, sang er. Jede Frau ist eine Königin.

Und vom Himmel reden Sie nicht?

Der strahlt auch ohne mich.

Da saß ich, königlich oben, ohne Erwartung.

Die Mondsichel, sagte er, steht präzis über Ihrem Scheitel.

Ich weiß nicht, sagte ich. Was in Ihnen vorgeht? Dennoch.

Dennoch was, sagte er.

Tun wir's.

Ich werde nicht fliehen.

Wir bildeten ein Quadrat. Eine Bastion der Wüste. Wir waren ohne Woher und Wohin.

Nimm mich, sagte er.

Ich vergaß das Meer.

Nimm mich, sagte er.

Ich vergaß den Berg.

Meine Zunge fuhr über sein Gesicht. Stoßweise ernannte ich ihn zum König des Nichts, der Zweiheit, stillschweigender Listen. Und während sich unsere Handballen rieben, drang er vor. Komplizenhaft. In ein wachsendes Haus.

Ah.

Ja, flüsterte ich.

Du.

Bist's.

Zähneblitzend stempelte er mich mit seinem Atem. Verwarf er seine Trauer auf Raten. Jetzt.

Erhaschten wir es. Ich sage: wir. Ich sage es weder geheuchelt noch rhetorisch akkurat. Die Nacht enthüllte die Leuchtkraft unserer Tat.

IV

Wladimir

Das muß nicht sein, sagte er. Es ginge auch anders. Was? sagte ich. Er stand abseits vom Besucherstrom, quitt mit sich selbst. Der Futurismus der Stunde. Oder lieben Sie Vitrinen? Er fragte unverfroren nach meinem Geschick. Es gibt schon das eine und andere aufzuarbeiten, sagte ich mit Blick auf die Gesamtausstellung. Nichts gegen Privatdrucke, in russischen Broschüren bewege ich mich besonders gern. Trotzdem. Er war ganz zufrieden. Krutschonych 1914, Malewitsch 1916, der brüllende Parnaß und wie sie alle heißen, unbeschädigt unter Glas. Sie lieben? Ach so, sagte ich, historisch ja.

Wir standen am Kanal. Das Wasser hatte zwei Farben und eine Strömung, die keine Schlüsse zuließ. Unzielstrebig, ergänzte ich. Ich liebe, was ich nicht weiß. Er vergrub seine Hände in den Jackentaschen. Das Übliche, sagte er. Frau bekennt keine Farbe. Sie blicken verstört.

Ich? Er suchte nach meinem Spiegelbild. Die futuristischen Lückenbüßer bringen Sie in eine retrograde Abhängigkeit, mieten Sie einen Palast.

Palast, sagte ich. Urteilen Sie selbst.

Er strich mir über die ausgebeulten Jeans. Ein Strohhut, und Sie wären die schönste Wolke in Hosen.

Bitte, sagte ich. Bitte treiben Sie mich nicht in die Enge Ihrer Vorstellungen. Gäbe es einen Anti-Kanal, dann.

Er protestierte gegen die Schwundform. Er nannte die Farben des Kanals: grau, grün. Da können Sie nichts dagegen haben. Auch die Menge steht Ihnen frei.

Während ich seine Hand aus der Jackentasche zog, gingen mir etliche Palastreformen durch den Kopf. Nichts anderes verband ich mit Palästen.

Na und? fragte er.

Wie wär's mit einem Kaffee, sagte ich.

Die Bar hatte fünf Spiegel und ein leuchtendes Sortiment von Flaschen. Wir lehnten an der Theke. Die futuristische Bewegungshysterie, sagte er, der Geschwindigkeitswahn. Sehen Sie diese Cinzano-Reklame an.

Schrift, sagte ich. Zum Stillstand gebracht.

Er musterte mich mit einem schrägen Blick, der einem Vogel, einem Insekt, einer Hure gelten konnte.

Blaurot, sagte ich. Unverfänglich.

Er schlürfte den Milchschaum vom Kaffee. Genau das, die Stille zwischen den Lettern.

Mit einem Mal ahnte ich, wohin es ihn trieb. Meister, sagte ich zaghaft, der Zwischenräume.

Bleiben wir bei Cinzano. Sie bestellen ihn mit Eis, ich ohne.

Er legte seine Hand auf meine Schulter. Im übrigen haben Sie recht.

Vielleicht besser einen Grappa, sagte ich.

Sie?

Anzüglich sei er nie, gegen futuristische Anfechtungen gefeit im Unterschied zu.

Ich weiß schon, sagte ich. Ich kenne Ihre Sorte.

Am liebsten hätte ich ihn zum Teufel geschickt. Falls Sie mir die Zukunft verbieten, paktiere ich mit ihr!

Er bekam einen Häftlingsblick und zitierte Majakowskij, anno 30.

Was soll's, sagte ich.

Die Zukunft hat ihn das Leben gekostet.

Sie meinen die Liebe.

Ich zerrte ihn aus der Bar. Wir liefen durch Gassen und über Brücken, ich gönnte ihm keinen Stillstand. Zum Ghetto, rief er, oder ich beschließe diese sentimentale Reise in einem Kanal. So bekennt man Farbe, spottete ich. Ich war ihm weit voraus. Als stünde mein Leben auf dem Spiel, eilte ich in die angegebene Richtung, ins Abseits der Besucherströme.

Auf einem Platz hielten wir keuchend inne. Baumlos, sagte er, unfuturistisch einsam. Nichts störte mich an der Szenerie, nur sein dandyhafter Sakko. Wir setzten uns auf eine Bank. Ich trommelte eine Melodie aufs Holz, er war in Gedanken weiß Gott wo. Ich trommelte weiter. Stimmt, sagte er. Schleife Schreie zu Zeilen bis in den Morgen, wie ein halbirrer Juwelier. Was stimmt? fiel ich ihm ins Wort. Der Rhythmus, sagte er. Auch dieses Platzes, der ursprünglich kein Platz gewesen ist. Sondern? Synagoge plus Vorplatz, wenn Ihnen das genügt. Er hatte historische Auskünfte parat, doch darum ging es nicht. Ich suchte ihn jenseits des Zitats. Da, wo er mich haben wollte.

Mit einer Runde kommen wir nicht weit.

Wie weit wollen Sie denn kommen?

Es gab drei schüttere Neuanpflanzungen auf dem Platz, den man ruhig baumlos nennen konnte: Bis zu jener Gerte und zurück.

Weil das Elend der Gegend so anrührend ist?

Ich ging zwei Schritte hinter ihm, das Karomuster seines Sakkos fing zu flimmern an, ich hob den Kopf und sah über mir einen Arm, der ein schwarzes Staubtuch ausschüttelte. Wie ein Neuanfang, skandierte ich, mit arabischen Ordnungszahlen. Wir liefen nicht um die Wette. Erstens, dachte ich, läßt die Öde dieses Platzes nur Hoffnung zu. Zweitens versteh ich mich aufs Warten. Drittens braucht jedermann einen Menschen mit klarem Kopf. Wir gingen nun auf gleicher Höhe. Überlegen Sie mal, sagte er, wer 1930 sein Gesicht verloren hat, Majakowskij oder das Heer der schreibenden Bürokraten. My goodness, sagte ich. Teures Miezilein, klingt das nicht hübsch?

Ich ergriff seinen Arm, vertrauensvoller konnte man nicht sein. Die Bürokraten, sagte ich. Etwas verbindet sie mit der Menge.

Auf dem Ghettoplatz schilderte er, wie Majakowskij mit großen Schritten (Schnitten) aus der Unliebe floh, während das »allmenschliche Dickicht zu handeln begann«. Das Hündchen in ihm sei Liljas Kreatur gewesen. Ein melancholischer Kläff. Auch das Hündchen habe sich davongemacht.

Heißen Sie Wladimir?

Wie kommen Sie drauf?

Aus Sympathie.

Das Wort fiel zufällig, mitten auf dem Platz. Über den Sand huschte der winzige Schatten eines Vogels, das Risiko des Todes, überlegte ich, fand er in jeder Frau. Es gab für ihn nicht »Verlust plus noch etwas«, sondern aus. Ex, sagte ich laut.

Natürlich drehten wir noch weitere Runden, ohne Majakowskij. Aus einem Haus kam ein Kind gerannt mit einer weißen Satinschleife im Haar, auf einem Bein hüpfte es vor uns her, eine einzige Lockerungsübung.

Klar, sagte er, Sie sehen das völlig richtig.

Mit dem Kind hätte ich gern Freundschaft geschlossen. Durch meinen Kopf schoß der Gedanke: diese kleine Anita sitzt vor einem gesprungenen Spiegel und beweint den Verlust ihres Vögelchens. Verstört blickt sie auf das zerrissene Kleid, der Spiegel hat es kaputtgemacht, auch das noch. Ein vornehmeres Haus mit ghettomäßiger Stiege.

Er heiße nicht Wladimir. Ob ich denn Anna hieße.

Wie kommen Sie drauf?

Aus Verzweiflung.

Fast hätte ich gesagt, sprechen wir vom Wetter. Seine Hand war in meiner Hand, nicht darum ging es. Er heischte. Der Zirkelschluß ist der, daß das fremde Malheur fürs eigene stehen soll. Also Anna hilf. Anna war begierig, nicht Anna zu sein.

Abgemacht? sagte ich.

Präsentieren Sie mal.

Ich ist jedesmal eine andre, Sie werden mannigfach beglückt, und das Ganze endet nicht programmatisch im Sumpf, zum ersten.

Zum zweiten? fragte er kleinlaut.

Setzt jeder die Grenzen selbst, sportlich, dieses Kind kommt auf fünfzig Sprünge im Sonntagskleid.

Ob das Hauptsachen seien. Ich verneinte. Momentbilder, wie sie uns anstünden. Das Momentane fortzu.

Ich bin für einen Kaffee, sagte er.

Eine letzte Runde noch.

Wir landeten in einer Stehbar. Ich war nicht bei der Sache, das heißt meine Gedanken bewegten sich zwischen Satin und Sakko, während er Majakowskijs Sehnsucht beschrieb: Mein teures, geliebtes und liebes Lilikind, kein einziger Brief von Dir, Du bist jetzt kein Kätzchen mehr, sondern ein krummer Kauz. Etc. Am 21. steche ich in See. Ganz dein mexikanischer Kläff.

Rührend, sagte ich. Und was hat das mit mir zu tun?

Pssst, machte er. In den Weltraum stechen!

Irre.

Ich sah durchs Fensterkaro auf ein gelbes Ghettohaus. In Wirklichkeit hörte ich auf meinen Herzschlag.

Wann bin ich dran?

Bald, teures teures Fuchskindchen.

Als wäre ich in einem russischen Buch gefangen. Als könnte man Liebe mit Katzenkosenamen und ähnlichem herbeizitieren.

Der Kanal war schwarz. Die Siebenuhrdämmerung fiel als Nacht in die Gassen. Wladimir ließ nicht von mir ab. Warum sollte er.

Sie begreifen natürlich, daß man als gebildeter Mann nicht ohne Sie leben kann.

Majakowskij?

Originalton, sagte er.

So haben Sie mich um den Futurismus gebracht, den Zweck meiner Reise.

Bedaure, sagte er, aber mir ist ernst.

Ich weiß nicht, wie lange wir durch die Stadt liefen. Es

war himmlisch, mit einem Hagel ordinärer Anfechtungen. Ich bin ein Krokodil. Wenn die Liebe fett wird, wird sie zur Gleichgewichtsstörung. Beängstigend, wenn zwei Liebende entscheiden müßten, ob sich die Apokalyptischen Reiter auf den Weg machen sollen oder nicht. Keine Enteignung. Die Liebe erstickt nicht in persönlichen Ambitionen, sie ist das Medium des Erstickens selbst. Ich bestimme über mein nacktes Leben. Antiliebe – der Standpunkt des Opfers (?). Als Liebesdissident bin ich ein selbstzerstörerischer Halbnarr, der andere ins Unglück stürzt. Ein paar Katzensprünge werden noch nötig sein. Keinen Bilderroman liefern, nein. Selbstverwaltung. Es gibt einen Smog der Sympathie, der jeden Klarblick (weitestgehende Skepsis) trübt. Weder draußen noch drinnen, weder hier noch dort: Niemandsland. Fehlende Solidarität macht mich zum fahrenden Ritter. Wo beginnt mein Notstand, wenn nicht hier. Ich könnte mir auch ein Weltbündnis vorstellen der beharrlichen Narren. Die Liebe zerstrahlt den gesunden Menschenverstand. Gib auf. Das Tier im Menschen nutzt jede Gelegenheit. Leb mit einem Wellensittich. Zumindest so tun, als wäre der Status quo die friedlichste aller Möglichkeiten. Würde lieber das Subjekt des eigenen Schicksals sein. Eine entschlossene Junggesellin (dreist?), was hat das mit Giftnudel zu tun. Die Liebe muß auf ihren Platz verwiesen werden. Zwei Menschen – lächerlich.

Wir saßen am Kanal und ließen die Füße ins Wasser hängen.

Ich – Kommunist und Bär, murmelte Wladimir, heute bereits durch Fehlleistungen und Übereifer desavouiert.

Macht nichts.

... Suchte die schmächtige, feingliedrige, rothaarige, großäugige Frau, um Pläne zu schmieden und zu polemisieren.

Bitte, sagte ich. Bei mir gibt's Bouletten und intensive Interieurs.

Außer uns vor Leidenschaft beschlossen wir, niemals auseinanderzugehen.

Szene

Werde schreiben, was mir gerade einfällt.
F. M. Dostojewskij

Es schneit. Es schneit schon den ganzen Tag. Schon gestern hat es geschneit. Die Wirrnis nimmt zu. Ljuda duckt sich im Haus, doch ein Biberkragen muß her. Ein Waschbär? Wo denkst du hin! Ein Biber muß es sein. Ljuda Ljudotschka, was sind wir Russen doch ... Damit hör auf! Und braust sich den Kopf. Das Wasser strömt über ihr glattes Haar, zischt und schäumt, und draußen der Schnee. Dieses Imponiergehabe. *Sie quält mich bis zum Wahnsinn.*

Ach Vöglein, ruft sie, stell mal die Suppe auf.

Wir löffeln. Der Schnee, sag ich.

Der Schnee? Welche Unverschämtheit!

Sie schlüpft aus ihren Pelzpantoffeln und sieht mir unverwandt ins Gesicht. So.

Schon gut, sag ich, meinetwegen Biber.

Sie haßt mein Gesicht, sie argwöhnt, daß in ihm *ein ganz besonders gemeiner Ausdruck* liege.

Die gelbe Modefarbe, sagt sie, ist besonders grell.

Unvorteilhaft, sag ich, für dich.

Ham!

Die gelbe Ölfarbe blättert von der Küchenwand, höher oben die gemalten Blumengirlanden sind vollkommen, häßlich.

Ljuda hat eine breite Natur. Ljuda verliert ihr Ideal niemals. Und *welch eine Fähigkeit zu den widersprechendsten Eigenschaften!* Papa, sagt sie plötzlich sanft, du gönnst mir die Pelzchen, mein Kleiner, das Ideal des Schönen und Erhabenen, mein Lebensspender du!

Point d'honneur, sag ich, dir zuliebe alles, Ljuda, wenn du mich nur nicht als »König von Spanien« in die Irrenanstalt überführst.

Sie sieht mich entgeistert an. Lacht, lacht ihr Kinderlachen, Suppe tropft ihr aus dem Mund. Ham ist verrückt geworden, heißt das, oder fast.

Das Ergebnis – ich hab doch nicht auf sie gespuckt, um mir *dieses Juwel besser erhalten zu können.*

Der Schnee, sag ich wieder, um keinen Streit vom Zaun zu brechen, er ist gelb. Gelb unter den Straßenlaternen, der dicke, nasse Schnee.

Damals, sagt sie.

Heute.

Damit hör auf.

Die Galoschen, sag ich, versinken im gelben Schnee. Deinen Ausschnitt bedeckt ein Pelz.

Und wimmerst beinah, wenn du das sagst.

Mit den Queues, Ljuda, haben sie sich geprügelt.

In überaus verrufenen Häusern, was?

Draußen war Schnee.

Sag schon!

Zu einer anderen Zeit wäre es mir zuwider gewesen, damals aber kam plötzlich so eine Stimmung über mich, daß ich in das Restaurant ging und in das Billardzimmer trat und dachte: *Vielleicht wird man auch mich verprügeln und durch das Fenster hinausbefördern.*

Zu dumm, sagt sie. Dieser Schnee.

Bin ich hysterisch? Zu freisinnig? Zu französisch? Ich habe Erklärungen für alles und für nichts.

Es schneit. Die Vögel ducken sich unter den Sträuchern. Der Schnee, sag ich. Eindeutig der Schnee. Und ein Schauer läuft mir über den Rücken. *Wie hätten wir herrlich zusammen leben können.*

Sie scharrt, sie rückt mir auf den Leib.

Das steht doch nirgends geschrieben! Was ich brauche, ist ein anständiger Hut.

Ich bin wie im Fieber.

Still, Ljuda. Vor allen Dingen kaufst du dir einen soliden Biber, bei Henkel oder Messer.

Ich bin plötzlich ein Held.

Wie du auf einen deutschen Biber kommst? Sind deutsche Biber etwa besser?

Und ob!

Als Held mache ich den *Schmutz zur Null*, den überflüssigen Luxus zum Schönen und Erhabenen.

Ein Loch, sagt sie, ein Loch in meinem Strumpf!

Ljudas Beine glänzen. Ljuda fährt sich über ihre leicht gespreizten glänzenden Beine.

Ach, sag ich, und sie: Ham!

Was konnte mich denn damals zum Schmutz verführen, auf die Straße locken ...

Pikant, sagt sie. Eine einfache, gemeine *Schreiberausschweifung*.

Schnee. Ich liege im schmutzigen gelben Schnee, sag ich, der Held jedoch steht viel zu hoch, um sich beschmutzen zu können. Und kichert.

Ljuda rümpft ihr Stupsnäschen.

Wenn das bloß der Fall war! Und du klein-kleiner-amkleinsten geschlagene Nachtstunden deine ganze verhaßte Kindheit zertreten hast!

Ho ho!

Die Queues, die Damen – und meine Glacéhandschuhe, das schwärzeste aller Paare?

Banal, sag ich, verloren, was sonst.

Untersteh dich!

Wie der Schnee, sag ich, banal. Ich mag nicht in zweideutige Lagen versetzt werden.

Lagen, sagt sie, bei meiner Ehre und Ehrenhaftigkeit!

Rieselt der Schnee. Die Schleusen eingeschneit, die steinernen Löwen.

Wie eine gewöhnliche Fliege, sagt sie.

Was dein Herzensjunge wohl macht?

Ich sage es mit der größten Seelenruhe.

Herzensjunge und *wie mild waren die Träumereien.*

Was für wirres Zeug, sagt sie, diese Visiten und Irrungen eines Herzens. Ich brauche einen Strumpf.

Der Strumpf hat ein Loch. Durch das Loch schimmert helle Haut. Ich weiß, sagt sie, daß es ein Irrtum war.

Ein historischer Irrtum, sage ich triumphierend.

Historisch in jeder Beziehung, ein Offizier.

Die Dummheit ihrer Spiele und Worte reizt mich bis zum Überdruß.

Seine unbarmherzigen Witzchen, sag ich, sein empfindlicher Stolz.

Ach, sagt sie, diese Kanaille, mich Waisenkind hat er mit seiner Schulzeit gequält!

Wie taktlos, sag ich, diese *bis zur Übelkeit vorgekauten Gemeinplätze.*

Ins Hôtel de Paris, sagt sie, ins Hôtel de Paris aber wollt' er unbedingt.

Bei nassem Schnee, sag ich, schon bekannt. Golowin öffnet die Tür, händigt den Schlüssel aus. Nummer elf oder dreizehn, Blumentapeten, ein fliederfarbener Teppich, sie zieht die Galoschen aus, lacht ihm ins Gesicht, unmöglich, sie *nicht* auszuzahlen, auf der Straße zähneknirschend der andre, und Golowin spielt Schach.

Schach oder was andres, sagt sie, Hauptsache er säuft.

Derweil –

O nein, protestiert sie, ich wollte schon damals nichts mehr von seiner Liebe wissen.

Aber ich, sag ich, ich fror.

Despot, sagt sie.

Haß erfaßt mich. Die Küchenuhr schnurrt heiser fünf Schläge. Im Paroxysmus meiner Erregung starre ich in die Dämmerung des fallenden Schnees.

Ich will dir keine Ruhe lassen, sagt sie gedehnt.

Ich stehe sofort auf, denk ich, nehme meinen Hut und gehe ohne ein Wort zu sagen, gehe sofort.

Heiratsprojekt, sagt sie. Von einem Heiratsprojekt war nie die Rede gewesen.

Ich bleibe. Ich *wiehere förmlich.*

Daß *ich* es bin, sag ich, dem du die Ehre erwiesen hast, vernichtend!

Tatsächlich, sagt sie. Ich werde dir lieber erzählen ...

Bitte nicht von der allgemeinen Harmonie, sag ich, und wen du vor drei Jahren *beinah* geheiratet hättest.

Alles dreht sich im Kreis, sagt sie. Der Offizier, der Herr im Café-Restaurant, Zwetkow, höflich, steife Haltung, dann laufen alle schreiend davon.

Du tust ihnen unrecht.

Schweig, sagt sie, *Phraseur!*

Und nach einer Weile:

Ein Schoßhündchen, Ham, das wär was, so ein kleiner Liebling.

Armselig, sag ich, ich finde das einfach armselig.

Sie blickt mich von der Seite ironisch an.

Du hast wohl etwas gegen mich.

Allerdings, sag ich, nur examinier mich nicht, Ljuda.

Sie wird rot.

Bin ich denn etwa gebunden? Morgen früh ...

Kaufst du dir einen deutschen Biber bei Messer oder Henkel, sag ich, was soll die Hysterie.

Eine Monatsgage.

Sei's drum.

Die Flachheit ihrer Gedanken empört mich.

Hast vor der Wirklichkeit Angst bekommen, doch Hauptsachen gibt es Tausende.

Ha, sagt sie. Wer speist denn hier *nicht* für sein Geld?

Ein Wahnsinn ist das. Der gelbe Fleck auf meinem Knie beginnt zu kreisen, der gelbe Schnee.

Es schneit, ruf ich, die Schiffe sind zugeschneit. Abwarten nützt nichts, ich gehe sofort!

Ach was, sagt sie, sei doch ein bißchen klug.

Ich sitze, moralisch vernichtet, auf meinem Stuhl und schweige.

Da setzt die Verschüttung ein. Alle Dämmerungen sind hereingebrochen, der Schneewind pfeift, durch die Jalousienritzen sickert weißer Sand, ein Geflocke und Gehuste, ein Kesseltreiben in meinem Kopf, *auf Kosten anderer*, schreit wer, die Küche kreist wie ein Kaninchen, und *morgen meinetwegen auf Pistolen*, auch recht, denk ich, *diese verfluchten Hosen*, das Weiß ihrer Augen schimmert durch meinen Verstand, welch ein grobes Gestöber, hol's der Teufel, und diese glitzernden Beine, beifällig gespreizt, *aus Verachtung*! Genug genug! Die Selbstbeherrschung verloren, kreischt sie, wie mager, wie verändert! Wir täten besser ... Verehrteste, ruf ich durch meinen Schneefall, mit vierzig Knoten westwärts aus dieser Pest in klareres Gewässer, wäre das nicht ... Jetzt wird's Verstand hageln, schreit sie entsetzlich, und glückliche Reise!

Schnee.

Ich umfasse ihre geschnürte Taille, kein Wort mehr, sie wird mich wie einen winzigen Käfer hinausschmeißen in die finstere Nacht. Zwischen den Böen dröhnt es: Silence. Schweigend fixiert sie, fixiert sie – das Tier. Den Liebhaber! Den Leibeigenen! Mechanisch sag ich: Ich liebe, doch übrigens: wozu? Der Schnee schlägt mir in den offenen Mund, ins Genick, taut dort auf. Das von Schneeflokken durchzogene Dunkel verschmilzt mit dem Weib. Ich taumle. Ich geh in die Knie und sage eisig: *Ich danke Ihnen sehr.*

Pletnjow oder Die Unpaarigkeit

Was ist los, Frauchen? Es hatte so gut angefangen, soll es nun schlecht enden?
Alexander Puschkin an Natalja Puschkina

Plärren. Seit der heilen Auflösung der Verbindung plärrt Pletnjow. Am Schnee kann es nicht liegen. Der Schnee fällt, schläfrig, weich, eine umwebende Stille. Und doch. Der Schnee ist weiß. Weiß und leicht wie zwei Wolken schwebten sie sich einst entgegen. Pletnjow plärrt. Pfui der Schnee, pfui alles rundum. Die Galle gibt keine Ruhe. Wo kaut Anna nun ihre Kekse Marke »Oktober«? Mit wem? Christus sei mit ihr oder lieber: nicht mit ihr. Freiwillig geh ich nicht mehr ins Kummet.

Die Alpträume erzählt, darauf die Andrejewa: Wer piesackt dich? Der Engel ist längst davon. Zu lang die Nächte. Pletnjow heischt Mitleid. Er tut es frisiert, krawattiert, mit schiefem Mundwinkel, doch die Regie der Trauer verhindert, daß sein Blick in einem andern versinkt. Bin ich ein Mensch ohne Sinn für Moral? Die Andrejewa zählt ihn zu den heldenhaftesten Opfern. Eine Mascha offeriert ihm Beruhigungstee. Plärrend bekennt er sich zur Anti-Familie, von Montag bis Freitag: Ich! Exzessive Begeisterung und alle Möglichkeiten des Rückzugs. Bei Sturmtief hält er Ausschau nach Wildgänsen und ordnet sich blindlings zur Regellosigkeit. Gejagt, verkannt, verlassen, jawohl. Ein betakeltes Schifflein, das auf das verborgene Riff des Unbegreiflichen aufläuft. Ich glau-aub nicht me-ehr an dei-heine Treu-eu, ich glau-aub nicht me-ehr an dei-heine Lie-ie-be.

Mascha betrachtet Pletnjows haarlose Brauenbogen, die im Lichtschein glänzen. Nicht doch, nicht doch, was soll das Schwanenlied. Pletnjow plärrt, die guten Geister hätten auch die Wildgänse verlassen, und Mascha, dieser tropische Schmetterling aus Jakutsk, könne ihn nicht von seinem Vorsatz abbringen, konstruktiv, methodisch, positiv, zerebral auf das Weib zu verzichten.

Andrejewa: Was redest du so furchtbar pathetisch. So reden Indianerhäuptlinge.

Pletnjow: Von mir aus. Ich taumle gleich ins Vestibül. Jedes Spezialgebiet hat seine eigene Tiefe. Du weißt nur immer noch nicht, wer ich bin.

Andrejewa: Ein Spezialgebiet eben.

Pletnjow: Warum so schnippisch? Bin ich vielleicht schlechter als dieser Schneekönig, der dich kreuz und quer vermißt?

Andrejewa: Schweig.

Pletnjow: Ich geh ja schon.

Andrejewa: Siehst du diese Kugeln?

Pletnjow: Was für Kugeln?

Andrejewa: Allmählich verliert der Mensch seine Form und wird zur Kugel. Und zur Kugel geworden, verliert er alle seine Wünsche.

Pletnjow: Kenn ich schon. Furchtbar pathetisch.

Andrejewa: Wie?

Pletnjow: Eben das. Wo ist mein Mantel?

Andrejewa: Im Taubenschlag.

Pletnjow: Madame mokiert sich.

Andrejewa: Mitnichten. Die Suppe wird kalt.

Pletnjow: Das ist eindeutig eine Sackgasse.

Andrejewa: Dann um drei im Tiergarten.

Anna kennt ihren Marx. In der Kirche fühlt sie sich nur als ärgerliches Anhängsel. Sie handelt nach eigenem Ermessen, schnell und schmerzlos. Unter dem Schild einer bescheidenen Mütze leuchten zwei hellblaue Augen. Sie erinnert sich an dünne Rauchfäden über den Dörfern, an Dohlen. Das Gemälde wird immer eine stümperhafte Schönheit sein, weiß sie, und daß sie es mit der Natur hält. Geblieben ist die Trauer um den Hund, der sich tief ins Gebüsch verkrochen hatte, um zu verenden. Ein tierisches, geradezu unbändiges, spontanes Mitgefühl. Ich brauche keinen Vorzugstarif! Anna glüht, wenn sie der Silhouette eines Melancholikers hinterherhastet. Der Abendhimmel glüht. Fünfmal ist sie Brautführerin gewesen und fünfmal auf dem Maskenball. Sie kann Daseinsfragen beantworten, kein: Hilf dir selber aus der Bredouille. In zwei Sprüngen ist sie beim wirren Freund, schüttelt ihr kurzes Haar und hört zu. Dann fluten die Gedanken zurück: dort saßen *sie* ... Sie, Anna und Pletnjow. Am flachen Strand mit den kleinen Lachen. Pletnjows fünfundneunzig Gesichter spiegeln sich im Wasser. Wer ist dieser Mann?

Sag mir, wer du bist. Lieben dich noch immer so viele Frauen? Er weist ihre Frage als Skandal zurück. O weh, die Jugend ist dahin. Und eine Schraube ist kein Nagel. Anna möchte ein Wunder sehen und sieht es nicht. Sie steht auf der steinernen Straßeninsel, sie starrt ins Schwarz seines Mantels. Kniefällig war sie nie. Koljenka, ich husch jetzt. Und die Sardinenbüchse fällt ihr aus der Hand. Zu Hause im Frost die fahlen Köpfe, die chirurgischen Messerchen. Alles ist »gewesen«, Hintergrund, Entfremdung, och och och. Die Uhr tickt mit ihrem durchdringenden leisen Ticken. Paß auf, daß du dich nicht betrinkst, Liebling, sagt sie und tut kein Auge zu. Die ganze Liebe fliegt an ihr vorbei. Schlag, zersplittert. Vor Schmerz macht sie den Mund weit auf. Dann geht alles sehr schnell. Sie dreht sich um und heiratet niemanden.

Reibungslos begreift Mascha sein Doppelspiel. Schilt er die Andrejewa, ist sie die Teekönigin; lobt er die andre, hat sie das Nachsehen. Da kommt er havariert aus dem

Tiergarten und sucht in ihren Rüschen Schutz. Putzig zum Plärren. Soll sie lächeln oder sich raschelnd in eine dunkle Ecke verziehen? Ihre Augen sind klein, wie die Augen der Vögel, aber hell. Trifft sie auf der Straße Kinder, spielt sie mit ihnen. Ein Schutzengel der Leichtfüßigen. Als hinge ihre Seligkeit von einem Ball und von sehnigen kleinen Rebellen ab. Pletnjow argwöhnt, fröhlich sei sie nur mit diesen Unreifen. Feiner Flaum wächst über ihren Lippen, die Kindheit hat sie unter Wolkenschwärmen in der Tundra verbracht. Maschas Drallheit, ihr großes Herz, ihr fester Aberglaube.

Mascha, tun Sie mir den Gefallen und befreien Sie sich von jener schrecklichen Küchenuhr.

Aber nein! Sie liebt den Bann dieses Kobolds, dessen Zeiger die Form von Messer und Gabel haben. Sie träumt von Zahlen und berechnet Quersummen. Die 77 ist bereit, mit ihr zusammen – Hals über Kopf – in die Ewigkeit hinabzustürzen.

Mascha, woher dieses verspätete Selbstbewußtsein?

Ach, lassen Sie das, Sie Rätselmensch.

Pletnjow erscheint ihr als Krebsgeborener kobaltblau, schicksalhaft ist er in ihr Leben getreten, als die Quersumme ihres Alters 7 ergab. Alle Zeichen stehen auf Glück, nur Pletnjow will es nicht wahrhaben. Sie ist verletzt. Manchmal verändert sich ihr Gesicht zu einer Grimasse, und die Lippen murmeln etwas. Sakra, dieser Hund. Soll sie hingehen und herausfinden, was mit ihm *dort* wirklich los ist? Der netten Dame auflauern? Wie widerwärtig. Nein, das werd ich nicht tun. Nein, das werd ich nicht tun. Lieber trink ich einen Wodka.

Einsam sitzt Pletnjow am Schreibtisch und blickt auf Niobe. Unseliger Briefbeschwerer. Jetzt, da er sich gegen die Fangarme der Frau gefeit glaubt, wünscht er ihn zum Teufel. Mascha beruhigt, die Andrejewa ernüchtert, nur diese

Figurine ... Pfui, wie dumm. Er wird sie durch einen Kubus ersetzen. Er ist noch fähig, eine geniale Sache zu schreiben. Nieder mit dem Schlafbedürfnis! Ich werde siebzehn Stunden hintereinander schreiben! Vor Ungeduld zittert er am ganzen Leib. Vom Tisch zum Schrank, vom Schrank zum Tisch. »Die Ehe ist ein Starrkrampf ... und schließlich stirbt man, ohne in seinem Leben auch nur ein einziges Wunder getan zu haben.« Die Sonne scheint ihm direkt in die Augen. Er kneift sie zusammen und zündet sich eine Pfeife an. Was für ein Friede. Auf einen Wink von ihm kämen *sie* gleich herbeigeflogen, doch er will nicht. Nein und nein. Er wird allein nach Kaluga fahren und den Datschenschuppen in einen herrlichen Ziegelbau verwandeln. Keine Launen und Lauheit – praktisches Handeln, Erlebensfähigkeit! Eine ganz schöne Karriere.

Es klopft.

Pletnjow: Wer?

Mascha: Sie hängen heute im Leeren, oder irre ich mich?

Pletnjow (zähneknirschend): Sie irren sich.

Mascha: Der Tag ist grünlichblau, ein fünfundzwanzigster ...

Pletnjow: Kommen Sie mir nicht mit Ihrer Mystik.

Mascha: Dann eben mit einem Teeangebot.

Pletnjow: Als wollten Sie mich zu einem Besäufnis einladen.

Mascha: Ich bin ganz schlafgeladen.

Pletnjow (weinerlich): Da soll sich einer auskennen ... Herein!

Andrei

A. T. zum Gedenken

Spult die Zeit sich ab wie struppiger Flachs. Die Bücher rechts, die Mandelbonbons, der Blick streift Johannes den Täufer und verliert sich im Qualm des Nachbarkamins. Andrei ist tot! Hat die Zeit ihre Hauer gezeigt. Quillt als saurer Nebel aus der Waldparzelle ins Bronchialdickicht. Tot. Sucht der Blick den Weg nach links, über die Papierstapel, die Kartonmaus, kehrt in die Blindheit zurück. Oh! cet écho!

Findest du nicht, daß ich dicker bin, viel dicker als früher?

Doch. Du ißt zu viel Quark, zu viel Sahne, du stopfst zu viel Brot in dich hinein, du rauchst, mein Lieber, wie ein Schlot, du bist maßlos.

In der Sturzflut der Erinnerungen konnte er manchmal nicht mehr klar denken, aber essen, das ging. Er würgte die Vergangenheit hinunter mit frivolem Gebäck. Was starrst du mich denn so an? fragte er. Die Befehle der Muttererde sind passé, ich entscheide nun selbst. Die historische Notwendigkeit, das bin ich.

Wie sollte ich nicht verstehen.

Andrei auf der Draisine, glattrasiert, Lagerpunkt 7, Perm. Schienen zwischen schütterem Gras, hier fuhren die Politischen in offenen Waggons zum Holzen, zu den Steinbrüchen. Die Hand, die früher Pinsel und Feder geführt hatte, war eine eiskalte Keule, ein lebloser Fleischklumpen, der abends in der Baracke unter Schmerzen auftaute. Mit diesem Etwas schlug er den »Hund«, wenn dieser, ein Mithäftling, unter seiner Pritsche schnüffelte. Zu müde auch zum Schauen. Nur bei klarer Witterung wollten die Augen manchmal aus den Höhlen springen: ungeheuer oben segelte eine Wolke aufs Eismeer zu. Er träumte von einer Weltkönigin (»wie klingtön«). Ballerte die Buchstaben an die Schädelwand. Andrei war ein Silbenspieler, ein Wortakrobat, ein verflixter Könner. Subversiv, entschied die Staatsanwaltschaft. Auf der Draisine legte er los. Im Kopf, das gab kein Bergecho. Schob die Buchstaben in die einzig gültige Ordnung: daß vorwärts und rückwärts gelesen derselbe Sinn entstand. Das Gesetz trotzte der Willkür. Darauf war Verlaß. Dank diesen unerschütterlichen Funden überstand er alle Erschütterungen. Er erkrankte an Skorbut. Im Lagerspital schuf er den Teufelsvers: »red liberal klare bilder«. Die Losung vertrieb die Unruhe. Mit ihren Eisen traten ihn die mürrischen Aufseher. Karl, der Mennonit, rotzte sich bei ihm aus und endete kläglich in der Sperrzone. Die Zeit dehnte sich vor ihm wie die Taiga, mit erschreckender Gleichgültigkeit. Einmal im Jahr bestellte man ihm Grüße (»werde nicht von neuem straffällig!«), die Geliebte hatte sich die Augen nach ihm ausgeweint und vertraute nun mit Seelenruhe dem Gang der Dinge. Er liebte sie noch, doch im Schlaf erschien ihm Lena, das halbe Kind. Mit winzigen Titten und weißen, fast durchsichtigen Ohrmuscheln, eine Fee, die sich in die Lagerhölle verirrt hatte. Eine Verheißung am Horizont. Er glaubte an sie, bis ihm ein Mithäftling die Hoffnung zunichte machte. Lena war während der Arbeit zusammengebrochen, als hätte man sie gefällt: war in Wattejacke und Filzstiefeln abgetreten, ein Vogelgewicht unter der Montur. Aus, weg die ziselierten Augenbrauen im Schnee. Er träumte sie weiter. Er träumte sie, wie zum Trotz, gestochen scharf. (So träumte er die Konturen eines Ozeandampfers.) Er träumte sie in hohem, von Grillen wimmelndem Gras, unversehrt, doch unerreichbar. Sie überzeugte ihn, daß es keinen Gott gab.

Und die Farben?

Die blieben auf dem Schlachtfeld liegen. Schwarzweiß

war alles. Schneestaub und Asphalt. Aber die Stimmen! Los, marsch, oder wir schießen euch tot. Konspirativ: Willst du uns mit Undank schikanieren? Die dröhnenden Stiefelabsätze auf dem Flur. Ein Obskurant, der die ganze Nacht flüsterte, wie erbärmlich und klein er sei. Päderast, auch das. Erst das Quietschen der Draisine riß ihn aus dem Dämmerzustand, und schon hämmerte das Eigenfabrikat an die Schädelnähte: Geist mit Geometrie. Er war der ragende Gipfel über den Niederungen der Zone. Die Zunge klebte am Gaumen, aber er wußte sich im Recht. Nach den chiffrierten Signalen lernte er die Sprache der Augen, die er verlernt hatte.

Und eines Tages fand er sich im hohen Norden, frei. Hielt Ausschau nach dem Polarlicht. Es brauchte seine Zeit, bis er den Häftlingsblick los wurde. Oben! riefen die Einheimischen, zu Ihren Füßen, da sehen Sie nur Moos. Also hob er das Kinn höher, noch höher, schon war er auf der Höhe der ewigen Ruhe angelangt. Das Flackern da, der zuckende Hof? Dieses Licht schmerzte nicht, es hielt sich, matt, an die Grenzen des Erträglichen, des Erträglichen für ihn. Er sah die Spektralfarben und wie sie verlöschten im Schwarz. Er verengte die Augen zu Sehschlitzen: da flutete das Licht in seinen nächtlichen Kopf und entzündete einen Brand. Mit »El Greco« aß er Delikateßwurst, aber aß er überhaupt? Er beobachtete das langgezogene Gesicht seines Nachbarn, die flammenförmigen Hände, er tauchte ihn in Weiß und Weinrot, dahinter der Kreis des Polarlichts. Er lief nächtelang durch eine enge Schlucht zwischen Ketten kahler Berge und glatter Hügel. Die Sohle der Schlucht war mit einer Eiskruste bedeckt. Tagsüber, bei der Ingenieurswitwe, las er Broch. Was lesen Sie nur die ganze Zeit? – Broch, Hermann. – Nie gehört. – Die Bergfahrt. – Ein Umweg? – Das Meer des Lebens ist unendlich.

Er malte im Geist. Er schrieb, um sich an die Feder zu gewöhnen: Habe heute, am 26. November, die Hose geflickt. Über der Siedlung hängen kosmische Wolken. Ein phosphoreszierender Schimmer erinnert entfernt an das Licht des Mondes. Der plötzliche Gedächtnisverlust gestern hat mich furchtbar erschreckt. Ob mein erschöpftes Hirn elektrisch wahrnimmt? Batjuschkow fiel mit 34 in geistige Umnachtung. Broch stützt. Die Schuhsohle hält nicht mehr an den Nägeln. Und tags darauf: Mit »El Greco« Marmelade gelöffelt. Wohin dehnt sich der Mann. Häufiger Stromausfall, aber glücklich über das Fehlen von Direktiven. Der pikante Reiz des Daseins besteht darin, daß man nie genau weiß, wann man aufhört zu existieren. Farbentumult.

Hier im Norden trat Ella in sein Leben. Runder Kopf, füllig, stark, eine Matrjoschka im grünen Kopftuch. Hör zu, mein Lieber, jetzt wird gemalt! Er widersetzte sich nicht. Sie heizte den Ofen, besorgte das Papier. Sie rammte die Ellbogen in den Küchentisch: Noch was gefällig, vielleicht Ideen? – Ach, Ellotschka, erzähl was, mein kleiner Stern! Ella erzählte von ihrem Sohn, dem schneidigen Wanja: läßt sich alles nähen, läßt sich alles waschen, läßt sich alles bügeln von der Mama, im Kolchos abgeblitzt, doch Tanz muß sein, so ein funkelnder Verführer, während ich die Säge schwingen darf. Glaubst du, er kümmert sich um den Weihnachtsbaum? Ach wo! Wer in der eisigen Kälte am Bahnsteig steht, mit festgefrorenen Füßen, das bin ich. Das Tännchen aber mag er sehr, der Windbeutel.

Er hörte nicht mehr zu. Rührte mit dem Pinsel im Wasser. Grün. Grün wie Tanne, Kopftuch, Lebenselixier. Grün wie Gras, Smaragd, Meeresgrund. Er hüllte sie in eine schimmernde Bluse. Er drückte ihr ein zischendes Bügeleisen in die Hand. Er umgab sie mit schmalen Jüngelchen und einem wahrhaftigen Gecken. Das Ei blendete vor der Treppe, zu ihrer Rechten aber türmten sich Weihnachtskugeln, ein heller Haufen. Die Pfanne im Hintergrund? Pflicht ruft, und ein kleiner Wicht in selbstgemachter Pfütze.

Vermehrung – Vermeerung. Hellgrün die Zimmerlandschaft, fertile Säfte, Soft-Hölle. Ellas Fleischerhand, dem Hinterkopf entsprungen, die roten Haarsträhnen. Sie schaut, sie strahlt, sie verzeiht. Recht so, mein Lieber, mal dich nur frei!

Am selben Abend variierte er Mutter und Kind. Ella diesmal lässig angelehnt, rosa Hosenanzug, hochhackige Schuhe, die Finger der rechten Hand keck gespreizt: die rotlakkierten Nägel zeigen! Rot der Mund, das Ganze aber ein Höllenschlund: der Junge spreizt die lodernden Beine zum Spagat, auch die Arme zwei Fackeln, und Ella, im Dickicht der Blitze sitzend, brennt lichterloh. Drei winzige Sonnen im Genick.

Er schlief nicht. Die Arbeit brannte ihm auf den Nähten. Er malte das »Mutterhaus«, ein grünes Haus unter gelbem Himmel, seitlich aufgeschlitzt. Ella mit Evaapfel, kolossal, daneben zwei Säuglingsköpfe (Viertelprofil) über zwei glitzernden Särgen. Sie stützt die Zwillingsrücken. Der Spaten, wer schaufelt mit ihm das Grab? Der Abtreiber im Hintergrund. Rüdes Gesicht, sengender Blick, Athlet.

Im Morgengrauen lief er hinaus zu den kahlen Bergen. Sie lagen wie Urtiere in der Landschaft, graues, stummes Gestein. Er rauchte. Der Anfang war gemacht. Die Bilder stürzten auf ihn ein, die ungeübte Hand begann sich zu regen. Er lief zurück. Er kochte für Ella Grütze mit Honig, gleich mußte sie zur Arbeit. Dann saß er am Küchentisch: skizzierte, kritzelte, schrieb den ganzen Tag. Broch beiseite gelegt. Keine Konzentration zum Lesen. Hetären schleichen sich ein, Riesenweiber, säugen den erwachsenen Sohn. Die Umrisse der Gesichter zittern wie Signallichter. Keine Schwarzweißmalerei. Das Entsetzen liegt außerhalb des Bilds.

Ella räumte vor dem Essen die Papierstöße weg. An ihrem Umfang las sie sein Fieber ab, die Eskalation von Farbe und Form. Er entwickelte Witz. Er warf helle Städte aufs Blatt, schwebend wie Blasen, luftige Labyrinthe. Seine Welten entzündeten sich an einem einzigen Einbildungsstrahl. Wüste, Quarz, Sonne, der Lagerschutt verbrannt. Sie überließ ihn seiner Unruhe. Er lief durchs Zimmer, er lief ins Freie. Ich bin überall, aber schwebend. Ein Schwebsel, sagte er. Sie verstand. Er brauchte sich nicht einmal ums Papier zu kümmern.

An einem trüben Wintertag entstanden die »Dunkelmänner« und die »Heiterfrauen«. Sechsmal der gleiche Kopf (begreif doch, Andrei, du lebst!). In der Nacht zuvor hatte er von einer Patrouille geträumt, einer langen Reihe von Schergen und Bütteln. Nun aber sechs kleine Inselchen: ist doch nichts! Freudig malte er eine nackte Gestalt, die über Graskuppen hüpfte. Und als er Ella entgegenging, bewegte sich sein Körper frei und leicht den Zäunen entlang.

Es gab keinen Gipfelpunkt dieser Evolution. Lauter Fragmente, zu denen man sich einen Kitt machen muß, sagte er. Ella hatte das Gefühl, von mindestens zweihundert in ständiger Veränderung begriffenen Physiognomien umgeben zu sein, von Vexierbildern und Blickfallen, aber alles reimte sich in ihren Augen zusammen, sie stieß auf Gesehenes, auf dessen Brechungen, auf die Brechungen der Brechungen. Sie sah darin einen Schachzug, den Anschluß ans Leben zu beschleunigen. Sowie eine Abschottung vor dem Tod. Der Tod brach sich dennoch Bahn. Mitten in einer Schneewüste der Sarg des Mennoniten, über dem ein fahles Polarlicht strahlt. Keine Totengräber. Der Selbstmörder sich selbst überlassen beim unüberwindlichen Drang nach Selbstvollendung.

Ella beobachtete ihn. Wenn sie ihn aus den Augenwinkeln ansah, bemerkte sie, wie zwischen dem Bauch und den Schlüsselbeinen der Bleistiftfigur mit großer Schnelligkeit weibliche Brüste zu wachsen begannen. Die Linien veränderten sich und wurden zu tausend atmenden Konturen. In den linken Unterschenkel schlich sich ein Pope ein, eine Jungfrau schälte sich aus dem Gesäß. Der Jochbogen des Gesichtsschädels wurde zum Gewölbebogen, ein Tempel wuchs aus der Architektur der Gelenke, kein Mann, ein Körper-Bau mit frivolen Bewohnern. Und saß da nicht ein Pferd im Schoß der lieblichen Frau? Zu einem Oval verschmolzen, gierten sie nacheinander wie vor dem Sündenfall. Ella erkannte den Bahndamm. Zu beiden Seiten das makellose Weiß der Landschaft. Oder war es die Eiswüste des Lagers? Eines wurzelt im andern, hinterläßt eine Spur und verhärtet.

Wenn er aufsah, fiel sein Blick auf die Teekanne und einen Teller mit Keksen. Er bediente sich. Er aß wie ein junger Bär. Während des Essens erzählte er manchmal von seinem Vater, dem Weißgardisten, der die dreißig »roten« Jahre seines Lebens zwischen äußerer Anpassung und innerer Dissidenz in einem Zustand permanenten Wahnsinns verbracht hatte. Ich bin, sagte Andrei, mit Gogols »Nase« groß geworden. Ihr Kulminationspunkt: die Null. Durch diese Leere fegt der Zugwind ungezählter Bedeutungen. Nach Gogols Vorbild baute sich mein Vater seine hybride Gegenwelt: »Alles ist immer etwas anderes, als was es in Wirklichkeit ist. Auch ich selbst, weiß der Teufel, wer ich bin.« Ein Schattenwesen. Unter Nikolai, unter Stalin. Er verhedderte sich in kuriosen Kritzeleien, die ihm die Rebellion in Worten ersetzten. Seine aufgescheuchte Phantasie verzog sich unaufhaltsam ins Nichts, verlor sich in den Voluten des Absurden. Auf einer der letzten Himmelsleitern, die er aufs Papier ritzte, entschwand er in sein Zion, kurz nachdem der große Zauberer, Stalin, in die Hölle gefahren war (sein eigener Ausdruck). Sieg der Absurdität, denn jetzt hätte er leben wollen. Hätte sich offen zu Gogol bekannt, der tröstlicher war als der Marxismus.

Das Erbe des Vaters? Andrei zeigte auf seine fliehende

Stirn, auf die weichen, aufgeschwemmten Lippen. Kein Kampfgeist, sagte er, statt dessen die Undurchdringlichkeit eines Frauenzimmers, das sich mit geistigen und physischen Tarnhüllen umgibt.

Ach, sagte Ella, diese phantastischen Verästelungen deiner Persönlichkeit!

Bin ich verschlagen?

Du schillerst, mein Lieber, wie die Seele Tschitschikows.

»Alle halten mich für ein Rätsel, und niemand hat mich wirklich enträtselt.« Gogol.

Plötzlich griff er über den Tisch in ihr breites Gesicht und zog es an sich: Ich bin's, mein Kontinent, du hast mich! Und war ein linkischer Junge, der sich an die Hüterin des Herdfeuers schmiegte, sich ihrer Herrischkeit überließ. In ihrer Umarmung zerbröckelte die Zeit. Er trabte hinter Vater her durch einen lichten Wald. Der Wald tat sich auf, und im Schein des Feuerballs empfing das Kälbchen den Auftrag zu dienen, unauffällig und brav. Dieser lautere Bursch, neckten ihn die Zellengenossen, kreuzigt ihn, den gebildeten Mann. Ella! Sie hielt ihn, sie lachte ihn an. Er fuhr mit der Handfläche über ihre Wangenlinien, Ella Nojewna. Sie erinnerte ihn an niemand. Aber so hatte er sich als Kind die biblischen Mütter vorgestellt, Sarah und Rebekka, Säulen, auf denen das Haus ruhte, der Stamm. Seit es Ella gab, konnte er sich Zerstreutheit leisten, malerischen Unverstand. Muse ist die, die den Ofen heizt. Den Tee aufbrüht. Das Papier besorgt. Zum Teufel mit den revolutionären Musen. Auf Ellas weiche Schultern legte er den Lageralp, daß ihn dieser nicht zu Tode ritt. Sie schützte ihn vor Saufbrüdern wie »El Greco«. Sie trieb ihn zu sich selbst, in die Malerei. Trieb ihn aus dem Bett und an den Tisch. Und wie er parierte!

Er warf eine Muschel aufs Blatt, zart gerippt, mit grau getönten Schatten. Mitten in der Polarlandschaft. Drei Zwergbirken überragen sie und ein neonblauer Himmel wie eine

Spange. Lena lehnt an einer Muschelrippe, blaß, Ponyfrisur, in gescheckter Leopardenjacke, das Gesicht zur Seite gewandt. Ella sitzt am Muschelrand, breit und behäbig, mit hohem Kopfputz (Kokoschnik), und liest. Das Buch scheidet die Krim von der Tundra, den Stern von der Welt. In der Muschel konvergieren die Frauen.

Ella? Keine Antwort. Vor ihm lag das feuchte Aquarell. Sie schlief. Er nahm die Brille ab, machte drei Schritte aufs Bett zu und kehrte zum Tisch zurück. Er sah ein schneebedecktes Feld. Da lief jemand. Fahre mir durchs Haar, rief sie. Noch einmal davongekommen. Er riß die Augen auf: sie war zur Rippe erstarrt. Der Alp. Der ihn für Sekunden einholte. Ella? Ella! Sie schlief. Sie hatte ihre eigene Vision. Er nahm den Bleistift. Nachts gab es, außer Ella, nur den Ausweg ins Linien- und Buchstabenlabyrinth. In die Gesetze der Form. Jede Linie ein Grat. Jeder Buchstabe ein Spiegel. Er spielte vorwärts und rückwärts. Er zerlegte, wendete. Als im Morgengrauen der Schneesturm losbrach, hatte er sein drehbares Satzgebilde: »Es surre der Russe.«

Surrte der Sturm? Er blickte in eine gelbe, brodelnde Finsternis. Sein Ohr unterschied Zisch- und Heultöne und unterschied plötzlich nichts mehr: ein einziges Tosen und Toben, ein Hexensabbat im kahlen Norden. Ella? Sie war wach. Frierst du nicht, Andrei? Er berührte mit der Hand ihre Stirn. Eisig, sagte sie, und dieser Sturm. Komm, laß mich einen Tee kochen.

Durch seinen Kopf stoben Buchstaben. Mit Ruhe sah er der allgemeinen Verschüttung entgegen. Der Würfelzukker auf der Zunge schmolz unter dem heißen Sud. Sie tranken Tee. Sie hielten sich fest in stiller Umklammerung. Hinter dem Fenster schwoll die Schneemasse ununterbrochen an. Der Tag war dunkel wie die Nacht. Ella, in Wattejacke und Filzstiefeln, versuchte die Tür aufzustoßen. Nichts. Und dann doch, einen Spalt weit: Schneewände, die Milch im Behälter gefroren. Keiner würde sie zur Arbeit erwarten. Sie blieb. Er zog sie aus. Sie wärmten sich. Er atmete ihren heißen Atem. Er fuhr ihr durchs schwarze Kraushaar. Er flüsterte: Unser Garten der Lüste. Ach, lachte sie, die Schwielen vom Schaufeln. Er schlief auf ihr ein.

Der Sturm dauerte zwanzig Stunden. Die Beklemmung trieb sie immer von neuem in den Schlaf. Hier war das Ende, die Reinheit, das Nichts. Sie dachten nicht einmal daran, den Ofen einzuheizen. Dammbruch des Himmels, sagte Ella. Dieses Ächzen, sagte er, und griff sich ans Herz. Das Herz war die Schwachstelle seines Körpers. Aus irgendeinem Grund fühlte er sich als Kellerbewohner.

Bei Kerzenlicht – die Stromversorgung war zusammengebrochen – fachte Ella Feuer im Herd an und wärmte die Suppe. Ihn fror. Er löffelte das Zeug gierig in sich hinein und verschlang eine dicke Scheibe Brot. Er aß noch immer, als Ella, bis zur Unkenntlichkeit vermummt, hinausging, den Dachsbau freizuschaufeln. Dein Herz, sagte sie, bleib.

Mit klammen Fingern fing er zu zeichnen an. Ein Haus. Die Fassade im Aufriß, die Rückseite nach unten geklappt. Tür und Fensteröffnungen, liegend der Kamin. Kaminfeger? Ein Mann schwebt statt eines Daches über dem Bauwrack, in Smoking und Lackschuhen, die eine Kante berühren. Wolkenbügel! Sein rechter Arm über die Fassade gehißt, die lange diebische Hand hält eine Trauergirlande. Jeder Mensch ein Häuslicher und trägt ein Zimmer in sich. Das Gehör prüft's nach. Und wenn man hineinleuchtet, verkriecht er sich zeitlebens in seine Uhuhütte. Hugo heißt der mit rätselhaft Nichtigem beschäftigte Mann. Wie unverantwortlich, daß er diesen Gecken malte, wo die ZONE noch ausstand. Die wahre Heimsuchung. Ein Nichts auf versenkten Wäldern. Summa der Schergenmeinung, daß der Mensch sich nicht separatistisch abschließen dürfe.

Im Innern der Lagerbaracke wird er Zeuge seines eigenen Begräbnisses. Er kann nur von Jakobsleitern träumen, denn das Revier ist vermint. Ein Traum von Ordnung. Zone.

Er strichelte ein Geviert. Er brütete im Zigarettenqualm vor sich hin. Derselbe Drang anzufangen wie aufzuhören, hervorzubringen wie niederzureißen. Das Geviert wurde zum Feld. Auf dem Feld lag, bäuchlings, Ella, die Weltträgerin. Die Frau im Feld, schrieb er, ist mir das Fundament der Freiheit. Die Zone – unausführbar. Zum reinen Gedankenspuk gehört, wenn ein Türhüter einen Wald bewacht, dazu noch im Frack. Aber sei's drum.

Ella ertappte ihn über dem Waldstück. Der behandschuhte Mann schwang eine Miniaturpeitsche. Hinter ihm wuchs der Wald zu einer Kuppel zusammen, zur Eiform, die seinen Schädel dublierte und seinen bunten Baumbesitz als Kopfgeburt erscheinen ließ. Der Rest des Medaillons: ein schraffiertes Nichts, nicht Zone, nicht Sonne.

Sie aßen kalten Hering. Als Ella ins Kontor gegangen war, zog er den Pelz über und besah sich die Bescherung. Schnee, soweit das Auge reichte, und über dem blendenden Weiß ein schmaler Streifen Watte, der Himmel. Die Wege waren verweht. Er folgte den Spuren Ellas, bog zur Schlucht ab. Folgte einer fremden Spur. Sie führte zum Fluß. Hatte einer ein Loch ins Eis gehackt und fischte. Zog aus dem Schwarz einen Hecht heraus. So konnte man sich nützlich machen.

Er lief gegen die Kälte an. Lief durch die Schlucht wie durch einen Hangar, der plötzlich zum End-Interieur schrumpfte. Der stechende Schmerz in der Brust. Jetzt, hier, o gütiger Himmel. Er krümmte sich. Er preßte die Hand ans Herz, dieses innerste Gefängnis. Atmen. Zurück, Schritt für Schritt. Atmen. Ich bin der Raum, das Volumen. Atmen.

Der Fischer brachte ihn ins Holzhaus, aber davon wußte er nichts. Das Herz. Ella nickte. End-Interieur. Sie erschrak.

Der Feldscher verordnete Bettruhe und eine sibirische Arznei. Er schluckte das Zeug, griff aber heimlich nach der Zigarette. Nach Feder und Pinsel. Bekritzelte jeden Fetzen Papier. War das Leben zur Lotterie geworden.

Ella, ich falle dir zur Last.

Nein, nein, nein!

Nach Leningrad zu meinem Bruder ziehen, wär das nicht ...

Der reine Wahnsinn.

Doch eines Tages brach er auf. Zog als fünftes Rad in eine Kommunalwohnung beim Litejnyj, zu den Nichten und Neffen. Sie liebten ihn. Er ging einkaufen, kochte für sechs hungrige Mäuler. Nachmittags und abends malte er. Petja sah ihm häufig zu. Petja wurde sein erster Schüler. Es kamen andere hinzu, Freunde Petjas, Gymnasiasten, junge Bühnenbildner. Andreis verqualmtes Zimmer von zwei mal vier Metern wurde zum Treffpunkt der Jugend. Er erzählte über Leonardo, über Hieronymus Bosch. Nur über das End-Interieur schwieg er sich aus. Sein weitverzweigtes Leben machte vor dieser innersten Zelle halt.

Ich besuchte ihn, weil ich lernen wollte, wie man ohne Behauptungen auskommt. Wir aßen. Wir rauchten. Während des Essens schnitt er aus der Papierserviette einen sprungbereiten Wicht aus, den er auf einen Trinkhalm spießte, und fertig war das Schattenspiel. Er unterhielt sich ganz allein damit, selbstvergnügt, mein Part beschränkte sich auf die Anwesenheit.

Wald, sagte ich. Weltferne, sagte er. Dort enden die Schienen. Kind, sagte ich. Kind, wiederholte er. Willst du mein Kind sein? Ach Andrei, wird so das Rätselraten beendet? Ich bin gekommen, das Behaupten zu verlernen. Er drückte mir einen Bleistift in die Hand. Zeichne! Was soll daran chinesisch sein? Zeichne! Und wie immer du zeichnen magst, jede noch so wesenlose Figur wird sich aus der ihr zugedachten Hypothese verflüchtigen. Wie der Rauch aus dem Kamin.

Über dem Zeichnen verging der Herbst.
Andrei starb am fünfundzwanzigsten November im Taurischen Garten, beim Füttern der Vögel.

Steppe

Beim Anblick dieses glücklichen Menschen

Das baschkirische Abenteuer ist vorbei. Die Steppe winkt diesmal hinter dem Konsum, wo die Fräuleins mit den Armen zucken und extrafetten Lachs tranchieren. Es geschieht immer dasselbe: die Äpfel sind kinderkopfgroß, kein Ausweichen, juchhe das Ritual, bis die Glastür am Ausgang sich nach innen öffnet, mit vollen Taschen die Tür in den eigenen Bauch gerammt und verschlafen über die Straße.

Doch diesmal der Glanz, hinter der gelb-weiß-gestreiften Markise ein anderes Grün am Himmel, hinter den Kulissen hervor, ein gestaffeltes Grün wie nach Sonnenuntergängen dort, wo die Sonne hinter die Hügel stürzt und die Nacht auf der Stelle folgt, eine Sache von Augenblikken.

Das gewellte Hügelland der Autodächer. Grün, das Gras ist grün im grünen Licht des Übergangs –

und es hat kein Erbarmen gegeben. Sechs riesige Steppenschäferhunde kamen wie aus einem Hinterhalt hervorgesprungen und stürzten mit wütendem Kläffen dem Reiter entgegen, der dem Pferd die Sporen gab –

stürzte, daß die Hunde ihn in Stücke rissen.

Die Ebene, die Hügel, der Himmel und die grüne Ferne. Die hüpfenden Kollerdisteln. Lulatsch Otto, Kasimir genannt, fährt sich über die weichen Augenbrauen. Was für ein glücklicher Tag ist heute (brrr)

»ein Aufblühen der Kräfte und ein leidenschaftliches Verlangen nach dem Leben«

aber weiter links glich die Gegend nicht der gestrigen, Otto Nikolaitsch brach in ein bellendes Lachen aus (»Ringelnatter!«), und die Peitsche schlug auf etwas Lebendiges ein.

Grün? Schon Zeit zum Sterben. Die Schnarrheuschrekke schloß gleichfalls die Augen.

Keine Helle, keine Stelle erreicht mich

Das dürre Steppengras, jetzt ist die Sonne eingesperrt. Beim Gehen höre ich ein scharfes Pfeifen – Nachtkauz, Notfallalarm –, das Kind rast in die erste Hürde, um partout zu verunglücken, denn die Landschaft hält nicht, am Leben keinesfalls. Das Kind. Ich erfinde es im undurchdringlichen Schwarz. Ich erfinde es, wenn es neben mir raschelt, die Hürde erfindet sich selbst. Damit die Angst hellwach bleibt.

Wo ist der Falbe?

Kasimir, schweig.

O Himmelskönigin, gestern noch dieses Zirpen.

Trink deinen Ziegeltee.

Fern von daheim, verlassen, hilflos und ...

Kasimir!

Sie könnten mich mißverstehen ...

Ich kann, ich könnte, ich bin hinter allen Jurten oder Hochhäusern. In der Einkaufstasche Hirse, was davon übrigblieb. Ich begreife keinen Himmel (Großmärtyrerin Barbara), und wer ist zu den Molokanen gefahren? Warum ist die Natur auf der Hut? Weder Menschen noch Bäume noch Schatten. Die Nacht umringt mich mit inquisitorischem Ausdruck. Mit klanglosem Atem geradeaus, um als »schöne, lustige Frau« zu leben. Ich bin glücklich bis zur Schwermut. Ich schlendere in der Steppe herum, um keine Stelle einzunehmen.

Lächle, hatte Kasimir Nikolaitsch gesagt und den Kopf auf die Fäuste gestützt. Da!

Der Pfefferkuchen war aufgeweicht. Ich schnatterte los wie eine Elster.

Es flackert nicht mehr,
der rote Fleck wird kleiner und trüber

Das nennt sich Hoffnung. Den Blick auf den welligen (umwölkten) Horizont gerichtet, weil nur Stetigkeit es bringt. Bitte keine Wimpel, keine Leuchtreklamen. Die heftige Wut ist gut. Und flennen.

Vom Schreibtisch aus begehe ich im Wechselschritt die Graslandsenke, Hochsteppe, kotierend. Längst verlernt, Kotau zu machen, der Himmel ist hoch. O oben! Otto Nikolaitsch schweigt. Diesmal schweigt er. Er hat Knöchlein gefunden (weiß, so weiß) und kann kein Wort herausbringen. Zwei kleine rote Augen, die seinen.

Otto schürt meine Angst nicht. Hinter Samara hat er den Umgang mit Herden gelernt, er weiß, was zusammenhält. Während es mir noch nicht beschieden ist, den Verstand zu verlieren. Die Stunde naht. Welche Wolke verrät es? Angenommen, die graue mit dem goldenen Rand, von der Form eines Fischotters.

Das nennt sich Hoffnung.

Ich bin in einer krausen Verfassung. Schwinge mein Stäbchen aus Rosenholz – tok tok –, Scheiden tut weh. Wäre Ankommen eine Lösung? Aber wo?

»Verbarg sich die Steppe in der Dunkelheit wie die Kinder von Mojsej Mojsejewitsch unter der Bettdecke.«

Die Steppe kommt und geht. Tagein, tagaus, mit wechselndem Wind. Mit ungewöhnlicher Schnelligkeit, Otto, jage ich der fliehenden Ferne nach. Und nach mir: Sonnenglut und das langgezogene Lied.

Schreib.

Langgezogen?

Schreib das Gras auf.

Anascha, Lilienschweif, Steppenraute, Grashüpfer, Hüpfer, zerreißt zirpend die Luft, rosa funkelnde Flügel. Der

Fleck wird kleiner, so klein, daß mein Zurückbleiben, sein Wegdriften, mein Zurückbleiben, sein

sein

Punkt.

Otto, ich seh dich nicht!

Wie?

Ich seh dich nur trübe.

Wie?

Durch den Abschied, gewesen.

Wie?

Du könntest mich mißverstehen: ich sehe dein Fehlen, Otto, deine Abwesenheit!

Wie?

Verglimmende Pupillen.

Aufschreiben!

Kein Kattun

Und ohne Camouflage in die windige wilde Nacht. Das Kind spielt Räuber. Mit einem leuchtenden Unding bewehrt, pirscht es um die Sträucher, die Steppenkräuter. Ich bin ein Mordskerl! Mein zarter Sohn. Deine Schulterblätter taugen nicht für einen Meldereiter. Wer die Riemenpeitsche schwingt, darf nicht verzweifeln (»Mama, Mama!«) oder vor Sehnsucht vergehen. Der Himmel drückt schwer, und viel Dummheit rollt über die Steppe.

Sssssssssch!

Ich bin ja schon still.

Die neunjährige Hand tastet durchs Gras, das neongelb aufleuchtet. Jetzt hüpfen die Lichtkegel wie hoppelnde Hasen, und der Diskant des Kinds: ich hab's! Metall oder Knöchlein? Tier oder Schuh?

Im ruhigen Lichtschein liegt die Haselmaus. So klein und schon tot. Sie wird ein Grabkreuz brauchen wie jedermann, sagt das Kind, und löscht die Lampe.

Getötet.

Warum getötet?

Frag Kasimir.

Ich hüstle hoffnungslos.

All die Fragen, über Nacht: Zufall oder Mutwille, spät oder früh, Zitz oder Kattun? Wissen will das Kind, gleich. In der körnigen Nacht.

Es gibt Augenblicke, da weiß ich keinen Rat. Und keine Instanz, die weiter wüßte. Beim Gehen ist mir leichter. Wie war das nur mit dem Mann, dem Frau und Kind verbrannt waren und der sein Leben geringschätzte und entweder schwieg oder von Dingen sprach, die nie geschehen waren. Entweder schwieg oder erfand.

Die Maus hat einen Schwanz, und du weißt –

Gar nichts.

Da droht der Räuber mit Überfall: Mama, wozu seid ihr Frauen denn gut?

Wozu wozu (»Himmel und Erde sind Deines Ruhmes voll«).

Und oben ein Stern, der durch das Lid der Nacht blinzelt.

Keine Bange, wir sind uns nah.

Kasimir

Ich litt. Und was mein Leiden erhöhte, waren Ordern: Ausweispapiere für Hunde mitbringen, Singen verboten, Konsumationsfrist bis dann und dann. Diktate des Überlebens, doch um welchen Preis. Kleingemacht, kleiner, am kleinsten, als Gnome sind wir regierbar. Ach der Himmel, Kasimir, ich besinge ihn. Seit ich mich durchs Leben steppe, wölbt er sich groß – eine Einsamkeit, ein Bann. Nicht nur bei Rownoje, Mann, – hier, wo ich keine Pluderhosen und Stiefel trage, nicht Grütze kaue, hier –

räusperte sich. In den Händen hielt er etwas Weißes, das auf den ersten Blick seltsam schien, hinter seiner Schulter schaute eine Flinte hervor. Betrunken war er nicht, nur abwesend. Geben Sie mir ein Glas Tee –

hielt auch ich dich für einen Jäger und Chorsänger. Man erlegt nicht umsonst eine Trappe, bei der Heiligen Barbara. Du trankst Tee. Und jemand lachte schallend, und jemand schluchzte – es war eine Eule. Ich weiß nicht, wie wir ins Gespräch kamen. Ich sah deine rauchfarbenen Augen und faßte Mut. Sie singen? – Ab und an. – In der Kirche? – Eher selten. Du fragtest nicht: Wie kommen Sie darauf? Deine gewölbte Hand formte ein kleines Boot, und wie bei einem Menschen, der ketzerische Gespräche anhören muß, verschloß sich dein Gesicht.

Lulatsch! schrie einer. Dein Gesicht zuckte. Zeig die Trappe her!

Trappe oder Schnepfe, rechts schimmerten dunkel die Hügel, ich war leichtsinnig, ich folgte dir in die Nacht.

Und dann, dann verfiel ich in jenen Geisteszustand, der auf die Begründung von Ursachen, Zusammenhängen, kurz auf das Verstehen verzichtet. Magst du das, mein Lieber? Nicht: Warum magst du das, mein Lieber? Deine Baßstimme ist schön, du heißt Kasimir und Otto, niemand behauptet, das sei eine Tautologie, niemand behauptet, das Ideal sei nahe. Manchmal fallen uns mitten am Tag die Lider zu, und wir wissen, die Zeit fließt. Behutsam lehnt die Flinte am Büfett. Nachsehen, ob Schnepfen angeflogen kommen? Ach die Sonnenglut und dieses ununterbrochene Brausen der Erinnerung – Zikaden, Heerscharen von ... Ein großer Köter schleicht sich ein. Auf einem Wollballen sitzt du, im Alter meines Sohns, schaust reglos in die Ferne.

Hand aufs Herz: mein Lieblingsblick. Er läßt nichts aus, er fährt dir über die weichen Augenbrauen und verschiebt den Horizont. Die Herde tritt ab, erscheint die Autokolonne der Stadt. Vor grünem, vor flammendem Himmel.

In Bewegung?

Ja.

Und wirst nie angekommen sein.

Ja.

Das Hundegebell echot.

Will ich ihm entrinnen, hülle ich mich in Filz oder Kattun.

Für Tee und Zucker hast du keine Zeit.

Ka-si-mir! Ich habe sie und bin in ihr. Ich bürge nur nicht für die Wirklichkeit. Ist das meine Steppe? Wer sagt mir, daß das meine Steppe ist?

Eigentlich hat jeder seine Steppe. Einige kommen zwar nicht an, aber alle ihre Ortsveränderungen sind Vorbereitungen auf die Steppe.

Ja. Nein.

Willst du Tee?

Ja. Wer sagt es mir?

Durch Schnee

Im Dezember, bei heftigem Schneetreiben, beschloß Anna Sergejewna, der Lüge ein Ende zu setzen. Sie würde in Moskau bleiben. Sie würde ihrem Mann einen langen Brief schreiben und ihre Liebe zu Gurow gestehen. Daran war nichts Schändliches, schändlich war nur ihre Verzagtheit. Sie lief schon. Klarheit, murmelte sie. Was immer kommen mag. Aufgeregt ruderte sie mit den Armen. Klarheit. Und ihr kleiner Körper zuckte.

Am Abend saß sie in ihrem Zimmer in der Pension und schrieb. Draußen tobte der Sturm, sie aber hörte keinen Wind, hörte nichts.

»... Sie kennen mich kaum. Sie heirateten ein blasses Mädchen, boten ihm Raum, und die Zäune erledigten den Rest. Nie sollte ich mich zur Frau mausern. Sie – der Ernährer, ich – Ihr Zögling. So vergingen die Jahre in S. Ein Schattenkarussell. Ich war nicht unglücklich, ich wußte nicht, was Glück ist.

Haben Sie je mein Haar gezaust? Meine abgebrochenen Träume zu Ende geträumt? Sie, ein Liebhaber schmissiger Operetten, haben mir ein Plätzchen angewiesen. Da saß ich mit dem Spitz. Wie sollte ich zu neuen Ufern aufbrechen bei zugefrorenem Fluß?

Und dann dieses Meer. Diese weiße Sonne. Diese Bäume, in denen die Vögel sich küßten. Ich war allein, und so frei. Ich fühlte mich in einer weißglänzenden Geschichte. Lief zwischen Hundsrosen die Berge hinauf und hinunter, und viel am Quai entlang. Lorbeer, draußen die Schiffe, als wär ich an einem andern Ende der Welt. Bis spät in die Nacht. Und wollte immer noch näher an dieses Leben heran. Hinein in die bewegte brennende Gegend.

Sie glauben mir doch? Glauben mir doch, daß ich heimlich sang. Und einer Wolke winkte. Kleiner Wiegeschritt, der Blick gradeaus. Allmählich war nichts mehr beim alten.

So traf mich Gurow an. Er erkannte mich ohne ein Wort. Meine Erscheinung flößte ihm Mitleid ein, doch mein innerer Hunger reizte ihn. Und ich? Verachtete mich dafür, daß ich Sie betrogen hatte. Doch war mir klar, es gab kein Zurück. Liederlich oder nicht, schuldbewußt oder nicht, ich hielt einen Zipfel des Glücks. Wollte das funkelnagelneue Abenteuer nicht abwürgen, die Sonnentage und schnellen Nächte. Grämte mich und gierte. Er hielt meine Zweifel aus. Das war der Anfang unserer Liebe.

Sie glauben, ich hätte leichtsinnig gehandelt? Nein und nochmals nein. Ich habe aufs Spiel gesetzt, was nicht mehr hielt, was so stark riecht, weil's unter ihm modert. Aber ich kehrte zu Ihnen heim. In eine häusliche Lage, das war niederträchtig. Das Herz davongeflogen, der Kopf in den Wolken, die Lippen einwärts. Und Sie fragten nicht. Sie dachten, immer wieder kommt alles gut. Oder machten Sie Gegenpläne?

Ich war aus jedem Himmel herausgetrieben. Wenn die Luft so ganz still stand, hoffte ich auf eine geräuschlose Lösung. Sie kam nicht. Ich gab vor, zu einem Moskauer Frauenarzt zu fahren. Ich betrog uns beide. Sie waren großzügig. Oder sind Sie ein Lakai? Ich weiß nicht, wer Sie sind. Seit Jahren ist zwischen Ihnen und mir so ein Schrekken, und draußen die Nacht. So daß wenig bleibt: etwas Erinnerung, als Überrest einer verlorenen Phrase.

Ich bleibe in Moskau, wo aber auch kein Himmel ist. Das Mädchen von einst bittet Sie um Verzeihung. Es hat gelernt: Traurigkeit, und daß die Flüsse unter der Erde fließen. Jetzt ist die Zeit fürs Tageslicht gekommen.

Ruhen Sie sich aus an einem südlichen Meer.

Spitz ist mir ein Trost. Er weiß von nichts. Nur seine Augen werden immer kleiner. Ja.«

Anna Sergejewna schloß und starrte vor sich hin. Wie in ein unergründliches Dunkel, wie in ihre eigene Herzkammer. Ich sterbe, dachte sie einen Augenblick. Die Schlüssel sind weg. Aber dann dachte sie an Gurow, der von nichts wußte und dem sie morgen schon eröffnen würde, daß sie bleibt. Sie war nicht leere Luft. Da stand sie, und sei es ihm im Weg.

Was wird, wird, murmelte sie. Irgendwo im Schrank hingen ihre wenigen Kleider, lag ein Erinnerungsstück aus der Kindheit. Ich habe kein Zuhause. Damit fängt es an.

Gurow war überrascht, daß sie nicht öffnete. War sie krank oder ausgegangen? Er fühlte sich für sie verantwortlich, weil sie mit ihrer Sanftheit die Zeiten verwirrt und das Paradies in sein Hirn gepflanzt hatte. So laufen Kinder durch die Welt, so lieben Narren. Gnadenlos. Er gehörte ihr. Warum?

Schnee. Er fällt auf alles, auf den Gehsteig, auf die Fragen, auf die eigene Verzagtheit. Weiß oder grau, großflockig und naß. Gurow lief. Hätte er nur schweben können, aller Schwere entrinnen.

Herrgott! Spitz!

Er schrie.

Du hier?

Sie stand abseits und lächelte.

Gerührt und erschrocken sah er sie an. Die kleine Frau, das große Kind, seine Gesundheit und Krankheit, seine Arche und Not.

Komm, laß uns Tee trinken, sagte sie heiter. Er glaubte ihr kein Wort.

Außer Atem kamen sie in der Pension an. Sie bewegte sich leicht, grüßte den Portier flüchtig, aber mit Selbstbewußtsein. Im Zimmer warf sie den Mantel ab, bevor Gurow sie auch nur an der Schulter fassen konnte.

Also Tee.

Gibt es nichts Wichtigeres?

Sie hatte ihn nicht geküßt. Er begann das Zimmer zu durchmessen. Schwieg. Als der Tee in den Gläsern dampfte, zog sie ihn auf einen Stuhl.

Ich bleibe, sagte sie fast tonlos. Für immer.

Er fuhr zusammen. Du?

Seine Pupillen weiteten sich. Sie sah in sein starres, erschrockenes Gesicht, und für einen Augenblick empfand sie Mitleid mit ihm.

Unbequem?

Als schüttelte er einen Traum ab, zuckte er mit dem Oberkörper, erhob sich und ging zur Tür.

Wie konntest du nur –

Ja, sagte sie.

Hatte sie erwartet, daß er ihr um den Hals fallen würde? Da saß sie, und er stand. Und zwischen ihnen lag die Zeit, nicht aufholbar. Oder doch, wenn er seine Feigheit überwinden würde, wenn er mit der Lüge ebenso aufhörte –

Sie lächelte in sich hinein. Wie seltsam alles war, wie verschoben. Sie lächelte und sah nicht, daß er weinte.

V
Berliner Miniaturen

Stadtbild in Blau

Eine Geschichte mit Blau beginnen. Mit dem Fitzelchen Himmelblau, das zwischen der Synagogenkuppel und den kahlen Baumästen aufscheint und sich rasch in Grau verkehrt, mit der neonblauen Aufschrift »Whisky and Cigars«, mit einer dunkelblauen Regenpelerine und dem Kleber »Gigaset 3015 Classic«, ultramarin, mit den blauverzierten Fliesen in der Küche von D., mit dem Wellness-Plakat, das hohe wasserblaue Wellen schlägt, mit dem metallicblauen »Käfer« von VW, mit der Kindermütze, matrosenblau, in der Auslage des KaDeWe, mit einem Augenpaar, mit einem Handschuhpaar. Nur weit und breit kein Meer. Die Luft riecht nach Staub. Die Luft riecht nach Ruß. Und was die Seen betrifft, die irgendwo glänzen im Wald, auch sie riechen anders, und Ersatz sind sie nicht. Nichts ersetzt das *mare nostrum*, seinen großflächigen blauen Sog. Brandung, Bewegtheit. Nichts, schon gar nicht die Spree, die sich flußklein durch die Stadt windet, an Museen vorbei. Ausflugsboote sind keine Dampfer, auch wenn sie muntere Wimpel tragen. Und mit diesen Anlegestellen ist kein Staat zu machen. Sie rädern sich selbst. Also meerlos, die Stadt. Also zugig mit ihren Straßenschneisen, Parks, Brachen. Fette Lachen spiegeln den wandelbaren Himmel. Du trittst aus dem Haus und trittst schon in eine. Das hat man vom Regen und den östlich unebenen Gehsteigen. Wolken ziehen übers Pflaster, kreisen im Pfützenteich. Das obere Blau verdunkelt sich hier um Grade.

Georg sagt, die Stadt hat ihren Wappenbären, ihre Gurkenfelder, ihre Ausländer. Ich sage, sie baut und baut und baut. Georg sagt, sie haut ganz schön auf die Pauke. Ich sage, sie blaut. Das will ihm nicht einleuchten. Das mit dem Blau, partout nicht. Bauen, na sicher, ist ja genug Platz. Aber Grisaille überall, sagt er laut, Grau in Grau, auch unter den Menschen. Glaubst du's nicht? Glauben schon, aber die Lettern rechts – Wall Street Institute – leuchten wie zum Trotz kobaltblau. Er schimpft mich kindisch. Blauäugig, gegen jede Evidenz. Wir stapfen durch die Straßen und halten Ausschau nach unserm Recht. Bei jedem Gelb bricht er in Lachen aus, ich lache mit. Das Gelb steht jenseits von Grau und Blau, dorthin reicht kein Streit. Vielleicht etwas Verzweiflung. Aus den Auslagen blicken verschiedenfarbige Osterhasen. Die flauschigen Stoffhasen sind meist backsteingelb, aber was soll's. Besser die Bagel-Bakery, die sich blauweiß annonciert, wie das Straßenschild Einbahn. Wo gehen wir denn hin? Georg will ins Café »Strandbad«, das so gar nicht am Wasser liegt, sondern neben einem Sportplatz, einem gigantischen grünen Fußballfeld. Irreführender Name. Wie das »Ungewohnt« und das »Ruz«. Dichterspelunken. Georg sagt, der märkische Sand muß dir gefallen, wo Sand ist, war mal ein Meer. Oder nicht? Ich bejahe vehement. Es lebe der Sand, obwohl er das Fehlen des Meeres so spürbar macht. Immer diese Verlustmeldungen. Immer diese Vermißtanzeigen. Suche Ozean mit gekräuselter blauer Oberfläche zwecks Betrachtung bzw. Union. Basta. Hier ist er nicht. Die Mädchen, die das Café frequentieren, tragen ausgeschnittene T-Shirts, schwarze Hosen, Regencoats. Fast alle. Sie diskutieren leidenschaftslos. Georg sagt, wozu sich aufregen. Bloß nicht. Ich sage, aber doch. Gehöre zur Gefühlsfraktion. Das ärgert ihn. Und als ich ihm mit der Kindheit komme, Miramar und so, wird er unsicher. Was suchst du hier eigentlich? Ich zeige auf die blaue Speisekarte. Ein Reflex. Ich sage: Preußischblau. An die Preußen hat er nicht gedacht. Das ist doch das letzte, was dich interessieren kann. Und sowieso passé. Mein Finger rührt sich nicht. Also bleibt es dabei. Die Pruzzen, die Russen, dieser Elbe-Osten, gut sortiert. Der muß mal erforscht werden. Georg bestellt sich eine Käse-Baguette, der Primavera-Salat ist für mich.

Es gibt Sehnsucht und Neugier, Neugier und Sehnsucht, sag ich. Weißt du mehr? Abwesend murmelt er: Geld. Das kurze Wort steht ihm gut. Besser, als ich gedacht hätte. Georg gehört zur Ökonomiefraktion. Sachlich ans Ziel, mit dem Verstand die richtigen Schneisen schlagen. Und die Scheine alle intakt im Schrank. Nichts auf Sand bauen. Guten Mut, gute Macht. Im »Strandbad« will ich nicht vorpreschen. Nicht bis zur Liebe, wo jeder Farbe zu bekennen hat. Also sehe ich Georg nur an, sehr genau an, der davon unruhig wird. Was für Sehnsucht, fragt er barsch. Ich zögere. Jetzt oder nie die Preisgabe. Und nenne nicht das Gute Wahre Schöne, sondern ein Thermalbad mit Lover. Dazu himmelwärtige Alleen, viel Wärme und ein Fitzelchen Meer. Aha. Georg kräuselt die Stirn. Auf dem Schirm des Fernsehers im hinteren Teil des Raums zittert eine Landschaft ohne Meer. Auf, sagt Georg. Ich gehorche. Zu Befehl. Der Jasminstrauch ums Eck blüht vor der Saison. Beim Einbiegen in die Gipsstraße stellt sich keine Frage. Erst beim blauen Ladenschild »Mode Juliette« kommen wir auf Existentielles. Und Georg verspricht, es mit dem Blau aufzunehmen.

Döner

Beim Inder stehen die Tische sonnenreif vor weißer Hauswand, und die Jugend trinkt Bier. Bier in Gläsern, in Humpen, Bier. Vom asiatischen Setting zeugt eine Brunnenschale, in der farbige Blütenblätter schwimmen. Zu den langen Holztischen paßt sie wie Tau zu Stau. Also. Der Sikh blickt ruhig in die Runde, Hüter der Blumen. Die Harmonie hat ihren Pool. Und daß die Eiligen sie übersehen, macht sie nicht schal. Schönheit? Drüben dräut das Tacheles, backsteinbraun, ein arger Bau. Aber. Lachen viele Zeichen da, das Auge hat zu tun mit dem Grafittiwald. Dann dieser dürre Alte auf der Bordsteinkante. In Kaftan, in Latschen, mit spitzem Kinn, weiß nicht, was tun. Die Arme steif. Noch nichts gegessen heute. Während vom Döner-Stand Gerüche rüberwehn. Döner hier, Döner dort, auch der Zeitungskiosk in türkischer Hand. Und Georg: »Es muß Falafel sein.« Es muß. Der Spätnachmittag leuchtet durch die Oranienburger. Georg ißt, ein Windstoß dreht die Baumblätter um. Es gibt hier Linden, und um die Ecke, im Hof des Postfuhramts, Erlen. Das sind zweifarbige Geschöpfe und große Raschler. »Oh oh«, sagt Georg, »gute Brise.« Die Silhouette des Alten taucht nun auf der andern Straßenseite auf. Wir haben es geschafft. Schlurfend Richtung Monbijou-Park. »Sag mal«, sagt Georg, »was guckst du immer so entgeistert.« Ich bin so Aug, daß ich oft stolpere, ja. Oben der wechselnde Himmel, unten die Inder, Kinder, Bettler und Phäaken. Dazwischen das Baumlaub. »Halt mich.« Georg kaut Falafel. »Die Bilder strömen ein und aus, ich schwanke.« Von der gelben Fahrradfahrerin rasch gestreift, vom Glatzkopf ziemlich angerempelt. Also. Aber. »Stornier das Träumen«, sagt Georg. Georg, der Gefühlstöter. In der Chausseestraße liegt Sand zwischen den Pflastersteinen, und Verrat ist meine Sache nicht. »Pragmatisch nein, mein Lieber. Lieber porös durch die Welt.« Aha. So gehen wir. Von den Plakaten blicken Berlins bunte Bewohner, und was ich in die Porträts hineindenke, schaut aus ihnen heraus. Sanftmut, Strenge, Selbstbewußtsein. Der Augenbrauenbogen stark, die Mütze schief. Georg schmollt. Als Hardliner schmollt er konsequent, nennt mich und die Stadt verquer. »Krätzige Angelegenheit.« Wir steuern rechts, wieder rechts, all diese Weinhandlungen, bis die Torstraße geradeaus weist. Und. Es riecht nach Döner Kebap. Der aufgeschobene Hunger meldet sich. Döner. Beim nächsten Stand bin ich dran. »Traum raus«, murmelt Georg. Er hat was im Sinn. Mich umerziehen so en passant, so beiläufig in Mitte. Dabei weiß ich doch, daß dieses Leben nicht eine Ausrede fürs nächste sein darf. Schön hier, schön Döner. Schön alles und jetzt. Ein Plakat der Volksbühne annonciert »das Recht auf Faulheit und die Zukunft der Nichtarbeit«. Ich lese: »Start-up Crashs der New Economy. Auftritt der Arbeitsmannequins. Der endlose Feierabend mit Combo-Beat. Helden der Arbeit.« Georg nickt gedankenlos. Noch bevor ich mich wundere, holt er zum Schlag aus gegen die Subversivkultur. O Mann, what did I do to you. Ökonomie heißt die Losung, heißt die Lösung, sagt Mister Georg. Wir hatten Lenins NÖP und haben jetzt Freude auf amerikanisch. Großer Anreiz, versteht sich, Lebensbatterie. Also. Was soll das Scharwenzeln vor der Faulenzerei. Was. Ich zeige auf fleißige Bauarbeiter und die hübsche Betonmischmaschine »Bayosan«. Die Stadt boomt wie noch nie. Jede Brache wird zugebaut. Naja. Georg trottet vor sich hin, trotzig. Wir sind irgendwie uneins, mehr und mehr. Hinauf zum Prenzlberg? Das hieße links. Georg biegt aber schon wieder rechts ein, wo an einer stillen Ecke der Auguststraße »Il contadino sotto le stelle« liegt, das Bäuerlein unter den Sternen. Ich werde auf meinen Döner verzichten und eine Pasta essen. Punktum. Georg atmet tief durch. »Luft«, höre ich. Die Luft tue gut oder er werde sich Luft verschaffen oder. Ich ergänze, wie es mir paßt. Georg soll Linda wortprügeln, nicht mich. Soll die Berliner Bärenluft verpesten, nicht mich. Soll sich drei Wochen Urlaub nehmen und mental zu Tode amerikanisieren. Ohne mich. Wir stehen säumig, hinter uns grünt ein kleiner Park. Es riecht nach Gras. Ich ziehe Georg auf die erstbeste Bank. Wer sich nicht ruiniert, aus dem wird nichts, fällt mir ein, aber für Belehrungen ist nicht der Moment. Hungrig konstatiere ich meine Trauer, traurig konstatiere ich meinen Hunger. »Wir reiben uns, Georg.« »Na und?« Alles linkisch. Alles öd und doof. Mit einem Döner im Bauch wäre ich besser gewappnet. »Es war einmal.« Georg räkelt sich. »Es war einmal ein Wunsch, der hatte zwei Beine und einen Kopf.« Ich erzähle Georg die Geschichte einer Neuberlinerin, die im märkischen Sand Fuß zu fassen versuchte. Als erstes lief sie die Straßen ab. Als zweites studierte sie das Branchenverzeichnis. Als drittes hielt sie Ausschau nach einem Lover. Alles Weitere folgte aus eins bis drei. »Jetzt lauf ich doch schon, an deiner Seite.« Und Georg nickt. Ein Vogelschrei stört uns. Bevor Georg umständlich seinen Arm um mich legt und zum Sternenbauern zeigt.

Despair

»Es ist schon so«, sagt Magda, »die Trauer kumuliert sich. Denk ich ans Bett, fehlt einer. Denk ich an die Zukunft, fehlt etwas. Denk ich an nichts, tut es weh. Ich bin ein Sack aus Trauer.« »Aber du hast Ausdauer«, sag ich. »Im Trauern«, sagt sie und schielt. Ausdauer ist Ausdauer, das will beherrscht sein. Wer ausdauernd trauert, wird auch ausdauernd feiern. Ordentlich Despair läßt ordentlich Hope zu. Nur richtig gründlich in die Knie, meine Liebe. In die Untiefen der Verzweiflung. »Du hochstapelst«, sagt Magda. Das klingt absolut. Ihr gelbes Strickjäckchen macht Anstalten zum Frohsinn, die Schuhe, schnabelförmig, eilen munter dahin. Aber. Kein Kavalier. Keine Schulter weit und breit. Keine ausholenden Pläne zu zweit. Keine Zärtlichkeit. Oh. Überall Betriebiges, Schlußverkauf, Sale, man eilt, man weilt nicht, Schnäppchen hier, nur drüben, in der Ausstellung übers Erhabene, die Striche Rothkos wie zwei Schläfenlocken. Ruhig vertikal. Und in der Mitte die gelben gebügelten Striemen. »Meine Meditationshütte«, sagt Magda. Das Ambiente changiert zu Orange, es gibt Rinnsale, Farbwolken, großräumig gefaßt. Andere Bilder baden in Blau. Nur aus dem Schwarz führt kein Weg. Opak. »Aber«, sagt Magda. Etwas am Dunklen mag sie doch oder sogar sehr. Als würde ein Vorhang aufgezogen und dahinter Sicht frei. Schichten, Blenden, Rußhauch, Pech und. Das Sublime. Etwas graues Licht. Das Gefühl kommt zu sich selbst. Truglos findet es das sanguinische Futter, den melancholischen Stau. Und hat plötzlich Chancen, sich zu erneuern. Sagt Magda. Magda, die in meiner Bude wiederholt: »Die Synagoge, der Fernsehturm und der Stern. Die Kuppel, der Alex und meine Herren Castor und Pollux.« Dies mehrfach repetiert bei juniklarem Nachthimmel. Magda. Polnisches Flüchtlingskind, mehrmals gebrannt, Standbein immer vom Spielbein entfernt. Sie kennt das Türmen und stürmt in jedes Unglück hinein. In die erstbeste Umarmung, aber. Jetzt reicht's, jetzt ist die Erfahrung voll, ein Tollhaus. Geborgenheit wohnt anderswo, zum Beispiel in Rothkos Tableaus, zum Beispiel im lauen Anblick dreier leuchtender Zeichen. Oder, sieh mal, bei diesem munteren Paar, das durch die Straße hüpft. Er: »Na und, böser Henry.« Und der Kleine: »Na und, böser Papa.« Na und na und hin und her, über den grauen Granit, um den Ärger auszutreiben. Bösesein als Spiel. Und steckt nur Liebe dahinter. Und macht sich jede Laune Luft. Magda sagt, sie sei nicht verbittert, nur midlifegeschwächt. Das sind wir alle. Das Leben fährt zu schnell, die Kraft hinkt hinterher, Preis-Dumping, Turbo im Quadrat, nicht zu vergessen die Hormone, oh. Das führt zu regelmäßigen Bewölkungen. Ganz unabhängig von der Meteorologie. Mein Mägdelein, mein. Was tun. Bin selber kein guter Ratgeber. Unison der Baulärm überall. Die Krähen nisten in den Parks, krächzende Vogelapparate. Zärtlichkeit? Cesaria Evora von den kapverdischen Inseln singt heute Open air, das verheißt was. »Mama-Stimme«, sagt Magda, ziemlich absolut. Na und? Die Frage ist doch, ob dieser Sound ihr guttut. Gehen oder nicht gehen, Aufschwung oder nicht. »Entscheide«, sag ich vor einer Brandmauer. Magda schüttelt den Kopf. Sie wirkt hundsmüde, und ich füge hinzu: »Es handelt sich nicht um polnische Punks.« Das wisse sie auch. Trotzdem. Ich bin kein Stimmungsingenieur, also stehen wir unschlüssig, hinten die Wand, vorne wir. Was geschieht? Immer geschieht etwas, Magda hat Hunger. Mir fällt Silberstein ein, der sein hochkantes Eisenmobiliar jetzt japanisch dressiert. Die Suppen heißen Miso, Sake Ocha Suke, Magda wählt leicht, im hellen Sud schwimmen Pilze, Gräser, Tofuklößchen. Und die Sonne scheint herein. Essen bei Ost- oder Abendsonne, jeder sucht in der Stadt die Sonnenecke. Dann Magda: »Interessant ist doch nur, was du nicht erreichen kannst.« Der Satz scheint aus der Suppe zu dampfen. Wir sind zenmäßig, ja? Ich frage nicht, ich hadere nicht. Anti-neoliberal wäre schick, aber. Magda führt keine Brandrede, sie löffelt ruhig und: »Es gibt die, die Sehnsucht haben, und die anderen.« Damit ist die japanische Kulisse überwunden, wir sind im Magda-Land. »Iß«, sag ich ziemlich schroff auf meinem Thron, »du kannst die Pragmatiker nicht bekehren.« Könnten wir nur vom Zitronengras reden, von einer Kulinarie, einer Marginalie meinetwegen, aber mit der Sehnsucht steuert Magda geradewegs aufs Kernproblem zu, und schon folgt, daß nichts folgen kann: kein Mann, keine Schulter, kein Trost, kein. Weil nichts nimmer genügt, so oder so. Bleibt die Perspektive, klaffend weit. Mit der Wahl der Straßenbahn Nummer 13 schließe ich sie für einen Moment, wir fahren bergwärts, wir fahren. Magda fragt nicht, wohin. Studiert die Haltestellen. Ich sage: »Zionskirchplatz.« Sie sagt: »Pappelallee.« Egal, wer was sagt, denn vor der Endstation steigen wir nicht aus. Der Himmel ist leicht zugewachsen, die Laune schaukelt wie die Tram. »Na und, böse Magda.« »Na und, böse Mimi.« Aber bei Rothko gab es ein Violett, das wäre wirklich erklärungsbedürftig.

Unna

»Jut, jut.« Der Taxichauffeur kennt die bestimmte Ecke, obwohl der Osten nicht sein Ding ist. Ob ich mir Musik wünsche, klassische oder andere. Ob ich rauchen wolle. Ob er das Fenster schließen solle. Das ist Service, aber wirklich. So zuverlässig nett in dieser Branche sind wenige. Und wenn man sie besorgt nach dem Wetter fragt, sagen sie lachend: »Es wird sich einregnen.« Damit hätten wir die Bescherung. Vorerst geht nur Wind, der Rest folgt absehbar. Bleigraues Wolkenband, dazwischen kein Fitzelchen Sonne, zwischen den Böen und Schauern kein Himmelsblau. Regen, Regen. Pfingstsonntagsregen, es pißt aus den oberen Gründen. Die Schafskälte saumäßig an diesem Sommeranfang. Ich hätte nichts gegen eine ordentlich lange Taxifahrt, bis zur Iranischen Straße und retour, oder einmal den Osten umrunden. Sieht man viel und schont die Füße. Aber. Die bestimmte Ecke liegt schon in Mitte, zwei Ampeln noch und wir sind da. Und die Brahmssche Violinsonate fährt ohne mich fort. Rauschhaft zu klingen. Also Ade oder Tschüs. Anne-Sophie Mutter, Alexis Weissenberg und wie ihr alle heißt. Jut jespielt. Nein, eine Quittung brauch ich nicht. Nur ein Stück Schokolade. Nur etwas Süßes ins Blut. Meine Mon-Chéri-Vorräte sind ausgegangen. »Die haben Sommerpause«, sagte die Verkäuferin. Lieferungsstop, na so was. Einfach Pause einzulegen, einfach die Produktion lahmzulegen, und nirgends Mon Chéri. Nicht eine einzige rosa Packung weit und breit. Was für ein Kundenbewußtsein, denkt das Westhirn. Aber. Umdenken. Lena hat Pralinen dabei, da steht sie schon, im angehaltenen Regen. Lena mit einer weißen Westblume. Die ist für mich. Bin ich rekonvaleszent?

Im »Oren« fällt mir wieder Oranienburg ein, betörender Klang, aber alle warnen davor. Vor dem Kaff. Also Oren ohne Oranien, Verbindung gekappt, probeweise. Und rasch zu den orientalischen Süßigkeiten, mit Honig und Nüssen und. Lena lächelt. »Du hast Schub.« Ich habe was? »Schub statt Schubumkehr.« So peilt sie das Ganze an, und was soll ich jetzt sagen. Daß es mir gut geht, besser, geradezu glamourös. Zwischen den Zeiten und Fassaden. Zwischen Russen, Türken, Indianern, nein Indern, nein Kindern, zwischen Galeristen und Sozialisten, zwischen Puristen und Turbokapitalisten. In dieser gefalteten Stadtlandschaft, wo vor lauter Hunden jeder zum Mithund wird. Ja, hier, im Gewühl, spür ich mich wieder. »Na eben, wußt ich doch. Durchlüftung tut gut.« Lena stammt aus Unna, Unna in Westfalen. Von Iranischen Straßen träumt man da vergeblich. Einige führen nach Hamm, andere woandershin. Nur der Name bleibt. Kryptoitalienisch. »Antrieb eben. Was man im Fachjargon Eigentonus nennt.« Lena nickt. Den hat auch sie in der Großstadt gefunden, weit von Unna entfernt. »Diese ruppigen Schnauzen hier«, schwärmt sie, als wäre sie glücklich auf den Hund gekommen. »Dieser Biß! Befreiung!« Laß es gut sein, Lena. Die Wappenbären sind zuverlässige Patrone. Und der orientalische Honig wärmt uns die Kehle, der kräftige Minzentee.

Immer wieder Unna und grüne Endmoränen, immer wieder das Bekenntnis zum Ausstieg. »Vorwärts«, lautet Lenas Devise, »Durcherneuerung«. Der urbane Moloch macht's vor. Keine Stunde ohne Eingriff, Europe's most vibrant city. Auf »vibrant« sind wir aus, mit schön wiederhergestellten Blutzuckerwerten. Positiver Biographieknick, ja. Gegen die Versingelung gehen wir an. Lena: »Eine Stadt mit elftausend Straßen ist doch großzügig genug. Wem's nicht paßt, kann weglächeln.« Die Oren-Gäste löffeln Borschtsch und Auberginenmousse, sie stammen von überall. Eintritt ein Rosenverkäufer, nach ihm ein Zeitungsverkäufer. Weglächeln. »Micki ist einsam«, sagt Lena, »aber er tut was dagegen.« Ich weiß nicht, wer Micki ist, aber von Einsamkeit versteh ich was. »Und?« »Schwimmen, joggen, viel Wasser trinken, das hilft.« Mickis gibt es hier scharenweise, sie sitzen vor Bildschirmen, auf denen Kugeln zerstieben, bevor ein Gedanke sich formuliert. Mit jedem Tag unfitter. Bis der Rücken knackt, bis ein Westdoktor her muß, aber dalli. Dieser diagnostiziert Angst. Berufsangst, Lebensangst, Überlebensangst. Zum Teufel das Ganze. »Micki ist sarkastisch«, sagt Lena. »Da heißt es dann, pleiter geht nimmer, so reden sie über sich und meinen die Stadt, oder umgekehrt. Micki ist mein Neffe.« Ich sage: »Ihr seid ganz schön verschieden, der Micki und du.« Und Lena: »Das will ich hoffen. Unna ist doch kein Tattoo.« Schon wieder Unna. Das Wegemanzipierte kommt flink des Weges, da bin ich. Alles wird an Unna gemessen, die vielen Straßen, Einbahnstraßen, Cafés, Kneipen, hier viel, dort wenig, Fazit eindeutig. Von Pleiten will Lena nichts wissen. Das Biotop hier gefällt. Und draußen Pappelflaum, der Alex eingenebelt. Kalt ist es, kalt. »Wir wünschen einen angenehmen Weltuntergang«, kündet ein Plakat. Kinostart am 19. Juli. Das ist noch hin. Längst nach den Pappeln.

Orange

Wenn der Tag auf einem orangefarbenen Sessel beginnt, hat er gute Chancen. Viel Frohmut. Vor dem Fenster die Zitterpappel biegt sich und singt, drinnen das stille Mobiliar. Es steht die Vase, der Tisch, das Sofa, der Stuhl. Die Bücher stehen. Decke weiß und Stuck, Lampe Alu und. Keine Bilder. Das Orange mit Gewähr, das Orange ein Akzent, das Orange Spitze. Ich sitze schon, kongruent. Etwas Krönung vor dem Beginn. Etwas Sonne. So. Hier. Wir wollen nicht schrumpfen, wir wollen nicht implodieren. Wir suchen die gute Weite, also Raumspannung, also Raumausspannung, also Horizonterweiterung. Wir. Ich. Mit Orange um die Wette. Angeturnt und. Feurig mohnorange, das glüht. Damit den müden Nachbarn anstecken. Der duckt sich im Kabuff. Brütet und schluckt und verheddert sich in den Zeiten. Freundin davon, Bart unrasiert, von den Ersparnissen wenig übrig. Also sind Tag und Nacht austauschbar, denkt er, denk ich nicht, weil das ein Hohn ist. Dem Licht trotzen. Bei mir gibt's Limonade. Und, mein Freund, Sitzgelegenheit in Orange. Das heißt? Jaja, das Leben geht weiter. Nach der Demütigung powert es sich wieder hoch, du läßt Haare im Sand, aber. Das Standbein weiß, was es tut. Er sieht es nicht so. Die Jalousien bleiben zu, die Sonne ausgesperrt. Hallo! No response. We are depressed, my dear, mit welcher Kantilene wecken, was schläft, was tief und furchtbar schläft. Ich nehme einen Batzen Orange, ich kleb ihn aufs Fensterbrett. Die Cartoonfabrik nebenan hat ihre heiteren Stikker, sowieso. Karatemännchen laufen ins Glück. Also nicht zurückbleiben. Smile! Montag, auf Montag folgt Dienstag, auf Frühling der Sommer. Immer folgt etwas, Esche und Eibe im Verein. Und geht der Schlaf aus, folgt schon der nächste. So vertrauenerweckend, das Ganze. Jalousien auf! Wie ein oranger Wimpel leuchtet »The Pip's« und an der Ecke die »Verkehrsberuhigte Ostzone«. Weiter drüben grüßen »Africando« und die »27 Missing Kisses«. Eine Welle von Rot, Tomatenrot, schwappt über die Plakatwände, guter Grund hinzuschauen. Heute hab ich mir ein Cape übergestreift und die Klötzchenschuhe an. So klappere ich zu den Verrichtungen: Post, Bank, Bio-Laden. Kleinere Umwege eingebaut, um den Körper zu trainieren. Zirkulationsfördernde Maßnahmen führen in Hinterhöfe, Parks und Friedhöfe. Zickzack bedeutet voran, ein bißchen irr, aber. Von Heiner Müllers Grab zum Änderungsschneider. Und heute gibt es in einer fünften Etage weißrussische Kunst zu sehen. Ausgerechnet das. Wir sind doch neugierig. Wir sind doch sehr orange. Wir fahren unsere Antennen aus. Strahlend. Stehen unterm Dach des Tacheles, mit Blick auf Brache und Zoff bei fader Sonne. Die Belorussen verarbeiten Tschernobyl, jene andere Strahlung. Marschieren mit roter Fahne durch den ewiggestrigen Kommunismus. Wo es doch heißen müßte: Been there and back to nowhere. Wie ich mit meinen Amouren. Oh, hallo, das alte Lied. Die vororange Etappe. Weg damit, weg mit den An- und Rückfällen, dem ganzen Zauber, weg. Im Zeichen von Kalium, Magnesium, Kalzium and you name it in die positive Runde. Psychoapparat auf fit, Kopf hoch und. Schnell gesagt, so reibungslos geht das nicht, aber. Selbstmotivation zum Frühstück, wie die obligate Karotte. Das heißt, ich bin gut drauf, wenn ich nur will. Ich bin der Kick. Das kapiert mein Penner nicht. Entweder Panik oder Profit, lästert er, so ist die Welt bestellt. Und guckt sich die Augen in den Bauch. Einwärtsschau, hundsmüder Selbstboykott. Im Kabuff. Gegen orange Verführung gefeit. Ich bleibe ein wenig auf der Strecke. Mit meinem Goodwill. Aber weiter. Aber den oberen Chargen zuliebe, dem Schicksal, nachtrainieren. Schwimmbad Gartenstraße, vier Runden um den Schlachtensee. Laufen, kaufen, tun, ruhen. Der Reihe nach. Einmal küssen. Und zuletzt, immer zuletzt, mit dem Sessel um die Wette.

Oxymoron

Im »Oxymoron« sitzen die fünfziger Jahre, gepudert mit DDR-Mief und gestylt auf heute, eine flotte Mischung. Der Tresen aus Nußbaumholz biegt sich, dahinter die Flaschenbatterie, darüber ein Lüster. Sind wir ein Salon? Teppiche hier und dort, die Tische und Sitzgruppen schön disparat, rote Sessel, etwas angenagt, das seidenbeige Sofa ein Einzelstück, dazu marodes Inventar: Vasen, Ascher. Auch Holzstühle, auf den Tapeten blaßgrüne Muster, versetzt mit Braun. Geräumig das Ganze, die Kellner zirkulieren frei. In diesem Ambiente fragt einer, ob alles zu unserer Zufriedenheit ausgefallen sei. So fein, so kundenorientiert, als ob er gerade ein Training à l'américaine absolviert hätte. Man bindet sich die Schürze um und steht zu Diensten. Surft ums Mobiliar. Neigt sich zu tauben Köpfen. Von mittags bis spät in die Nacht. Etwas an der Zeit scheint stillzustehen, während anderes wabert wie alles in dieser Umbau-Stadt. Das alte Freskofragment klebt als Heftpflaster im modernen Flur, die Berlitz-Reklame überstrahlt den Hauseingang. Diffuse Zeitrudel geraten sich ins Gehege. Alt beißt Neu. Und Verwandlung. Und gelöteter Widerspruch, schlagend in der Jahrtausendwerft. Wir sitzen im Dekor, trinken heiße Schokolade mit Sahne. In der Nachbarschaft gibt es Klezmer-Musik, revitalisiert. Der Baukran ums Eck zieht was auf. Viel Mode, home-made. Ziemlich dumpfer Passantenstrom. Dann Nike: »Die Mädels an der Oranienburger kostümieren sich wie Cyberspace Girls.« Recht hat sie. Nachts glänzen die Klamotten, schulterbetont, über hochhackigen Schuhen. Nice long legs, und der blondierte Kopf eine Barbie-Imitation. Nachts. Auf der Höhe des Parks. Die Freier rar. Die Mädels sehr jung, sehr schlank. Staken über das unebene Ostpflaster oder lehnen sich an geparkte Autos. Wachsam. Nike: »Anschaffen bleibt ganz schön real. Auch wenn der Look der Damen an Virtuelles erinnert.« Und biegt man in die Große Hamburger ein, von alledem nichts mehr. Statt dessen altgediente Fassaden und klaffende Lücken, die an die deportierten Juden gemahnen. Geschichte in Stein, Mörtel, Bronze, im Parkviereck. Der Zeitfluß verläuft langsamer. »Engel-Bestattungen« nur noch bröckelnder Name, während das »Goethe-Antiquariat« dreidimensional einlädt. In den Regalen reihenweise sowjetische Sozrealisten in DDR-Ausgaben. Das war einmal. Und steht hier herum. Aber die gelbblühenden Büsche ums Eck. Hell, heftig duftend. Auch Bänke. Nike jäh: »Im Grunde sind Regeln doch nur dazu da, daß man sie brechen kann.« Ein unadressierter Satz, über den wir uns rasch einig werden. Die Mädels verstoßen folgsam. Und brüchig der Verlauf von Großer und Kleiner Hamburger, zwischen die sich ein Stück Auguststraße schiebt. Beim Änderungsschneider der flehende Blick hinter rosa Plastikbrille: »Unser kleiner Felix war krank. Bitte nicht böse sein!« Aber nein, die Winterhose hat keine Eile. Das schlechte Gewissen gehört uns. Es gibt sie, die armen Leute, den Familienbetrieb, mit Mann, Frau, die Kinder schon einbezogen, die Nähmaschine hinten im Laden, da geht es fast rund um die Uhr. Nike: »Also Wechselbäder sind das. Also muß einer schon aushalten hier.« Wollen aber alle her, die Russen, die Polen, wie die Vögel her und bleiben. Und singen in den S-Bahnen und sich verdingen und Techtelmechtel. Hauptsache: hier. Wo das Leben boomt. Das tut es. Die Bäume schießen ins Kraut. Laute Blätterexplosion, mit zischenden Vögeln und Frühlingslicht. Lauter Eile. Die Spreeschiffe tuten schon. Der Sand erinnert an alte märkische Meere. Bleiben! Im »Oxymoron« Kakao trinken oder Selters. Mit den Widersprüchen der Euphorie fertig werden. Nike: »Heute ist Walpurgistag, nebenbei.« Draußen sitzen die Sonnenhungrigen, der Havelzander wird aber nur drinnen serviert. Heute ist heute, und morgen der 1. Mai.

Sommer

Der Sand hat plötzlich Mimik, und es ist hell. Überhell hinter der Gardine. Ein heißer Himmel hängt über der Stadt. Der Nußbaum im Hof der »Kunstwerke« wird bewässert, sogar das Pflaster, zur Kühlung, jeder Schatten ist besetzt. Kinder buddeln oder tragen Schellen in der Hand. Die Schwalben schreien hoch. Angesagt ist geeiste Gurkensuppe. Unter den Markisen dämmert die Jugend, die moderne Floristik, auch sie. Haben Hortensien ein Herz? Jetzt aber warten, mit Fragen, mit allem, bis hinein in den Abend, wenn das Open-air-Kino seine Breitleinwand installiert, exakt vor dem Alten Museum, vor dem Schinkelschen Giebel. Liegestuhl aufgeklappt, Marke Ikea, ultramarin. Mit weißem Kreis. Oder gestreift. Ein mediterraner Streifzug zwischen den Kolonnaden. Und die erste Brise aufkommt. Und das blinzelnde Gesicht von Björk, groß, bebrillt. Sie sagt, sie hat genug gesehen, mehr braucht sie nicht zu sehen von dieser Welt. Einfach so hinein in die Runde. Uns ist es nicht egal, wir schauen wie gebannt. Auf die Tanzende, die Erblindende, auf die Mörderin aus Not, auf den Strick. Der Himmel längst nachtblau, das Gezwitscher verebbt. Überragend die deutsche Kulisse. Mit hinten Linden, seitlich havariertem Bau. Innen rumort der Ausblick. Unter den Neonsternen startet der Film dreimal durch, vergeblich. Er manövriert sich ins Todesbecken. Und wir sind ganz schön abgekühlt. Dann Räumen, Räumen, auf dem Nachhauseweg Ambivalenz und eine einsame Grille. Ganz schön abgekühlt. Nur im Morgengrauen zwitschert das Blut, ungeduldig. Und bereitet sich auf einen Hitzerekord vor. Die Läufer in den Straßen sehen zufällig aus. Shortträger. Aber ruhig die Juden von Adass Jisroel: schwarze Hose, weißes Hemd, dunkelblauer Rock, weiße Bluse, Kopfbedeckung, das Mädchen mit schlenkerndem Gang. Und haben alle eine Gewißheit. Wie sie die Tucholsky überqueren im Clan. Ich sehe ihnen nach. Sonnabend, Schabbat. Erwärmt von ihren Lektüren. Selber matt. Von Zweifel und Ozon, von. Setze mich auf die Zwei, fahre ins Niemandsland, durch die hellen Schneisen, Alleen. Wo die Wohnblöcke gleißen, ostig. Wo der Rasen rostet und die sozialistischen Friese verhärmen. Ulan Bator. Minsk. Grandios trostlos, diese Steppe. Nur das Licht famos, irgendwie feenblau. Transparent über allen Dächern. Im Volkspark Friedrichshain kauern die Raver. Neben dem Teich, im Schatten der nordkoreanischen Glocke. Die Vermächtnisse der DDR stehen hier auf Hügeln und in Senken herum. Gläubig. Vor dem Restaurant-Pavillon eine triste Nachmittags-Band. Sonst grünt das Revier, grüne Stadtlunge, das brauchen wir. Um der Staubhitze zu entrinnen. Wir brauchen Zoo und Moore und. Geschlängelte Wege up and down. Und viel Flora und einen Freund unterm Lindenbaum. Faire Hoffnung, aber. Linden, Pappeln, Platanen, alles da, Kinder, Kinderwagen, Mütter, Vogelsound. Nur der Mach-mich-froh fehlt. So gehe ich durchs Revier, Bötzow, halbsaniert, etwas torkelnd, immer dem Schatten entlang, in den Abend. Der kein Abend sein will. Sodbrennen vor den kleinen Kneipen, aus denen es da und dort amerikanisch zwitschert. Die Läden zu, die Rentner träge im Kabuff. Es gibt die Melancholie des Stillstands, kein Wind, und die Tageszeit unschlüssig. Bergwärts wachsen die Stockwerke der Häuser, sie ragen schon. Wörtherstraße, Rykestraße. Wasserturm. Hochherrschaftlich, ich meine mit Balkonen, Markisen, durchbrochenen Friesen, mit. Immergrün. Paare unterwegs, im »Pasternak« die Szene, die sich räkelt, resümiert. Und weiter. Was ist die Option. Beim Flanieren spricht der Kopf mit den Details. Auf der Schiefertafel steht »Borschtsch«, der rasende weiße Spitz hat eine Macke, und jemand plärrt. Das wäre dann eine Konstellation. Hier und jetzt, Ecke Kollwitzplatz.

Mein Geliebter hat scharfe Zähnchen, wenn er denn mein Geliebter ist. Fährt mir durch den Flanierkopf. Hab ihn lange nicht mehr gesehen. Und. Konsorte. Braust ein Motorrad vorbei, die Fahrräder singen. Sand in allen Fugen, Sand. Das hatte nicht einmal Triest zu bieten, die Kindheitsstadt. Außerdem Erlen, Espen, Backsteinrot. Das sich manchmal zu Kirchen türmt, agnostisch. Oder Loftetagen bildet. Die Stadt ist karnivor. Die Stadt sprengt ihre Sätze. Mündet in Grasränder, Brachen, Lachen. Dann sind wir wo. Zwischen Swinemünder und Swinemünder, mit einem Streifen Abendrot. Stille. Hier liefern die Gehsteige dem Single so viel Freiheit, daß er weint. Er kommt zu sich und nieder mit seiner Bagage. Derweil die Tageshitze abflaut. Richtungslos. Oben das Gellen der Mauersegler in schneller Formation. Zaudern. Zur Zionskirche oder retour oder. Keiner ruft, will sagen wartet. Also alles von Anfang an, wiederholt. Tendenz bergab. Ins frühere Scheunenviertel. Wo sich die Ostjuden das Unglück reichten, dichtgedrängt wie Heringe. Und heute statt Nachtasylen protzige Neubauten stehen, hingeklotzer Leerstand. Büro-, Gewerbeflächen en masse. Der Abend hat sie satt. Der Abend fällt ins Karree. Verhüllt die Kinderschaukel und den verendeten Trabi. Bald folgt die Nacht. Ich kurve durch die Mulackei, Filomenas Bar, gerüstet, wacht. Die Spätlinge sind im Anzug, viel Einzelvolk. Mit entwickelter Paarungsbereitschaft. Bei Happy-hour-Drinks oder Bier oder. Prosit. Was für mich abfällt, weiß der Deibel.

Wohnungsschau

In Mitte ist es am schönsten, in Mitte von Mitte blüht der Pfeffer. Hier prangt das ziegelgelbe Postfuhramt, hier strahlt die Synagogenkuppel in reinem Blattgold. Die Cafés reichen sich die Hand, und Mudd-Club und Sophien-Club und Clärchens Ballhaus und. Monsieur Vuong. Barcomi's Ristorante. Bitte bitte, hier. Zwischen Großer Hamburger und Linienstraße und dem langen August. Bleiben, eine Weile. Im sanierten Altbau. Abgezogene Dielen, Vorderhaus oder Seitenflügel oder. Wir wollen keine Platte. Wir wollen weder Spannteppich noch Rauhfasertapete, und Laminat wollen wir auch nicht. Also. Wird die Auswahl schon eng, und die Aussicht sperrig. Zwischen Engel & Völkers, Jan Lange Immobilien etc. Provision zwei Kaltmieten, aber. Patina haben sie nicht zu bieten, nur überhöhte Mietpreise. Wir wollen nicht schick, wir wollen einfach Mitte. Vor der Tür das ostige Pflaster mit bevorzugt Grasrand. Kleinere Höfe. Galerien. Den Wechsel von Acker zu Mulackei, von Wildwuchs zu Kinderspielrasen. Und oben die Hasen im Mauerbezirk. Ich singe. Im Rhythmus des Gehens den freien Song. »Let me be myself, don't disturb me, don't.« Das ist schon Bekenntnis zur neuen Ära im Mitte-Areal. Wackere Wiedergeburt, ich meine die eigene. Darum bleiben. Natascha wartet, der Bäcker wartet, der Karl ums Eck, die Blumenverkäuferin, der Bio-Mann. Wir sind für Sie da. Ja, wie gut. Im Papierladen, im Buchladen, bei Juliette. Ich bleibe schon. Wenn's mit der Wohnung klappt, wenn. Und sind alle geschäftig mit Rat. Tat auch. Lieber Dachgeschoß als Parterre, lieber West- als Ostsicht, mit dem Hausverwalter Kirschen essen, Mirabellen, einmal auf dem Fußboden schlafen (Lärmanalyse) und. Adorieren den Ort. Ist er putzig, gibt es gleich daneben das Off, Off-Szene und Off-Theater mit Spielplan: Plan B, Blue

Love, Giftmörderinnen, Die Bakchen, Evil Dead III, Lilli in Putgarden, Does it go und Naturremix 2001. Himmel, diese Auswahl, plus Filmtheater Babylon. Beim Blick auf Brandmauern braucht es innen Komfort, gutes Bad, gute Heizung. Und im Kopf helle Phantasie. Die hätten wir, wenn der Winter nur nicht so lang wäre. Wenn. Aber Wetter ist kein Thema, das Wetter macht sich von selbst. Interessant ist die Nähe des Italieners mit dem luftigsten Tiramisu. Stammkunde werden bei Rinaldo oder Renato, dort wo in Töpfen die Zitronen blühen. Solche Nachbarschaft nährt. Solche Küche verklärt die Lebensmitte. Zum Schluß einen Fernet gekippt. Das läßt den Magen schlafen. (Die deftigen Klöße überlassen wir dem Schankwirt der Seniorenkneipe.)

Ich meine, liebe Marta, daß sich der Aufwand lohnt. Zu suchen rund um die Uhr. In flachen und ansteigenden Straßen, über »Morgenpost« und »Zweite Hand«. Kein Bett noch, keine Couch, aber hoher Plafond. Ich werde tanzen. Unter hohen Decken den Kleinmut begraben. Stuck. Und mit einem Ruck aus dem Konstrukt. So so in Mitte. Ganz mittig, ganz allein. Ich meine, ohne die Theatertoten. Ohne die Geister der Vergangenheit. Das ist keine Kleinigkeit. Nicht Kirmes, nicht Hype, sondern neue Station. Mit Aussichten. Die Füße laufen den Weg dahin ab. Besichtigung um vier, dann um acht, mal vor der Rosenthaler, mal dahinter, Wohnungen mit Balkon oder ohne. Fünf Etagen Euphorie, und ich bin geschafft. Beim wiederholten Fehlschlag. Wenn die Tapeten Blasen werfen, die Klinken stinken, wenn. Der Westen zum Süden deklariert wird. So geschehen zwischen Novalis und Tieck, in der Borsigstraße. Dann hab ich den Nordbahnhof gestürmt, dann bin ich zur Mauer gelaufen, mitten in die Gedenkfeiern. Dann hab ich in der Abendsonne einen Taubentod gesehen. Das Tier glitt zu Boden, stand unsicher, mit hängendem Kopf, konnte ihn nicht wiederaufrichten. Tat ein paar

Schritte auf dem Gehsteig. Seine roten Augen zuckten. Stand kurz im Schatten eines Fahrrads. Hüpfte auf die Straße, genau in die Gefahr. Und wurde vom ersten Lieferwagen angefahren. Schlag, fiel hintan. Flatterte mit den Flügeln, bis das Leben aus ihm wich, langsam. Die Leute sahen befremdet hin. Jeder sah hin. Jeder sah die Taube auf dem Asphalt liegen, tot. Und jeder setzte seine begonnene Tätigkeit fort. Zum Beispiel das Sushi-Essen bei Silberstein, direkt vor dem Unfallort. Dieser lange Taubenhals. Dieses schnelle Geschick im Genick. Ich hielt es nicht aus. Daß es plötzlich so voraussagbar geworden war. Eine weißgraue Taube. Und nun, Marta, Abend. Statt der Kastanienallee Hustensirup mit Kastanienblätter-Spissumextrakt. Ziemlich anstrengend, diese Suchgänge. Bei Wind und. So erkältet. So porös. Die Makler schlemmen schon. Ich möchte ihre Haut nicht haben, aber. Fiebere bei diesem Schnellkursus in Grippe, Typ Sommervirus. Kurzer Atem, heißer Hals und Schwäche. Und schlafen, aber wie. Im Labyrinth der Träume durch die Häuser gehen. Häuser. Wannenbad, geflieste Küche, Flügeltüren. Balkon. Alkoven. Aspirin. Und selbst im Traum der Umbaulärm, vor der Silhouette gestapelter Krane. Sie nicken schon, kranichköpfig, ins Zimmer hinein. Gerüste starren, aber da, ein Akazienfächer, -flaum, zittrige Borte. Und ein Frauensopran. Fünf Takte eines Lieds in Moll. Diese Nachbarin möchte ich haben, für immer, Marta. Sie wird singen, der Baum wird winken, ein Volltreffer. Dann setz ich mich fest. Gute Sofabequemlichkeit, oversize. Das Hören wird mir nicht vergehen. Die Zimmerlandschaft sich fugendicht dehnen, dehnen. Kein Loftgefühl, aber angekommen. Aber hier im Glück. Eines Anfangs.

Moidele

Beim Einbiegen in die Große Hamburger sagt Moidele: »Das Zentrum kannst du nur aus den Augenwinkeln betrachten.« Ich habe noch nie etwas anderes behauptet, aber gesagt hab ich's nicht. Die Streberart ist bekannt, das Vorpreschen auf der Geraden. Mit amerikanischem Drall das Schwarze anpeilen undsoweiter. Mittenhinein. Wollen wir nicht. Lieber charmant schielen. Lieber lässig spielen. Lebensphilosophie, versteht sich. Aber in Mitte. »Mein Engel«, sagt Moidele und meint es. Das Wort hat in ihrem Mund herzliche Konjunktur. Sie mag mich, sie mag es, wenn wir nebeneinander gehen. Fast gleichzeitig starren wir auf den neuinstallierten Metallzaun des Jüdischen Gymnasiums, auf die Überwachungskameras. Und schweigen. Fast gleichzeitig zeigen wir aufs Sophieneck: »Ein Bier!« Fragt sich nur, welches. Hövels Bitter, Lausitzer Porter, Torgauer Ritter, Hopf Eis-Weizen, Rauchbier. Vom Faß. Das schmeckt. Draußen fängt es zu regnen an. Aus einem Fadenregen wird ein Sturzregen, so schnell, daß die Passanten Zuflucht suchen. Wir sitzen geschützt und blicken auf das schäumende Pflaster. Moidele: »Was sagst du zum Zaun?« Ich wußte, daß das kommen würde. »Provozierend.« Sie nickt. »Hochsicherheitstrakt.« Aber wirklich. Den Melancholieschub teilen wir schwesterlich, er ist vom Regen nur grundiert. Am Nachbartisch spielen zwei Frauen »Mensch ärgere dich nicht«. Sie quieken. Moideles blaue Augen wechseln ins Grünliche, Zeichen, daß ihr was mißfällt. Aber statt einer Klage sagt sie nur: »Die Autos humpeln.« Nichts ist austariert, bekanntlich. Wo es eilt, geht's langsam, wo die Sonne jahrum scheint, gibt's keine Arbeit. Moidele möchte aus dem Brackwasser der Ehe, Fuß fassen im soliden Alleingang. Dessen Tücken ich verdränge. Ist doch das Leben immer woanders: hinter der Theke, dem Zaun. Überhaupt: drüben. Also auswandern. Make it all new. Aus dem brandenburgischen Kaff in die Hauptstadt türmen. Moidele trinkt ihr Bier in kleinen Schlucken, verträumt. »Noch immer«, sagt sie. »Was?« »Die Einschußlöcher der Geschichte. Du wirst erinnert, kommst nicht vom Fleck.« »Dann geh eben weiter«, sage ich unwirsch, »besteig ein Schiff nach Amerika.« Und sie: »A-me-ri-ka, eine Farce.« Wie beim Foxtrott leg ich los, flott: Arbeit, Anti-Terror-Bekämpfung, Atlanta, Aufbaupräparate, Aktienboom, Aerobic, Busenwunder, Billigprodukte, Bob Dylan, Brooklyn, Bankkarriere, Börsenhaie, Babybananen undsoweiter, bis Positive Thinking, Shrink und Winnetou. »Die Geschichte läßt dich da sicher in Ruh.« Sie ist beleidigt. »Daß du mich gleich zu denen schickst, in die Wüste.« So streiten wir eine Weile, ich reite meine Ambivalenz, sie ihre. Und beide sind wir trotzige Kinder, die die Einsicht verweigern. Aber ich mag Moidele. Aber Moidele mag mich. Aber. Wer geht wen an? Und wie. So unvirtuell, wie wir einander gegenübersitzen, ist dieses Mögen heute hell, morgen schnell düster. Und also kein Amerika, und also diese kleine Große Hamburger mit ihren Einschußlöchern. Moidele sagt schon: Buße-Areal. Wir büßen, jawohl, recht so. Dauert die Buße lang genug, ist mit ihr fast ein Staat zu machen. »Auch in Mitte, Moidele! Gerade hier!«

Der rechte Fuß hinkt, ihr rechter Fuß. Ist sie nachdenklich, hinkt sie noch mehr. Diesmal durch die kahle Krausnickstraße, wortlos. Zu Hause wartet ein Mann, sie hat es nicht eilig. Er kocht seinen Borschtsch selbst, er bindet sich Krawatten um oder nicht. Was weiß sie von ihm. Was weiß er von ihr. Beim dritten Lendenwirbel ein Leberfleck, und einmal hat er sie zärtlich Mutzi genannt. Jetzt driften sie schnell auseinander. Sie ins Esoterikreich, er zu den Joggern. Ach Liebe, Großmaul, Wunder-Werk. Ich werde Moidele einen Vogel kaufen. Ich werde sie auf Ungeduld trainieren. Bis sie entfliegt. Moidele Zürner. »Noch ein Bier?« hauche ich ihr ins Ohr. Und sie: »Das Zentrum kannst du nur aus den Augenwinkeln betrachten.« Unbeirrt wie nie.

Nachwort
von Kathrin Röggla

standbein und spielbein

das ist es! ja, warum nicht vom kino sprechen, von den kinetischen vorgängen, die da vor sich gehen, sprachkino sollte man es allenfalls nennen, in seiner konkreten sinnlichkeit, deren takt durch montage und einstellung, also perspektivwechsel, positionswechsel, ebenenwechsel bestimmt wird. ein rhythmus, der manchmal mit dem atem, aber noch viel mehr mit dem blick zu tun hat, dem blick durch die jalousie, die das licht zerteilt, lenkt, verstärkt. ein camera-obscura-effekt, den ilma rakusa als grundmotiv ihrer arbeit bezeichnet, entsteht, dessen eigentümlichkeit diese lichtverstärkung oder »vergrößerung«, die verdichtung, konzentration der sehwahrnehmung ist, ein gefühl der derealisierung oder, noch besser, der hyperrealisierung der vorgänge draußen nach sich ziehend. und so ist der raum der erzählerin partiell illuminiert, konturen treten hervor, kontraste –

doch nicht zu vergessen das geräusch, das von drüben rüberdringt, das stimmgewirr, das durch die räumliche entfernung in unschärfe geraten ist, mehr vom wind herübergetragen, der mal an stärke gewinnt, mal abflaut, mal die richtung wechselt und so die lautstärken reguliert, den lauscher die sachen hören läßt, die er braucht, um eine antwort auf seine fragen zu bekommen bzw. seine ängste oder phantasien gestützt zu sehen. ja, unterwandert wird, was man geläufigkeit des hörens nennt, der lauschende muß seine imagination in gang setzen, und dieses wirken der einbildungskraft überträgt sich auch auf den leser, er bleibt nicht verschont, niemals auf vermeintlich sicherer wahrnehmungsdistanz, immer mitten drin – vor augen und ohren wird geführt, wie wahrnehmung und imagination eben zusammengehören und daß es dies ambivalente, dialogische, differente ist, das unsere existenz ausmacht und damit unsere angewiesenheit auf ein gegenüber, auf den anderen.

so erscheint nur natürlich, daß einige erzählungen mit einem gespräch beginnen, manche gar mit einem briefwechsel – daß da immer ein zweiter ist, daß da immer einer antwort gibt oder die antwort schuldig bleibt, sich entzieht, aber immerhin ist er vorhanden, immerhin – auch wenn er ein wenig herbeigezaubert wird wie der »könig der einsamkeit«, der die erzählerin in den projektionsraum zurückstößt, aus dem sie ihn geholt hat. ganze architekturen des gesprächs bieten diese texte, mit eingängen und ausgängen, wobei nicht sicher ist, welchen raum man dann betreten haben wird.

wie einleuchtend, daß ilma rakusa auch für das theater schreibt. ihre lust am widerstand, am beweglichen widerstand, d. h. an der erfahrung des anderen, ist durch den textkörper hindurch spürbar, dieser motivischen verkettung von erzählungen oder texten, die vom kroatischen inselleben erzählen, von der provence oder auch von baschkirischen steppen, deren erfahrbarkeit für figuren nicht mehr quasi eins-zu-eins zugänglich ist, übersetzt werden muß in die einkaufsvorgänge westeuropäischer provenienz. diese lust am widerstand ist verknüpft mit der lust zu evozieren, dem wissen darum, daß erst durch den lesevorgang der text vorhanden ist, zur welt kommt.

»1993« habe ich in mein exemplar geschrieben, dem ersten buch von ilma rakusa, das mir in die hand kam. in jenem jahr habe ich also »steppe« erstanden und gelesen. und wie gelesen! versehen mit anmerkungen, unterstreichungen, gekritzel an den rändern der seiten, habe ich es malträtiert, wie man eben gewisse bücher malträtieren muß, in denen dieses spiel vorgeschlagen wird, das so notwendig ist, weil in ihm wirklichkeitssinn und möglichkeitssinn zueinanderfinden – im literarischen spiel, das oft unterschätzt und beiseite gestellt wird von einer zentralperspektivischen wahrnehmung der literatur, deren starre ordnung sich immer schon vor dem der leseerfahrung gefügt hat und dem spiel allenfalls einen platz im kinderzimmer zuweist. 1993 kam das buch, aus dem einige texte dieser neuen zusammenstellung stammen, auch zur rechten zeit, denn das hohe maß an auseinandersetzung mit dem fremdsein, dem passager-sein, hat mein erstes jahr in der fremden stadt berlin gut begleiten und beantworten können, diese erfahrung der einsamkeit und der konfrontation. denn fremdsein bedeutet ständig konfrontiert zu sein, sich ständig auseinandersetzen zu müssen, sich ständig vor einem gegenüber zu befinden, das wenig gemeinsames, wenig identifikationsraum mit einem teilt. das ist die erfahrung des exterritorial-seins, und sie erzeugt eine erhöhte wahrnehmung aller eindrücke, die darauf drängen, in einen zusammenhang gebracht zu werden. um zusammenhänge geht es auch in diesen texten, allerdings um bewegte zusammenhänge, also um ordnungen, die in frage gestellt werden, prekäre zusammenhänge, manchmal sogar um den »ruin der zusammenhänge«, nicht um unumstößliche hierarchien.

vieles nimmt sich jetzt anders aus, der einfluß von marguerite duras beispielsweise war mir damals nicht klar, die korrespondenzen – es hat mich aber auch gar nicht so interessiert zu wissen, auf wen sich jetzt dieses zitat bezieht, das im textfluß zu erahnen war. gerade dieses nicht-wissen, dieses gefühl, daß es da noch mehr gibt, ein reicher, verwinkelter raum hinter türen und tapetentüren auf einen wartet, diese geste des verweises war mir wichtiger, als den literarischen raum klar überblicken zu können, ihn etwa panoptisch zu kontrollieren – im gegenteil, es war die freude über das gefühl, von einem text getragen zu werden, der in einem reichen korrespondenznetz verwoben ist und in ihm in bewegung gehalten, daß es da noch eine menge gibt, was es literarisch zu erfahren gäbe.

auch das ist eine form von reiseliteratur, eine, die beispielsweise von tschechow und dostojewski über strindberg und svevo zu sokolow, duras und kiš führt. reiseliteratur aber noch in einem anderen, möglicherweise direkteren sinn, denn es sind texte, die russische, kroatische, französische, schweizer namen tragen und sich so verorten, allerdings mehr im provenzalischen, friaulischen, im bergell, in grenzgebieten, auf inseln – nicht umsonst heißt es in einem text: »daß ich alles gigantische hasse, nicht aber die vermeintliche peripherie« –, ja, oft weiß man gar nicht, wo man sich genau befindet, hat doch die politische geographie in vielen gebieten ihre gestalt geändert, schichten gebildet, deren ablagerungen die gegenwart der meisten zitierten autoren bestimmen, wenn sie sich nicht selbst in bewegung haben setzen müssen. dieser bezugsreichtum läßt mich zu einer von walter benjamin inspirierten vorstellung kommen, »durch schnee« sei eine übersetzung aus vielen sprachen, ein hybrides konstrukt, das sich in eine sprache hineinbewegt hat, die nicht muttersprache ist, aber eine art fluchtpunkt, standort – mit standbein und spielbein! – der autorin.

ja, warum nicht vom kino sprechen, steht uns doch in dieser literarischen camera obscura eine weitere wahrnehmungsdimension zur verfügung, die vierte, die der zeit. und zeitgestaltung wird hier betrieben, mit verve und genauigkeit, ganze zeitarchitekturen eröffnen sich in texten wie der »warngeschichte« – nicht ohne eindeutigen referenzpunkt, die referenz aller entschiedenen literatur. »primär ist schreiben sub species mortis«, schreibt ilma rakusa in ihrem poetologie-band »farbband und randfigur«, die bewegliche ordnung kommt also von da. es sind keine beliebigkeiten, von denen hier die rede ist, es geht um unser leben. und wie.

Quellenverzeichnis

Arsenal; Nives; Rundfahrt; Die Kalaschnikow; Der König der Einsamkeit; Heldentat; Die Chinesin; Warngeschichte; Löschungen; Voran; Der Schwede; Andrei: *Aus Miramar*, Suhrkamp Verlag, Frankfurt a. M. 1986.

Die Tür zum Meer; Gehen; Pittermann, bitte; Rosa Aghios oder Die Reise; Wanda und Johann; Halbzeit; Ada, Ady; Wir; Wladimir; Pletnjow oder Die Unpaarigkeit; Steppe: Aus *Steppe*, Suhrkamp Verlag, Frankfurt a. M. 1990.

Genug Angst haben: In *Salz*, 105, 2001, S. 15.
Küche und Unschuld: In *manuskripte*, 112, 1991, S. 117-118.
Nicht aus Tatjanas Mund: In *manuskripte*, 154, 2001, S. 66.
Durch Schnee: In *drehpunkt*, 98, 1997, S. 8-12.

Berliner Miniaturen:
Stadtbild in Blau: *Neue Zürcher Zeitung*, 8. Mai 2001, S. 67.
Oxymoron; Döner: In *manuskripte*, 152, 2001, S. 24-25.
Unna; Despair: In *manuskripte*, 162, 2003, S. 62-63.
Orange; Sommer; Wohnungsschau; Moidele: Erstveröffentlichungen.

Inhalt

I

II

III

IV

V

Berliner Miniaturen

suhrkamp taschenbücher
Eine Auswahl

Tschingis Aitmatow. Dshamilja. Erzählung. Mit einem Vorwort von Louis Aragon. Übersetzt von Gisela Drohla. st 1579. 123 Seiten

Isabel Allende
- Eva Luna. Roman. Übersetzt von Lieselotte Kolanoske. st 1897. 393 Seiten
- Fortunas Tochter. Roman. Übersetzt von Lieselotte Kolanoske. st 3236. 486 Seiten
- Das Geisterhaus. Übersetzt von Anneliese Botond. st 1676. 500 Seiten
- Im Reich des Goldenen Drachen. Übersetzt von Svenja Becker. st 3689. 337 Seiten
- Paula. Übersetzt von Lieselotte Kolanoske. st 2840. 488 Seiten
- Die Stadt der wilden Götter. Übersetzt von Svenja Becker. st 3595. 336 Seiten

Ingeborg Bachmann. Malina. Roman. st 641. 368 Seiten

Jurek Becker
- Amanda herzlos. Roman. st 2295. 384 Seiten
- Bronsteins Kinder. Roman. st 2954. 321 Seiten
- Jakob der Lügner. Roman. st 774. 283 Seiten

Samuel Beckett
- Molloy. Roman. Übersetzt von Erich Franzen. st 2406. 248 Seiten
- Warten auf Godot. Deutsche Übertragung von Elmar Tophoven. Vorwort von Joachim Kaiser. Dreisprachige Aussprache. st 1. 245 Seiten

NF 265/1/8.05

Louis Begley
- Lügen in Zeiten des Krieges. Roman. Übersetzt von Christa Krüger. st 2546. 223 Seiten
- Mistlers Abschied. Roman. Übersetzt von Christa Krüger. st 3113. 288 Seiten
- Schiffbruch. Roman. Übersetzt von Christa Krüger. st 3708. 288 Seiten
- Schmidt. Roman. Übersetzt von Christa Krüger. st 3000. 320 Seiten
- Schmidts Bewährung. Roman. Übersetzt von Christa Krüger. st 3436. 314 Seiten

Thomas Bernhard
- Alte Meister. Komödie. st 1553. 311 Seiten
- Heldenplatz. st 2474. 164 Seiten
- Holzfällen. st 3188. 336 Seiten
- Wittgensteins Neffe. st 1465. 164 Seiten

Peter Bichsel
- Eigentlich möchte Frau Blum den Milchmann kennenlernen. 21 Geschichten. st 2567. 73 Seiten
- Kindergeschichten. st 2642. 84 Seiten

Ketil Bjørnstad. Villa Europa. Übersetzt von Ina Kronenberger. st 3730. 536 Seiten

Volker Braun. Unvollendete Geschichte. st 1660. 112 Seiten

Bertolt Brecht
- Dreigroschenroman. st 1846. 392 Seiten
- Geschichten vom Herrn Keuner. st 16. 108 Seiten
- Hundert Gedichte. Ausgewählt von Siegfried Unseld. st 2800. 188 Seiten

NF 265/2/8.05

Lily Brett
- Einfach so. Roman. Übersetzt von Anne Lösch. st 3033. 446 Seiten
- New York. Übersetzt von Melanie Walz. st 3291. 160 Seiten
- Zu sehen. Übersetzt von Anne Lösch. st 3148. 332 Seiten

Antonia S. Byatt. Besessen. Roman. Übersetzt von Melanie Walz. st 2376. 632 Seiten

Truman Capote. Die Grasharfe. Roman. Übersetzt von Annemarie Seidel und Friedrich Podszus. st 3135. 208 Seiten

Paul Celan. Gesammelte Werke 1-3. Gedichte, Prosa, Reden. Drei Bände. st 3202-3204. 998 Seiten

Clarín. Die Präsidentin. Roman. Übersetzt von Egon Hartmann. Mit einem Nachwort von F. R. Fries. st 1390. 864 Seiten

Sigrid Damm. Ich bin nicht Ottilie. Roman. st 2999. 392 Seiten

Marguerite Duras. Der Liebhaber. Übersetzt von Ilma Rakusa. st 1629. 194 Seiten

Karen Duve. Keine Ahnung. Erzählungen. st 3035. 167 Seiten

Hans Magnus Enzensberger
- Ach Europa! Wahrnehmungen aus sieben Ländern. Mit einem Epilog aus dem Jahre 2006. st 1690. 501 Seiten
- Gedichte. Verteidigung der Wölfe. Landessprache. Blindenschrift. Die Furie des Verschwindens. Zukunftsmusik. Kiosk. Sechs Bände in Kassette. st 3047. 633 Seiten

Hans Magnus Enzensberger (Hg.). Museum der modernen Poesie. st 3446. 850 Seiten

NF 265/3/8.05

Laura Esquivel. Bittersüße Schokolade. Mexikanischer Roman um Liebe, Kochrezepte und bewährte Hausmittel. Übersetzt von Petra Strien. st 2391. 278 Seiten

Max Frisch
- Andorra. Stück in zwölf Bildern. st 277. 127 Seiten
- Biedermann und die Brandstifter. Ein Lehrstück ohne Lehre. st 2545. 95 Seiten
- Homo faber. Ein Bericht. st 354. 203 Seiten
- Mein Name sei Gantenbein. Roman. st 286. 288 Seiten
- Montauk. Eine Erzählung. st 700. 207 Seiten
- Stiller. Roman. st 105. 438 Seiten

Carole L. Glickfeld. Herzweh. Roman. Übersetzt von Charlotte Breuer. st 3541. 448 Seiten

Norbert Gstrein
- Die englischen Jahre. Roman. st 3274. 392 Seiten
- Das Handwerk des Tötens. Roman. st 3729. 357 Seiten

Fattaneh Haj Seyed Javadi. Der Morgen der Trunkenheit. Roman. Übersetzt von Susanne Baghestani. st 3399. 416 Seiten

Peter Handke
- Die drei Versuche. Versuch über die Müdigkeit. Versuch über die Jukebox. Versuch über den geglückten Tag. st 3288. 304 Seiten
- Kindergeschichte. st 3435. 110 Seiten
- Der kurze Brief zum langen Abschied. st 172. 195 Seiten
- Die linkshändige Frau. Erzählung. st 3434. 102 Seiten
- Mein Jahr in der Niemandsbucht. Ein Märchen aus den neuen Zeiten. st 3084. 632 Seiten
- Wunschloses Unglück. Erzählung. st 146. 105 Seiten

NF 265/4/8.05

Christoph Hein
- Der fremde Freund. Drachenblut. Novelle. st 3476. 176 Seiten
- Horns Ende. Roman. st 3479. 320 Seiten
- Landnahme. Roman. st 3729. 357 Seiten
- Willenbrock. Roman. st 3296. 320 Seiten

Marie Hermanson
- Muschelstrand. Roman. Übersetzt von Regine Elsässer. st 3390. 304 Seiten
- Die Schmetterlingsfrau. Roman. Übersetzt von Regine Elsässer. st 3555. 242 Seiten

Hermann Hesse
- Demian. Die Geschichte von Emil Sinclairs Jugend. st 206. 200 Seiten
- Das Glasperlenspiel. Versuch einer Lebensbeschreibung des Magister Ludi Josef Knecht samt Knechts hinterlassenen Schriften. st 2572. 616 Seiten
- Siddhartha. Eine indische Dichtung. st 182. 136 Seiten
- Unterm Rad. Erzählung. st 52. 166 Seiten
- Steppenwolf. Erzählung. st 175. 280 Seiten

Ödön von Horváth
- Geschichten aus dem Wiener Wald. st 3336. 266 Seiten
- Glaube, Liebe, Hoffnung. st 3338. 160 Seiten
- Jugend ohne Gott. st 3345. 182 Seiten
- Kasimir und Karoline. st 3337. 160 Seiten

Bohumil Hrabal. Ich habe den englischen König bedient. Roman. Übersetzt von Karl-Heinz Jähn. st 1754. 301 Seiten

Uwe Johnson
- Jahrestage. Aus dem Leben der Gesine Cresspahl. Einbändige Ausgabe. st 3220. 1728 Seiten
- Mutmassungen über Jakob. st 3128. 308 Seiten

NF 265/5/8.05

James Joyce
- Dubliner. Übersetzt von Dieter E. Zimmer. st 2454. 228 Seiten
- Ulysses. Roman. Übersetzt von Hans Wollschläger. st 2551. 988 Seiten

Franz Kafka
- Amerika. Roman. st 2654. 311 Seiten
- Der Prozeß. Roman. st 2837. 282 Seiten
- Das Schloß. Roman. st 2565. 424 Seiten

André Kaminski. Nächstes Jahr in Jerusalem. Roman. st 1519. 392 Seiten

Ioanna Karystiani. Schattenhochzeit. Roman. Übersetzt von Michaela Prinzinger. st 3702. 400 Seiten

Bodo Kirchhoff. Infanta. Roman. st 1872. 502 Seiten

Wolfgang Koeppen
- Tauben im Gras. Roman. st 601. 210 Seiten
- Der Tod in Rom. Roman. st 241. 187 Seiten
- Das Treibhaus. Roman. st 78. 190 Seiten

Else Lasker-Schüler. Gedichte 1902-1943. st 2790. 439 Seiten

Gert Ledig. Vergeltung. Roman. Mit einem Nachwort von Volker Hage. st 3241. 224 Seiten

Stanisław Lem
- Der futurologische Kongreß. Übersetzt von I. Zimmermann-Göllheim. st 534. 139 Seiten
- Sterntagebücher. Mit Zeichnungen des Autors. Übersetzt von Caesar Rymarowicz. st 459. 478 Seiten

NF 265/6/8.05

Hermann Lenz. Vergangene Gegenwart. Die Eugen-Rapp-Romane. Neun Bände in Kassette. 3000 Seiten. Kartoniert

H. P. Lovecraft. Cthulhu. Geistergeschichten. Übersetzt von H. C. Artmann. Vorwort von Giorgio Manganelli. st 29. 239 Seiten

Amin Maalouf
- Leo Africanus. Der Sklave des Papstes. Roman. Übersetzt von Bettina Klingler und Nicola Volland. st 3121. 480 Seiten
- Die Reisen des Herrn Baldassare. Roman. Übersetzt von Ina Kronenberger. st 3531. 496 Seiten
- Samarkand. Roman. Übersetzt von Widulind Clerc-Erle. st 3190. 384 Seiten

Andreas Maier
- Klausen. Roman. st 3569. 216 Seiten
- Wäldchestag. Roman. st 3381. 315 Seiten

Angeles Mastretta. Emilia. Roman. Übersetzt von Petra Strien. st 3062. 413 Seiten

Robert Menasse
- Selige Zeiten, brüchige Welt. Roman. st 2312. 374 Seiten
- Sinnliche Gewißheit. Roman. st 2688. 329 Seiten
- Die Vertreibung aus der Hölle. Roman. st 3493. 496 Seiten
- Das war Österreich. Gesammelte Essays zum Land ohne Eigenschaften. st 3691. 464 Seiten

Eduardo Mendoza. Die Stadt der Wunder. Roman. Übersetzt von Peter Schwaar. st 2142. 503 Seiten

Alice Miller
- Am Anfang war Erziehung. st 951. 322 Seiten

NF 265/7/8.05